Martin Seel

111 Tugenden, 111 Laster

Eine philosophische Revue

S. Fischer

© 2011 S. Fischer Verlag GmbH, Frankfurt am Main
Satz: Pinkuin Satz und Datentechnik, Berlin
Druck und Bindung: GGP Media GmbH, Pößneck
Printed in Germany
ISBN 978-3-10-071011-6

Inhalt

Prolog

Man stelle sich dieses Buch als eine Art Musical vor. In raschem Wechsel tritt eine Schar von Tugenden und Lastern auf, die sich ständig einander annähern und voneinander entfernen. Die 111 Akte der Inszenierung bringen insgesamt 555 Revuegirls und -guys auf die Bühne, die den schillernden Glanz ihrer düsteren wie ihrer strahlenden Rollen verkörpern. Mit dem Reigen seiner Figuren bietet das vielköpfige Ensemble ein bewegtes Kaleidoskop menschlicher Möglichkeiten dar. Die frivole Choreographie dieses Stücks führt das Drama einer Lebensführung vor Augen, die der Tugend die Treue hält, ohne sich gegenüber den Avancen des Lasters taub zu stellen.

Tugenden und Laster sind menschliche Vorzüge oder Nachteile, für die man wenigstens teilweise etwas kann. Sie sind charaktergebundene Eigenschaften von Personen, die sich im Guten wie im Schlechten in ihren Handlungen und Haltungen manifestieren. Manche unter ihnen – wie Anmut oder Arroganz – mögen eher harmlos erscheinen, andere – wie Großzügigkeit oder Grausamkeit – gelten als kardinale Gaben oder Sünden. Doch es gibt hier nichts Harmloses. Tugenden und Laster sind auch da miteinander verstrickt, wo sie in der Bewertung unseres Tuns und Lassens einen eindeutigen Unterschied machen. Allein untereinander können sie sich voneinander unterscheiden: Tugenden von Tugenden, Laster von Lastern, Laster von Tugenden, Tugenden von Lastern. An vielen dieser Eigenschaften muss man teilhaben, um nur eine zu haben; viele muss man kennen, um nur eine zu erkennen.

Mit bloß einer Handvoll Arten des Anstands und seiner Verfehlung ist es weder in der Praxis noch in der Theorie getan. Die Szenenfolge und erst recht die Besetzungsliste der hier aufgeführten Morality-Show geben eine Anschauung davon, wie dicht gewoben das Netzwerk des Lasters und erst recht der Tugend ist – und wie schwankend der Boden, auf dem sich noch die gelassenste Lebensführung bewegt. Nicht nur in der Kunst, auch in der Moral kommt es auf die feinen Unterschiede an.

Seit jeher hat die Philosophie zwei Aufgaben: die Menschen in Verwirrung zu stürzen und ihnen zur Klarheit zu verhelfen. Obwohl die philosophische Tätigkeit ihren Ursprung im Staunen hat, wird die erste dieser Aufgaben heute – anders als in den Tagen des Sokrates – allzu leicht und allzu schnell übergangen. Dem Staunen über die Weite der Welt folgt die Verwirrung: eine Verwunderung darüber, wie es zu verstehen ist, dass wir überhaupt etwas begreifen. Aus dieser Verwunderung entsteht das Verlangen nach Klarheit: nach einer Erkundung der miteinander verschränkten Wirklichkeiten, in denen sich uns Wege des Verstehens eröffnen. »Denk nicht, sondern schau«, fordert Ludwig Wittgenstein an einer Stelle seiner *Philosophischen Untersuchungen* sich selbst und seine Leser auf. Damit meint er natürlich nicht, dass man in der Philosophie nicht denken soll. Er empfiehlt lediglich, die eingefahrenen Bahnen des Denkens zugunsten einer unbefangenen Betrachtung seiner Gegenstände zu verlassen. So soll es auch hier geschehen. Nur eine gelegentlich surreale Darstellung des Widerspiels menschlicher Sitten und Unsitten kann ein realistisches Bild der Verwicklungen eines aufrechten Daseins geben.

Zu manchen Tugenden – allen voran der Gerechtig-

12

keit – sowie zu den Facetten ihres historischen Verständnisses gibt es ganze Bibliotheken. Mit solcher Gelehrsamkeit will dieses Buch nicht konkurrieren. Es begnügt sich mit einer Sammlung von Skizzen, die geeignet ist, den großen Vereinfachern in der Moraltheorie wie in der Lebensberatung die Suppe zu versalzen. Vor dem Hintergrund einer langen Geschichte zielen die kurzen Kapitel auf ein heutiges Verständnis der Beziehungen zwischen Tugenden und Lastern: darauf, wie sie uns in der Gegenwart zu leiten und zu verleiten vermögen.

In der Abfolge der 111 Nummern der Revue herrscht eine teils fröhliche, teils bittere, teils gleichmütige Anarchie. Ihre Anordnung folgt einer weitgehend assoziativen Ordnung. Ihre Schnapszahl macht kenntlich, dass es nirgends um Vollständigkeit geht (was immer das wäre). *Einer* Regel aber folgt die Vorstellung doch. Jede vermeintliche Tugend und fast jede vermeintliche Untugend wird so lange vorgeführt, bis ihre Zweideutigkeit sichtbar wird. Kinder und selbst Erwachsene vergnügen sich gern mit Schneekugeln, in denen meist eine kitschige Landschaft zu sehen ist. Schüttelt man die Kugel, so verschwindet die Szene in einem Gewirr von Flocken, bis nach und nach, wenn der Sturm sich legt, die Sicht wieder klar wird. So ein Gestöber soll auch hier entfacht werden. Nur wird die Landschaft der menschlichen Lebensführung am Ende anders daliegen als zuvor – nämlich so, dass sie ohne Tugendkitsch gemalt werden kann.

Einen Umriss dieser Landschaft zeichnet das abschließende Programmheft. Es versucht, wieder etwas Ordnung in das mutwillig erzeugte Chaos zu bringen. In einer zugespitzten Form werden alte und neue Antworten auf klassische Fragen der Ethik und Moraltheorie gegeben. Sie betreffen den Begriff und die Einheit der Tugend, die Ambivalenz von Tugenden und Lastern, die Rolle ihrer kardinalen Figuren sowie das Verhältnis von allgemeinem Wohlwollen und individuellem Wohlergehen. Mit diesem Programmheft darf man es halten wie bei normalen Theaterbesuchen auch. Man kann sich vor oder nach der Aufführung darin vertiefen oder es ganz beiseitelegen, um sich einfach vom Gang der Dinge vergnügen und verstören zu lassen. Auch hier gibt es mehr als einen Pfad der Tugend. Welchen Gebrauch die Leserinnen und Leser aber von diesem Buch auch machen, es lädt zu einer Besichtigung des Besten ein, das den Menschen aufgegeben ist: ihr endliches Dasein mit einem wachen Gespür für ihr Bestes zu verbringen.

Die Revue

1. Leichtsinn

Manch eine Unternehmung fängt man aus purem Leichtsinn an. Hat man Glück, geht es gut, hat man Pech, geht es daneben. Soll es nicht – oder nicht ganz – danebengehen, darf es beim puren Leichtsinn nicht bleiben. Ernsthaftigkeit, Überlegung und Ausdauer müssen hinzukommen, wenn die Leichtigkeit des Anfangs nicht verlorengehen soll. Wer alles auf die leichte Schulter nimmt, wird früher oder später schwer daran zu tragen haben. Trotzdem hat der Leichtsinn seine Meriten. Er hält uns davon ab, allzu zaghaft, zögernd oder zaudernd zu sein. Er lässt uns Hürden überwinden, über die wir uns ohne seinen Anschub nicht trauen würden, eingeschüchtert durch die Kunde, aller Anfang sei schwer. Dabei ist es gar nicht überall so. Man muss ja nicht am kniffligsten Ende beginnen. Um eine Aufgabe, und sei es auch eine Lebensaufgabe, in Angriff zu nehmen, genügt es oft schon, einen Zipfel der mit ihr verknüpften Schwierigkeiten zu erwischen, diesen dann aber mit festem Griff zu packen. Zwar könnte man den gordischen Knoten auch einfach durchschlagen, anstatt ihn aufzulösen, aber in den meisten Fällen wäre das denn doch zu viel des Guten. Ohne die Bereitschaft zu scheitern kann nichts Gescheites gelingen.

Leichtsinn ist aber nicht nur in eigener Sache heikel, sondern auch im Blick auf andere. Leichtsinnige Menschen gelten im sozialen Leben als fahrlässig oder frivol; häufig sind sie es auch. Im Kleinen wie im Großen machen sie es sich im Umgang mit anderen zu einfach. Wie schnell treten sie anderen mit einer unbedachten Äußerung auf den Schlips, legen sich mit ihnen an oder bringen sie in Gefahr und bemerken gar nicht, welche Missachtung darin liegt. Gutgläubig vertrauen sie dem Hörensagen, gehen politischen oder privaten Versprechen unbesehen auf den Leim und laufen jedem ökonomischen Trend bis zum eigenen oder allgemeinen Ruin hinterher. Leichtsinn kann sich in vielerlei Hinsicht rächen. Unter vielfach schwerblütigen Zeitgenossen bleibt er dennoch eine erfrischende Erscheinung. Zumal seine jugendlichen Spielarten möchte keine zivilisierte Gesellschaft ganz missen, und auch nicht die Unbekümmertheit derer, die sich bis in ihre späteren Tage etwas davon erhalten haben. Denen nämlich, die es vermögen, trotz allen Versagens, aller Verluste und Gebrechen leichten Sinns zu bleiben, wird am Ende ein besonderes Geschenk zuteil: das der Nonchalance.

2. Freundlichkeit

Freundlichkeit kann man nicht überall erwarten, auch dort nicht, wo es einigermaßen gesittet unter den Menschen zugeht. Die Griesgrämigen und Mürrischen, die Zugeknöpften und Pampigen nehmen wir beim Einkaufen, bei Behördengängen und unter Berufskollegen mit relativem Gleichmut hin, solange uns daraus kein besonderer Nachteil entsteht. Die Stimmung trüben sie trotzdem – wie uns vor allem dann auffällt, wenn sich ein garstiger Geselle plötzlich von einer freundlichen Seite zeigt oder

wir an fremden Orten mit unverhoffter Herzlichkeit empfangen werden. Dann bemerken wir, wie unwahrscheinlich der Gestus der Freundlichkeit zwischen Leuten, die
sich nicht kennen oder nicht besonders mögen, eigentlich
ist. Er stellt einen Luxus dar, den sich immerhin nicht wenige leisten. Ganz billig ist das nicht. Denn zum Wesens-
zug der Freundlichen gehört es, nicht allzu berechnend zu
sein. Sie geben ihren Mitmenschen einen Kredit, der sich
keineswegs immer auszahlt. Freundlichkeit ist eine Form
der Freigebigkeit, und nicht ihre geringste. Sie muss sich
vor allem dann beweisen, wenn die anderen von liebens-
würdiger Hinwendung gar nichts wissen wollen. Manche
Menschen bringen es über sich – und manchen bereitet es
ein diebisches Vergnügen – auch rüpelhaften Zeitgenossen mit »eiserner« Freundlichkeit zu begegnen. Mit purem Altruismus hat das wenig zu tun. Die Freundlichen
versuchen nur, sich selbst von der Verdrießlichkeit frei-
zuhalten, die ihnen immer wieder entgegenschlägt. Sie
wollen nicht in einer Welt des um sich greifenden Miss-
muts leben.

Freundlich-Sein allerdings ist nicht dasselbe wie Freundlich-Tun. Dieser Unterschied macht die eigentliche Klippe
der Freundlichkeit aus – sowohl der, die wir ausüben, als
auch der, die wir empfangen. Diese Differenz ist aber gar
nicht so leicht auszumachen, da nicht einmal sicher ist, inwiefern Sein und Schein hier überhaupt einen Gegensatz
bilden. Zum Freundlich-Sein nämlich gehört im sozialen
Verkehr durchaus das Freundlich-Tun – etwa gegenüber
Menschen, denen man aus bloßer Nachsicht aufgeschlossen begegnet, oder solchen, die man sich aus taktischen
Gründen gewogen machen will. Auch eine routinierte
Freundlichkeit ist nicht zu verachten. Die professionelle

Munterkeit von Krankenpflegern oder Schaffnerinnen, sofern vorhanden, kann dabei wiederum gekonnt oder gequält ausfallen. Sein und Schein der Freundlichkeit hängen überall von den Nuancen ihrer Darbietung ab. Da alle dies wissen, sind es alle gewohnt, ihren Fassaden zu misstrauen. Im Verkehr zwischen Menschen steht die Freundlichkeit darum unter dem Verdacht, nur ein Deckmantel der Unverbindlichkeit zu sein. Und dies nicht selten mit Recht, da diejenigen, die immer freundlich tun, es kaum jemals sind, und diejenigen, die es immer sind, es nicht immer von Herzen sein können. Oft bewegt sich die Freundlichkeit nahe am Fahrwasser der Heuchelei. Wer in dieses nicht geraten möchte, ist gut beraten, es mit der Nettigkeit nicht zu übertreiben. Man muss selbst denen, die man nicht vor den Kopf stoßen will, gelegentlich etwas zumuten dürfen. Erst eine Prise Anzüglichkeit, Frechheit und sogar Fiesheit macht die Freundlichkeit unter Menschen glaubhaft.

3. Unverschämtheit

Unverschämt kommt daher, wer den Anstand in Worten und Gesten offensiv vermissen lässt. Unverschämtheit ist eine Form der Kommunikation. Sie liegt in der Art, wie man anderen in bestimmten Situationen begegnet – sei es von Angesicht zu Angesicht, in schriftlicher Mitteilung, am Telefon oder in der öffentlichen Rede. Im Abstand zu anderen Fällen der Unhöflichkeit ist hier eine Dreistigkeit im Spiel, die von den Adressaten als herausfordernd, beleidigend oder verletzend empfunden wird. Der Unverschämte führt sich nicht bloß unmöglich auf, er benimmt sich in den Augen seines Gegenübers absichtsvoll daneben. Anders als bei der Arroganz äußert sich in seinem Benehmen keine Herablassung aus tatsächlicher oder eingebildeter Überlegenheit; er trumpft auf oder zeigt sich verstockt, wie es ihm gerade passt. Der Unverschämte hat einfach keine Scheu, seine Launen an anderen auszulassen.

Je nach Situation können seine flegelhaften Anwandlungen sehr unterschiedlich ausfallen. Die Mittel der kommunikativen Grobheit können selbst fein oder grob sein. Der Akt der Unverschämtheit kann darin bestehen, einen Gruß zu verweigern, Widerworte zu geben, zu schwadronieren, zu grinsen, zu lachen, zu tuscheln, zu nuscheln, aufzustöhnen, zu brüllen, zu fluchen, zu schimpfen, jemanden anzustarren, den Mund zu halten, den Blick abzuwenden, die Augen zu verdrehen, die Arme zu verschränken, sich im Sessel zu fläzen, mit der Achsel zu zucken, jemandem den Vogel zu zeigen oder obszöne Gesten zu machen. Der sozialen Phantasie und Aphasie sind hier kaum Grenzen gesetzt.

Weil ihr aber wenig Grenzen gesetzt sind, liegt die Schwelle zum ungehobelten Gebaren andererseits nie genau fest. Schließlich können die Grenzen des Anstands, die von der Unverschämtheit überschritten werden, auch bloß vermeintliche Grenzen sein. In einem Verhalten, das sich als blanker Unmut oder purer Übermut äußert, mag eine Form der Chuzpe wirksam werden, die zwar den Adressaten übel aufstößt, zugleich aber einen heilsamen Widerstand gegen übertriebenen Konformismus enthält. Gelegentlich ist auch ein aufmüpfiges oder aufsässiges Verhalten eine kreative Handlung.

Eines jedenfalls wird man dem Unverschämten nicht nachsagen können: dass er »gschamig« sei, sich also nicht traut, sich offen zu seiner eigenen Art zu bekennen. Er macht die Verstellung nicht mit. Wer sich nicht geniert, wer sich nicht zu fein ist, einmal geradeheraus zu sein, wer den Kotau gegenüber falschen Autoritäten verweigert, beweist eine innere Freiheit, die durchaus etwas für sich hat. Dann – aber auch nur dann – wird »unverschämt« zu einem positiven Prädikat. Für solche Ausnahmen hat der Sprachgebrauch auch da einen feinen Sinn, wo es gar nicht allein um charakterliche Anlagen geht. Mögen auch manche Menschen unverschämt reich und manche Waren unverschämt teuer sein, manche Frauen oder Männer sind nun einmal unerhört attraktiv, und manches Produkt der Küche oder sonst einer Kunst ist einfach – »unverschämt gut«.

4. Schamgefühl

Schamgefühl hat, wer sich bis in die leiseste Regung hinein vor sozialer Bloßstellung scheut. Dieses Empfinden ist ein leiblich verankerter Widerwille gegen alles, was nach Ansicht einer Person ungehörig, verboten oder schlichtweg tabu ist. Ihr Gespür betrifft den Umgang mit anderen, aber auch Objekte und Institutionen, die als achtenswert oder heilig gelten – seien dies kultische oder künstlerische Artefakte, religiöse oder rechtliche Einrichtungen, Gebilde oder Gebiete der Natur. Der Schonung würdig erscheinen Menschen und Dinge in der Wahrnehmung der Schamhaften niemals nur deshalb, weil gerade *ihnen* an deren

Beachtung etwas liegt. So wie sie es erfahren, so wie es ihnen anerzogen (oder auch eingebläut) worden ist, handelt es sich vielmehr um Werte, denen *überhaupt* Respekt oder Ehrfurcht gebührt. Schamgefühl ist ein stillschweigendes Bewusstsein möglicher Schande: einer Schande, die aus der Verletzung unbedingt achtenswerter Gebote entspringt.

Dabei ist es fast unerheblich, ob jemand eine solche Übertretung bemerkt. Ein Mensch, der Schamgefühl hat, sieht die Augen der anderen – seien es die der Mitmenschen, seien es die von Göttern oder anderen Geistern – stets auf sich ruhen. Vor *ihren* Augen will er bestehen, und deshalb auch vor *seinen*. Schamhaftigkeit äußert sich hauptsächlich in einem Vermeiden deplatzierter Worte und Taten, das sich vor allem in der Körpersprache von Personen manifestiert – im niedergeschlagenen Blick, in der Art der Kleidung, im Tonfall der Rede, in verhaltenen Bewegungen und Gebärden. Schamgefühl ist eine Art des Selbstseins, der die Scheu vor Taktlosigkeit in Fleisch und Blut übergangen ist.

Eine seiner Wurzeln hat dieser Habitus in der sexuellen Scham. Noch der Wunsch, sich in einem übertragenen Sinn keine Blöße zu geben, hat hier seine Basis. Man will nicht nackt, ohne alle Zeichen der Kultiviertheit, vor den anderen dastehen und nicht ungeschützt vor sie treten. Oft bedeutet das zugleich: Man will andere nicht willkürlich bloßstellen, ihren Selbstschutz nicht ohne Not verletzen. Sich zu schämen bedeutet dabei nicht immer nur, sich *für sich* zu schämen – für eigenes Verhalten, das man als Verfehlung empfindet. Man kann sich auch *für andere* schämen – freilich nur für solche, denen man sich zugehörig fühlt. Man schämt sich dann für Mitglieder seiner Familie, für seinen Verein, seine Firma oder sein Land, weil sie sich nicht so aufführen oder aufgeführt haben, wie Anstand oder Recht es gefordert hätten. Auch wenn es andere sind, für die man hierbei Scham empfindet, so betrifft diese doch immer einen selbst: als Person, die einem Einzelnen oder einer Gemeinschaft aus Neigung oder Geschichte verbunden ist. Manchmal sind die seismographischen Ausschläge des individuellen Schamgefühls Reaktionen auf ein sehr viel allgemeineres Beben.

Dieses Gespür kann aber auch zu einem Hemmnis werden – bis hin zu einer Berührungsangst gegenüber dem Leben selbst. Nicht nur im Bett gibt es eine falsche Scham. Wie man sich dort zusammen mit einem begehrten Menschen der eigenen Nacktheit ungeniert erfreuen kann, ist es manchmal auch andernorts an der Zeit, das Spiel der Verhüllungen hinter sich zu lassen. Dann kommt es – im privaten wie im öffentlichen Raum – darauf an, die Scheuklappen abzulegen und den Erwartungen anderer gerade nicht zu entsprechen. Den bloßen Anschein des Unschicklichen muss man nicht fürchten. Die allzu Schamhaften beweisen nicht nur einen Mangel an sozialer Courage, sondern auch an Aufrichtigkeit gegenüber sich selbst. Aus Furcht davor, wie sie von anderen gesehen werden, trauen sie sich nicht, offen zu sich selbst zu stehen. Schamgefühl, eigentlich ein Wahrzeichen der Selbstachtung, wird so zu deren Gefährdung. Diejenigen, die ganz darin gefangen sind, hindert es daran, ein unverklemmtes Leben zu führen. Aus einem Übermaß an Takt geraten sie mit sich selbst außer Takt.

5. Takt

Takt ist eine Tugend der zurückhaltenden sozialen Berührung. Immer geht es um die richtige Distanz zu anderen Menschen. Ein Zuviel ist hier ebenso deplatziert wie ein Zuwenig; die Verfehlungen der Gleichgültigkeit und der Aufdringlichkeit halten sich die Waage. Der dezente Umgang mit anderen fällt ganz unterschiedlich aus, je nachdem, wie nah oder fern sie uns stehen. Selbst denjenigen, denen wir nahe kommen, sollten wir leiblich und seelisch nicht zu nahe kommen. Selbst diejenigen, die uns fernstehen, dürfen erwarten, dass wir in der Begegnung mit ihnen auf sie eingehen können. Taktlos verhält sich, wer sich anderen gegenüber in Belange einmischt, die sie mit sich selbst ausmachen wollen, oder Angelegenheiten ans Licht zerrt, die sie nicht preisgeben mögen. Taktlos kann es auch sein, anderen etwas aufzudrängen, wovon sie nichts hören wollen oder was sie nicht aufnehmen können. Wo – und wann – wir anderen zu nahe treten, wo – und wann – wir uns zu fern von ihnen halten, was – und wann – ihnen gegenüber ausgesprochen werden darf: hierfür ein Gefühl zu haben, darin liegt die Gabe der Diskretion.

Diese Zurückhaltung fängt schon bei der leiblichen Haltung an. Bei einer harmlosen Konversation auf welchem gesellschaftlichen Parkett auch immer kommt einem manch einer bereits physisch zu nahe, weil er nicht den räumlichen Grundabstand kennt, den die Teilnehmer an einer informellen Unterhaltung zu wahren haben. Auch wenn er nicht über eine feuchte Aussprache verfügt, möchte man ihn gerne ein Stück von sich wegschieben, würde es einem der eigene Takt nicht verwehren, den

Taktlosen dermaßen vor den Kopf zu stoßen. Es gehört nun einmal zu den Gesetzen der Höflichkeit, Gleiches nicht mit Gleichem zu vergelten. Man möchte nicht ungehobelt sein – nicht einmal den Ungehobelten gegenüber. Man möchte sich nicht aufspielen – nicht einmal denen gegenüber, die in einem fort auftrumpfen. Man möchte nicht zu direkt sein – nicht einmal denen gegenüber, die eine Abfuhr verdienen. Darin liegt die Schwierigkeit und manchmal das Verhängnis des Takts. Vor lauter Vornehmheit versagt man sich das direkte Wort. Vor lauter Einfühlungsvermögen vermeidet man einen offenen Zugang zu anderen Menschen. In den zarten Banden des Takts kann man sich heillos verstricken.

6. Unbefangenheit

Wie jede Tugenden und jedes Laster ist Unbefangenheit eine komparative Eigenschaft; ihr Wert und Unwert ergibt sich aus ihrer Stellung unter vielen anderen. Wie bei einigen anderen Tugenden scheint ihre Beherzigung ein Ding der Unmöglichkeit zu sein. Denn unbefangen ist keine und keiner. Biologisch, biographisch und ideologisch, durch Herkunft, Sprache, Aussehen und vieles andere mehr sind alle, die selbständig denken und handeln können, vielfältig determiniert, bevor sie auch nur den kleinen Finger gerührt haben. Wie sollten sie da unbefangen urteilen und agieren können?

Sie können es, solange sie sich nicht einseitig bestimmen lassen. Unbefangen ist, wer nicht nur einigen wenigen seiner Prägungen nachgibt – und wer die vielen, denen er unterliegt, gegeneinander ins Feld zu führen vermag. Gegen den Drang, morgens im Bett zu bleiben, lässt sich der Wunsch mobilisieren, abends ein paar Seiten geschrieben zu haben. Gegen den Drang, sich zu seinem Vorteil zu verrechnen, lässt sich die Furcht mobilisieren, als Betrüger dazustehen. Gegen den Drang, den Genuss von Tabak für gesund zu halten, hilft die Kenntnis medizinischer Tatsachen. Allein das Widerspiel solcher Prägungen macht es möglich, nicht an eine von ihnen gefesselt zu sein. Man muss sich nicht von früh bis spät als kleiner Bruder aufführen, auch wenn man lebenslänglich der jüngere Bruder eines älteren bleibt; man muss sich nicht zeitlebens für einen Rebellen halten, nur weil man in einem Milieu aufgewachsen ist, in dem das gang und gäbe war; man muss nicht an der Lehre des Panpsychismus festhalten, nur weil sie einen einmal beeindruckt hat. Man muss nichts müssen: So lautet das Credo derer, die unbefangen sind. Sie wissen, dass alles, was wir müssen, eine Folge unseres Wünschens oder Wollens ist. Deshalb kommt es darauf an, uns an diejenigen unserer Zwecke und Leidenschaften zu binden, an denen uns vor allen anderen liegt, wobei es hilfreich ist, uns von einigen der Bindungen tragen und antreiben zu lassen, in denen wir ohnehin stehen. An gar nichts gebunden zu sein und trotzdem im eigenen Leben einen Sinn zu finden, das geht nicht; es geht wider die Natur einer jeden Kultur. Vor allem an *eine* Person oder Sache gebunden zu sein, das geht, aber es geht nicht gut; es zerstört den freien Blick auf die Welt. Wer nicht in vielem befangen ist, kann gar nicht unbefangen sein.

Menschen, zum Beispiel, haben Hände. So überaus

nützlich diese Gliedmaßen auch sind, manchmal weiß man nicht, wohin mit ihnen. Leute, die damit keine Schwierigkeit haben, weil sie über ein geschmeidiges Auftreten verfügen, merken oft gar nicht, wie leicht ihnen eine ungezwungene Haltung fällt. Menschen, zum Beispiel, haben Überzeugungen. Viele davon stammen aus zweiter und dritter Hand. Diejenigen, die über ein unbefangenes Urteil verfügen, können ihre Ansichten von Fall zu Fall aus eigener Überlegung auf die Probe stellen. Erst recht ist ein »unabhängiger Geist« jemand, der sich so schnell von niemandem ein X für ein U vormachen lässt – so sehr, dass er oft gar nicht merkt, wie wenig er in seinen Theorien und Phantasien von den Marotten des Zeitgeists abhängig ist.

Habituell und intellektuell ist Unbefangenheit eine ziemlich strahlende Tugend. In moralischer Hinsicht aber kann sie anrüchig sein – oder es werden. »Ich bin da ganz unbefangen«, mag jemand achselzuckend sagen, wenn von ihm erwartet wird, in einem persönlichen oder politischen Konflikt Stellung zu beziehen. Manche gehen so weit, in allen Streitfällen die Enthaltung zu ihrer Haltung zu machen. Dann wird Unvoreingenommenheit selbst zur Voreingenommenheit: zu einem frivolen Sichheraushalten aus allem, was einen so oder anders festlegen würde. Wer gänzlich unbefangen wäre, wäre gänzlich blind – für seine eigenen Möglichkeiten nicht weniger als für die der anderen auch.

7. Unparteilichkeit

Unbefangenheit ist eine Bedingung aller Unparteilichkeit, aber nicht gleichbedeutend mit ihr. Als Person kann man mehr oder weniger unbefangen sein; mehr oder weniger unparteilich dagegen sind Personen in den unvermeidlichen Rollen eines Richters auf welchem Feld auch immer: vor Gericht oder im Sport, als Lehrer, Gutachter, Ermittler, Vorgesetzte oder Eltern. Wer unparteilich urteilen will, muss »über den Parteien stehen« – oder es wenigstens versuchen. Die dies versuchen aber müssen selbst irgendwo stehen: auf dem Boden eines Rechts und seiner Auslegung, das ihnen die Lizenz zum Urteil über andere gibt. Nur wer in diesem Sinn Partei ist, kann unparteilich sein. Unparteilichkeit steht immer für etwas ein: für eine Regel oder einen Regelkanon, für ein Gesetz oder ein Prinzip oder für eine Lebenshaltung, die sich nicht geradewegs ausbuchstabieren lässt. Diese Basis bildet die Norm der Bewertung. Von solchem Rückhalt hängt hier alles ab. Denn alles hängt hier von der Hinsicht ab, unter der jeweils geurteilt wird: von der Angemessenheit oder Unangemessenheit, dem Maß oder Unmaß, der Menschlichkeit oder Unmenschlichkeit der Richtlinien, die das Urteil der Unparteilichen leiten. Unparteilichkeit als solche ist keineswegs fair; sie ist es nur, wenn sie im Namen fairer Grundsätze operiert. Selbst ein grausamer Despot könnte unparteilich richten.

8. Grausamkeit

Grausam sind Handlungen, die die leibliche oder seelische Integrität von Lebewesen ohne Rücksicht auf ihr
Wohlergehen verletzen; grausam sind Menschen, die eine
Disposition zu solchen Handlungen haben. Zum Opfer
von Grausamkeit kann eine Person durch gezielte Nicht-
beachtung oder durch offene Demütigung werden, erst
recht durch Akte der Vergewaltigung und der physischen
wie psychischen Folter. So sehr Einzelne auf eigene Rechnung grausam sein können, in einem oft gesteigerten Maß
sind es Kollektive, deren Mitglieder aus Motiven der Vergeltung zur Brutalität übergehen, oder wenn sie glauben,
ihr eigenes Glück und am Ende das der Menschheit hinge
von Aktionen der Grausamkeit ab.

Als grausam können aber auch Handlungen empfunden werden, die es gar nicht in eigentlicher Bedeutung
sind. Dem eigenen Kind die Erfüllung seines sehnlichsten
Wunsches zu versagen, kann sowohl von den Eltern, die
das Verbot aussprechen, als auch von dem Kind, das sich
ihm fügen muss, als grausam erfahren werden, und dies
in einem durchaus buchstäblichen Sinn. Fürsorge kann
schmerzlich sein. Jedoch: Die als grausam empfundene
Handlung wird hier mit dem Wohl des Kindes, etwa seiner Gesundheit oder Sicherheit, begründet. Sie geschieht
im Namen seiner Integrität: in der Absicht, diese zu schützen. Sie ist eine – nach Einschätzung der Handelnden unvermeidliche – Folge der Rücksicht auf sein Gedeihen.
Ähnlich verhält es sich bei mancher medizinischen Be-
handlung, der wir uns unterziehen, oder bei Übungen
und Vorschriften, die wir uns selbst auferlegen, obwohl
sie uns einigermaßen zuwider sind. Wir glauben, dass dies

letztlich zu unserem Guten sein wird. Selbst eine »Ästhetik der Grausamkeit«, wie sie von Künstlern wie Antonin Artaud oder Michael Haneke vertreten wird, kündigt den Pakt mit dem Publikum nicht auf, wie viel Irritation und Erschütterung ihre Werke auch bereithalten mögen.

Dergleichen mag für die Beteiligten auf verschiedene Weise grausam sein oder erscheinen, aber mit dem Laster der Grausamkeit hat es nichts zu tun. Denn für dieses zählt das Wohlbefinden der anderen gerade nicht. Der Grausame nimmt die Schmerzen seines Gegenübers nicht wahr, oder sie sind ihm gleich – oder er ergötzt sich daran. Er zieht seine Nummer trotz der Qualen seiner Opfer durch. Er sieht nur sich und seine Begierden oder Ideale: eine Extremform der Egomanie und Bösartigkeit, von der auch staatliche wie nichtstaatliche Vereinigungen befallen sein können. Einen Impfstoff immerhin gibt es gegen diesen Terror. Jedoch wirkt er meist nur, wenn alles zu spät und das Unheil längst geschehen ist. Dieses Medikament besteht in einer einfachen Einsicht: Wer anderen gegenüber habituell grausam ist, ist es zugleich gegen sich selbst. Der Grausame muss eine Härte auch sich selbst gegenüber entwickeln, mit der er die eigenen Regungen der Zartheit und des Mitleids, der zugestandenen Unsicherheit und Schwäche unterdrückt oder zumindest zu unterdrücken versucht. Sein Tun ist nicht einmal zu seinem Guten. Das entschuldigt sein Verhalten nicht im Geringsten. Aber es gibt den Geschundenen und denen, die mit ihnen fühlen, wenigstens die – wenn auch oft vergebliche – Hoffnung, dass die Hartherzigen doch erschütterbar sind. Sie ist verbunden mit der Gewissheit, dass sich keine Gesellschaft auf Dauer und im Ganzen dem Gesetz der Grausamkeit beugen wird.

9. Mitgefühl

Zuneigung und Abneigung sind wesentliche Triebkräfte des menschlichen Handelns und wesentliche Produktivkräfte auch. Ohne das Widerspiel von Sympathie und Antipathie würde uns nichts verlocken und nichts widerstreben. Wir würden in uns ruhen wie Steine und mit stumpfem Blick das Ringen der Pflanzen um Licht und Schatten verfolgen. Fühlten wir uns nicht angezogen und abgestoßen von Menschen und Dingen, gäbe es für uns nichts zu wollen. Weder Erfüllung noch Entbehrung stellte sich ein, es gäbe weder Freundschaft noch Liebe, keine Kunst, kein Denken, keine Wissenschaft, keine Politik, keine Religion und keine Moral. Wer nie auf seine Neigungen hört, hat keinen Willen, mit dem er diese lenken könnte, wer nie für jemanden entflammt ist, weiß nichts von sich, wer sich für das Werk anderer nicht begeistern kann, wird nie ein eigenes schaffen, wer nie einen Gedanken attraktiv fand, hat zu denken noch gar nicht begonnen, wer nie auf eine Hypothese fixiert war, ist für die Wissenschaft verloren, wer nie die Leidenschaft der Macht verspürte, hat politisch nichts zu bestellen, wer sich nie zu einem Glauben hingezogen fühlte, ist für die Wonnen auch des Unglaubens taub, wer nie von Mitleid ergriffen wurde, hat kein Gespür für das, was recht und billig ist. Und umgekehrt. Wer nie angewidert war vom Verhalten anderer, wer nie erschrocken ist über die Demut der Gläubigen, wer nie Empörung empfand über den Zustand der Welt, wem nie eine These gegen den Strich ging, wer nie von Neid ergriffen wurde auf die Begabung der anderen, wer nie einen oder eine nicht ausstehen konnte, wer nie entsetzt war über die eigenen Begierden, lebt als Untoter

32

unter den Lebenden. Selbst diejenigen, die einer seligen Apathie sehr nahekommen, oder dies wenigstens glauben, haben Anstrengungen unternommen, die übermenschlich wären, wären sie nicht von einem Affekt gegen das affektive Für und Wider getragen. Die menschliche Welt bewegte sich nicht, weder zum Guten noch zum Schlechten, wären ihre Bewohner nicht fortwährend so oder anders bewegt.

In diesen schwankenden Grund schlägt das Mitgefühl seine Wurzeln. Dort entsteht es, dort vergeht es – oder es erhält sich. Nur Personen, denen viele andere Personen im Positiven wie im Negativen nicht gleichgültig sind, können ein Gefühl dafür entwickeln, wie es ist und was es heißt, als Person unter Personen zu leben. Nur Personen, denen andere auf die eine oder andere Weise nahegehen, können auf Distanz zu ihren unmittelbaren Reaktionen ihnen gegenüber gehen. Nur Personen, die zu sich selbst in Distanz gehen können, können anderen trotz ihrer Distanz zu ihnen nahe zu sein versuchen. Nur Personen, die anderen nahe oder fern stehen können, sind fähig, ihre Freude und ihr Leid im Gleichklang mit anderen zu erleben. Die Grundstellung des Mitgefühls besteht darin, im Verhältnis zu anderen das eigene Empfinden von einer Empfänglichkeit für ihre Lage färben zu lassen. Diejenigen, die es sich erhalten haben, setzt es instand, eine Situation in einem mit anderen geteilten Empfinden auszukosten oder zu durchleiden – oder, wie es manchmal kommt, auszukosten *und* zu durchleiden.

Dazu bedarf es nicht zuletzt der Einbildungskraft – woran sich zeigt, dass auch und gerade das Mitgefühl kein bloßes Reagieren, sondern eine geistige Handlung ist. Um am Schicksal anderer Anteil zu nehmen, muss ich mir vorstellen können, wie es mir ginge, wenn ich in ihrer Lage wäre. Das ist einerseits nicht schwer, denn mich kenne ich ja einigermaßen; andererseits aber nicht leicht, denn es muss mir gegeben sein, ein Gespür für die *Lage* der anderen zu entwickeln – insbesondere dann, wenn sie mich ansonsten nichts angehen oder ich sie ansonsten gar nicht ertragen kann. Manches immerhin wünscht man nicht einmal seinen ärgsten Feinden. Mitgefühl entsteht aus einem stillschweigenden Wissen darum, dass die anderen, so verschieden sie auch sein mögen und so unterschiedlich ich zu ihnen auch stehen mag, in derselben Lage sind wie ich: als Personen, die im Widerspiel von Zuneigung und Abneigung durch ihr Leben navigieren und dabei, wenn es gutgeht, zugleich verschiedene Distanzen zu ihren ureigenen Affekten entwickeln. Ohne ein gewisses Maß der Gleichgültigkeit gegenüber den eigenen Gefühlen gibt es kein Gefühl der Humanität.

Mitgefühl ist nicht allein Mitleid, sondern ebenso Mitfreude, inklusive Mitwarten, Mitbangen, Mithoffen, Mittrauern, Mitzittern, Mitlachen, Mitweinen – und vieles andere mehr. Man muss diese Zuwendung nicht allein haben und zeigen, sondern auch empfangen und manchmal ertragen können. Dabei können sich heikle Konstellationen ergeben. Verfehltes Mitgefühl besteht nicht in geheuchelter Freude und geheucheltem Leid allein. Wenn der andere, obwohl er dazu in der Lage wäre, kein Gefühl für mein Mitgefühl zeigt, ist er dieses nicht wert; er wird sich meine Sympathien verscherzen. Insofern kann das Mitgefühl auch durch seine Empfänger Schaden nehmen. Seine bedrohlichste Form aber manifestiert sich in einer wohlwollenden Usurpation. Man kann andere durch sein Mitgefühl erdrücken und sogar ersticken. Dies geschieht, wenn die von Empathie Ergriffenen sich gleichsam an die Stelle derjenigen setzen, denen sie gilt. Sie glauben deren Leiden zu durchleiden und deren Liebe zu erleben, oder sie fühlen sich berechtigt, das Leben der anderen in ihre Hand zu nehmen. Dann macht sich eine Gleichgültigkeit innerhalb der fürsorglichen Zuwendung breit. Früher oder später wird sich eine solche Gleichgültigkeit auch gegen diejenigen wenden, die einem blinden Mitgefühl erliegen. Sie selbst kommen in ihren Gefühlen nicht länger vor; die Macht ihrer Anteilnahme trübt das Gespür für das eigene Befinden. Übersteigerte Empathie mündet in Missachtung sowohl der anderen wie unserer selbst.

10. Selbstmitleid

Weinerlichkeit und Larmoyanz trüben die Beziehung zu anderen und zu sich selbst. Man soll nicht in Selbstmitleid versinken. Trotzdem ist es keine Schande, gelegentlich die eigenen Wunden zu lecken. Man darf sich ruhig einmal bedauern, um dann, wenn es sein muss, wieder Härte gegenüber sich selbst zu zeigen. Beides hat seine Zeit. Das sentimentale wie das unsentimentale Selbstverhältnis haben beide ein Recht. Es wird verwirkt, wenn eines von beiden ein Vorrecht für sich reklamiert. Erst im Abstand von maßlosem Selbstmitleid und maßloser Askese findet eine Person zu sich.

11. Humor

Der Sinn für Komik ist eine Tugend von zweifelhaftem Ruf. Er kann jederzeit ins Lasterhafte umschlagen. Dies geschieht, wenn Leute sich im Verlachen anderer gefallen und dabei ihre vermeintliche Überlegenheit genießen. In seinen grausamen Varianten wird dieses Lachen zum Ausdruck eines Ressentiments von Menschen, die sich, weil sie mit sich selbst nicht klarkommen, in ein hämisches und höhnisches Gelächter retten. Oder es kann sich in einer flauen Humanität gefallen, die aber auch alles, vom Peinlichen bis zum Abscheulichen, von einer heiteren Seite nimmt. Freundlichere Züge dagegen zeigt der Sinn für Komik, wenn er die, die sich ihm überlassen, noch in absurden Lebenslagen mit Lebensfreude anzustecken vermag. Mit anderen mitzulachen wird dann zu der willkommenen Verführung, im Gelingen das Misslingen, im Misslingen das Gelingen, im Wichtigen das Unwichtige und im Unwichtigen das Wichtige zu entdecken. Gesund ist dieses Lachen auch in einem kognitiven Sinn. Plötzlich, in einer befreienden körperlichen Erschütterung, werden wir sonst verdeckter Spannungen, Ungereimtheiten und Widersprüche gewahr, die uns und anderen tausenderlei Streiche spielen. In einem solchen Lachen tanzen wir aus der Reihe des Ernstes, weil wir sehen, dass die Verhältnisse aus seiner Reihe tanzen.

Eine besondere Variante dieser sozialen wie kognitiven Lust ist der Humor. Ihn zu haben, ist eine elementare Form der Unbefangenheit, und vielleicht ihre radikalste. Wer ihn zeigt, weiß vor allem über sich selbst zu lachen. Wer ihn zulässt, versetzt sich durch eine spontane Regung in eine Distanz zu sich selbst. In solchem Humor meldet sich ein unwillkürliches Bewusstsein davon, dass das, was man für unbezweifelbar hält, doch bezweifelbar ist, dass es da, wo man selbst steht, keinen sicheren Stand gibt. Doch es lässt sich davon die Laune nicht verderben; es nimmt die Unwucht der eigenen Lage an. Die Weisheit dieses Humors besteht darin, den eigenen Widerspruch nicht nur zu bekämpfen, sondern bejahen zu können, wie es für ein gelungenes Selbstverhältnis unvermeidlich ist. In ihr meldet sich die Bereitschaft, die eigene Position zur Disposition zu stellen. Freilich: Man muss eine Position haben, um sie zur Disposition stellen zu können. Man muss eine Position halten, um eine andere dagegen halten zu können. Humor ist der Beweis dafür, dass wir es uns leisten können, das eine *und* das andere zu haben: ein Vertrauen in die Stärke der eigenen Position und zugleich das Wissen um ihre Schwäche.

Seine Äußerungsformen sind vielfältig und oft ganz unscheinbar. Es muss kein schallendes Lachen, Prusten oder sonst ein dröhnender Frohsinn sein, wodurch er sich bemerkbar macht; ein leises Lächeln oder ein gelassenes Schulterzucken tut es auch. Immer aber handelt es sich um eine Reaktion, die die Begrenztheit und Beschränktheit der menschlichen Reaktionen zum Anlass eines relativierten Ernstes erhebt. Humor ist ein affektiver Widerstand gegen den falschen Ernst – vor allem gegen den eigenen. Das Leben zu ernst zu nehmen, davon weiß sein Lachen, hieße, es nicht ernst genug zu nehmen – da hinter fast jedem Schrecken die Freude und hinter fast jeder Freude der Schrecken lauert, hinter fast jeder Absurdität ein Sinn und hinter jedem Sinn die Absurdität.

12. Albernheit

»Sei nicht albern«, ist eine Aufforderung an Junge wie Alte, die hierzu immerhin fähig sind. Nicht alle sind es. Es gibt Menschen, selbst Kinder, von denen man sich wünschte, sie einmal herumalbern zu sehen. Und es gibt solche, die sich das nur auf Kommando trauen – am 11. 11. oder einem anderen Stichtag. Dabei ist es so einfach. Man muss nur das Gewohnte in einen leichten Schwindel versetzen. *Drei Chinesen mit dem Kontrabass* ist ein in Kindergärten gern gesungenes Lied. Wenn man die Lautgestalt dieser Zeile (und der drei, die ihr folgen) entschlossen begradigt, bricht zuverlässig eine unkontrollierbare Fröhlichkeit aus: Dri Chinisin mit dim Kintribiss – usw. Die Umlaute mitgezählt, lassen sich im Deutschen im Handumdrehen acht schräge Idiome hervorzaubern, in denen man unter ansteckendem Kichern und Giggeln nach Belieben parlieren kann (man muss nur den Mund entsprechend formen). Das ist das Grundprinzip der Albernheit: sich eine Auszeit nicht vom Anstand, wohl aber von der Würde zu nehmen, mit der ein gesetztes Benehmen alles und jedes seinen geordneten Gang gehen lässt.

Im Unterschied zum Humor handelt es sich hier um einen Unernst, der keinerlei höheren Ernst für sich reklamiert. Deswegen fällt das Albernsein manchen so schwer. Sein ganzer Witz liegt in einer puren Ausgelassenheit. Es leistet keinen Widerstand und übt keine Kritik. Es will nicht verlachen, sondern bloß zerlachen. Es hat genug damit zu tun, die Seifenblasen des Verständigen und Verständlichen zum Platzen zu bringen. Alleine geht das nicht. Wenigstens ein Publikum muss man haben. Besser noch ist es, es sind andere da, die Laune auf ein verbales oder mimisches Gekasper haben. In Augenblicken übermütiger Geselligkeit kann es zu regelrechten Anfällen eines ungehemmten Frohsinns kommen, die für Erwachsene mitunter gesundheitsschädlich sind.

Die meisten Kinder haben da ein besseres Stehvermögen. Albernheit, zusammen mit selbstvergessenem Staunen und Spielen, ist Kindlichkeit par excellence: die Fähigkeit, inmitten der Welt den Lauf der Welt anhalten zu können. Wer sich davon nichts erhält, ist umsonst einmal Kind gewesen. Wer nie ein Quatschkopf ist, erweist sich selten als ein feiner Kopf. Ein alberner Mensch dagegen will nicht begreifen, warum er mit seiner ständigen Lachbereitschaft allen auf die Nerven geht. Noch die heiterste Regression hat ihre Zeit. »Sei nicht kindisch«, ermahnen wir das Kind im Mann oder der Frau, wenn es partout nicht damit aufhören will, alles und jedes zum Schreien komisch zu finden.

13. Ironie

Mit ironischen Menschen ist nicht zu spaßen. Heiterkeit will in ihrer Gesellschaft nicht aufkommen. Denn sie geben sich nicht zu erkennen. Sie teilen sich allein indirekt mit. Ständig lassen sie durchblicken, dass sie alles ganz anders sehen. Aber sie sagen nicht, wie. Sie legen sich nicht fest. Sie halten mit ihren Ansichten und Absichten – und also mit sich selbst – hinter dem Berg. Mit hochgezogener Augenbraue treiben sie die Selbstdistanz so weit, dass man gar nicht mehr weiß, wozu sie auf Distanz gehen. Sie nehmen nichts ernst, oder tun jedenfalls so, und können daher das Zerplatzen des Würdigen und Wichtigen nicht witzig finden. Mit ihrem blasierten Gehabe geben sie eine falsche Antwort auf den falschen Ernst.

Diese Schalheit des ironischen Menschen freilich hat nichts mit einem Makel der ironischen Rede zu tun. Soweit sie nicht zur bloßen Attitüde verkommt, äußert sich in ihr ein leichtfüßiger Ernst, der wie geschaffen ist für die Bewältigung höherer gedanklicher und kommunikativer Hürden. Wer ihre Kunstgriffe beherrscht, hat die Fähigkeit, Dinge ungesagt zu sagen und damit den anderen den richtigen Schluss zu überlassen. Personen hingegen, die »ironiefest«, also taub für ironische Signale sind, bekommen etwas Wesentliches nicht mit: dass man eine Position beziehen kann, die den Spielraum für andere Positionen ausdrücklich offenhält. Den aktiv und passiv Ironiefähigen ist ein entscheidendes Stück innerer Freiheit gegeben. Sie leben in dem Bewusstsein, dass es noch andere Optionen gibt als die, die sie selbst mit Nachdruck und Leidenschaft ergriffen haben. Ihnen ist klar, dass im endlichen Verstehen unendliche Möglichkeiten liegen. Sie wissen, dass wir die Implikationen unseres Meinens und Wollens nie auch nur annähernd ausschöpfen können. Sie wissen um die Einseitigkeit noch des umfassendsten Wissens.

14. Neugier

Schaulust und Wissensdurst sind die beiden Triebfedern der Neugier. Zum einen ist sie ein Verlangen, überall mit den eigenen Augen dabei zu sein; die Neugierigen wollen ständig hören und sehen, wie etwas Außergewöhnliches geschieht. Zum andern ist sie eine Affäre mit dem Wissen; die Neugierigen haben ein Verlangen nach Kenntnissen, das sich mit keinem Zustand der Erkenntnis abzufinden vermag.

Das Strafregister der Neugier ist lang. Mit ihrer Sucht nach Neuem, nur weil es neu ist, eckt sie beinahe überall an. Die Schaulustigen und die Wissensdurstigen versperren an vielen Brennpunkten des Lebens den Weg zu einem umsichtigen Verhalten. Als Laster betrachtet, erscheint die Neugier als eine Form der Hybris: als ein Ausfall sozialer Diskretion und kognitiver Gelassenheit. Gleichgültig gegenüber ihrer Bedeutsamkeit rafft sie allerlei Informationen zusammen und bringt damit just die Orientierungslosigkeit hervor, gegen die sie anzugehen meint. Sie erweist sich als mangelnde Demut vor dem alles Wissen umgebenden Nichtwissen; sie bezeugt einen ungenügenden Respekt vor den in vielem unbegreiflichen Wirklichkeiten des Lebens; sie erzeugt eine leere Gebanntheit durch beliebige Begebenheiten, die den Namen echter Anteilnahme und Erkenntnis nicht verdient.

Aber so einfach liegen die Dinge nicht. Nicht umsonst nimmt die Neugier in so manchem Tugendkatalog einen Ehrenplatz ein. Aufgeschlossen gegenüber anderen zu sein, an ihrem Leben Anteil zu nehmen, zu erfahren, wie es ihnen geht und ergeht – das sind unverdächtige Tugenden des menschlichen Miteinanders, die ohne eine Ingredienz der Neugier schnell verdächtig werden, nur der Deckmantel einer schlecht verhüllten Gleichgültigkeit zu sein. Wer Interesse an anderen nimmt, möchte gern mehr über sie wissen und ist auf Neuigkeiten erpicht, die das Verhältnis zu ihnen beleben und bestärken können. Doch gibt es hier subtile, je nach Situation variierende Margen des Zuviel und Zuwenig. Die Freunden und Verwandten, Nachbarn und Kollegen gewidmete Neugier geht schnell über eine Grenze hinaus, hinter der sie als ein Mangel an Takt und Toleranz – und somit nicht länger als eine Form der Anteilnahme, sondern der Rücksichtslosigkeit verbucht wird. Erst recht in der Eifersucht tritt eine übersteigerte Wissbegierde an den Tag. Sie kann die Vertrautheit mit der geliebten Person stören und zerstören, so sehr sie dieser dann und wann zu schmeicheln vermag. Soziale Neugier ist darum grundsätzlich beides: ein Bindemittel des gesellschaftlichen Zusammenhalts und ein Lösungsmittel, das ihn gefährdet. Sie ist eine Medizin und ein Gift: eine Medizin, die die Tendenz hat, wie ein Gift, und ein Gift, das das Potential hat, wie eine Heilkraft zu wirken.

In der Kunst und den Wissenschaften steht es nicht anders. Für den Künstler wie für den Wissenschaftler stellt die Neugier eine Gabe dar, die zu einem Laster wird, sobald sie sich als Primärtugend aufspielt. Auch in ihrer Tätigkeit erweist sie sich oft als ein richtungsloser Antrieb; wahllos greift sie nach allem, was interessant ist oder sein könnte. Sie ist ein Feind der Konzentration – einer Konzentration auf das beharrliche Austarieren eines artistischen Gebildes nicht weniger als das hartnäckige Durchfechten eines vielversprechenden Gedankens. In dieser Schwäche jedoch liegt zugleich ihre große Stärke. Denn die Neugier ist eine Feindin jeder vorschnellen Fixierung auf ein Verfahren, eine Hypothese oder eine Sicht der Dinge; sie hält die Augen von Künstlern und Forschern für unerkundete Wege des Arbeitens offen. In dieser Stärke wiederum lauert eine entscheidende Schwäche. Denn nur selektive Neugier ist produktiv – aber gerade die Auswahl ist ihre Domäne nicht. Die wissenschaftliche Neugier kann sich zu einer pathologischen Form der Hyperaktivität entwickeln, die einen trügerischen Reichtum an Kenntnissen anhäuft, nur um die Ausarbeitung eines widerspenstigen Werks zu vermeiden. Bei denen, die im Übermaß von ihr befallen sind, wird die Neugier zu einer Spielart geistiger Trägheit, die sich bei allerlei Abseitigem aufhält, vom Hundertsten ins Tausendste gelangt, anstatt einer fruchtbaren Linie zu folgen. Wer sich für alles interessiert, interessiert sich für das jeweils Wesentliche nicht – und wird sich verzetteln. Neugier ist *for beginners*. Wer bei einem produktiven Tun den Anfang gefunden, wer irgendwo angebissen und schließlich Blut geleckt hat, wird sein Verlangen nach *allem möglichen* Wissen weitgehend stillstellen müssen, bis zu dem Augenblick, da das nächste Vorhaben das vorige zu verdrängen beginnt. Jedes ernstzunehmende Werk, sei es der Kunst oder der Wissenschaft, entsteht aus einer wenigstens temporären Tugend der Ignoranz.

15. Aufgeschlossenheit

Es gibt eine ruhige Schwester der Neugier, die sich von deren Begierden fernhält und daher einige ihrer Laster nicht teilt. Aufgeschlossenheit ist eine Bereitschaft, zu sehen, zu hören, zu wissen und zu fühlen, ohne den ständigen Durst nach immer weiteren Reizen. Der Aufgeschlossene kann warten; er ist offen für Neues, ohne das Neue zu seinem Götzen zu erheben. Er ist nicht auf der Jagd; er nimmt auf, was ihm zukommt. Er verzehrt sich nicht nach Kenntnis und Erkenntnis, bleibt aber jederzeit für sie empfänglich. Er ist findig genug, um an überraschenden Stellen fündig zu werden. Aus Erfahrung lässt er weitere Erfahrung zu. Bewandert in den Dingen des Lebens, ist er für das noch Unbekannte frei.

Menschen, die eine »offene Art« haben, haben keine Panzerung nötig – weder in kognitiver noch in sozialer Hinsicht. Sie sind für anderes und andere da. Sie lassen sich auf ihre Umgebung ein. Selbstsucht, Pedanterie, Kleinlichkeit, Arroganz, Sturheit und Verschlossenheit sind ihnen fremd. Manche bringen es bis zur Offenherzigkeit – sie halten von sich nur wenig zurück und stehen deshalb für intellektuelle, sexuelle und andere Abenteuer bereit. Wer jedoch alles auf sich zukommen lässt, kann leicht die Richtung verlieren. Wer gelassen bleiben will, darf nicht alles an sich heranlassen. Wie die Unbefangenheit ist die Aufgeschlossenheit ein gutes Remedium gegen menschliche Blindheit. Bei übertriebenem Gebrauch aber führt auch sie in eine eigene Art der Verblendung. Sie meidet das Maß an Entschiedenheit, ohne das weder das Wichtige vom Unwichtigen noch das Richtige vom Falschen unterschieden werden kann, weswegen die Aufgeschlossenheit die Verwandtschaft mit ihrer ungestümen Schwester auf Dauer nicht verleugnen kann.

16. Gier

Alle Gier ist ein blindes Begehren, oder zumindest ein blinderes als alles Begehren sonst. Es strebt nach Früchten des Glücks, die im Augenblick ihres Genusses verfaulen. Machtgier, Habgier und Ruhmsucht sind drei seiner mächtigsten Gestalten. Keines dieser Bestreben kann Befriedigung finden. Die Gierigen können nicht genug kriegen; der Umschlag von Quantität in Qualität will ihnen nicht gelingen. Immer hat einer noch mehr Macht, die die eigene bedroht; sobald kein anderer Mächtiger mehr da ist, wächst die Furcht vor einer Revolte von innen. Immer hat einer noch mehr Reichtum zusammengerafft; selbst wer einmal die Bestenliste anführt, verbringt schlaflose Nächte in dem Bewusstsein, dass dies die Konkurrenten nur umso mehr anstacheln wird. Immer ist einer im eigenen Metier (und erst recht außerhalb) noch berühmter; selbst wer sich einbilden kann, am Gipfel allen Ruhms zu stehen, wird von dem Zweifel zerfressen, ob dieser Gipfel nicht »vor der Geschichte« als ein lächerlicher Hügel dastehen wird. Wer sich den Abtrieben der Gier überlässt, hat eine schäbige Freude letztlich nur an der Ohnmacht, der Not und dem Neid der anderen. Um so schlimmer, wenn Trusts und Kartelle diesem Laster verfallen.

Die Gier setzt alles auf die Zukunft; einen Frieden mit der Gegenwart kennt sie nicht. Sie blickt nur voraus und nie zurück: In dieser Rücksichtslosigkeit liegt ihre zerstörende Wirkung.

Mit der sexuellen Gier verhält es sich kaum anders. Auch sie kann ihren Genuss nicht genießen. Wie andere Arten der Völlerei kennt sie keine Sättigung. Die Freuden der Lüsternheit bleiben ihr fremd. Die Art der Erfüllung, auf die sie wieder und wieder aus ist, kennt keine Geduld für das Wechselspiel von Erwartung und Erinnerung, Entsagung und Verausgabung. Sie geht daher auf dem Höhepunkt leer aus. Ihre Ausschweifungen sind keine, weil sie die Launen der Verzögerung und des Aufschubs nicht kennt. Sie lässt ihre Glut nicht glimmen.

Die Gierigen verfehlen ihr innigstes Wollen, weil sie alles im Griff haben wollen. Sie sind nicht bereit, sich von den Unwägbarkeiten sowohl ihres Drangs als auch der Widerstände, die sich ihm entgegenstellen, auf Abwege führen zu lassen. Aber manchmal lässt es sich nicht vermeiden. Jeder Geilheit und Gier wohnt eine heimliche Kraft der Ablenkung inne – einer Abirrung von eben der Obsession, von der sie angestachelt wird. Diese Ohnmacht vermag eine Schubumkehr zu bewirken, deren Antrieb nicht durchweg zu verachten ist. »Ich kann allem widerstehen, nur nicht der Versuchung«, bekannte Oscar Wilde. So sehr dies eine Maxime der Gierigen ist, der Satz eignet sich auch als Wahlspruch derer, die sich auf keines ihrer Gelüste versteifen. Denen nämlich, die nie – in sexueller, finanzieller, kulinarischer, intellektueller oder sonst einer Hinsicht – begierig waren oder sind und also die Gier nicht kennen, der man hier wie dort verfallen kann, mangelt eine elementare Lust am Leben (und an der Unbotmäßigkeit im Leben), die einen auch zu weit schöneren Handlungen beflügeln kann. So ist zwar die Gier eine Erzfeindin der Lust, gelegentlich aber ein unverhoffter Übergang zu ihr.

17. Lust

Vieles kann Lust bereiten – eigentlich alles, woran hinzugeben sich überhaupt lohnt. Arbeit, Interaktion, Spiel, Betrachtung, soweit sie nicht zur reinen Mühsal werden, und vieles sonst, was auf seine Weise einen gelingenden Austausch mit der Welt ermöglicht, das Herumtollen mit Kindern, das Schleppen der Umzugskartons, die Verirrungen des Lesens und Schreibens, die Risiken der Ökonomie sogar in der Abwicklung von »Gedankengeschäften«, wie Immanuel Kant es nannte, der politische Kampf, sofern er nicht ganz aussichtslos bleibt, sogar die unbeirrte Erledigung leidiger Pflichten – alles dies ist eine mögliche Quelle der Lust: Ursprung eines sinnlichen und geistigen Widerfahrens, das einen mitnimmt und beflügelt auf Wegen, die sich einem missmutigen Herangehen niemals auftun würden.

Die meisten dieser Wonnen haben mit einem sexuellen Verlangen wenig bis gar nichts zu tun. Dennoch liefert die sexuelle Lust ein betörendes Bild menschlicher Erfüllung. Auch sie kann durch vieles erregt werden. Sie setzt ein mit leiblicher Empfänglichkeit und Empfindlichkeit, verweilt in dieser, lässt sich von ihr leiten und treiben, verführt zu Träumen und Tagträumen, sehnt sich nach Verausgabung und überlässt sich ihr endlich. Selbst wenn man es sich alleine besorgt und dabei halbwegs ein Vergnügen findet, oder voyeuristischen Neigungen frönt – die Idee eines Gegenübers ist dabei direkt oder indirekt immer im Spiel. Gesucht wird der Ernstfall einer realen oder imaginierten – oder realen und imaginierten – leiblichen Begegnung, die, von Flüstern, Schreien und anderen Arien begleitet, alle Verkleidungen auch des Diskurses hinter sich lässt. In den Eskapaden der Wollust ist alle Willkür auf das Unwillkürliche aus, alle Bewegung auf ein Bewegtwerden und schließlich Überwältigtsein. Ihren Höhepunkt erreicht diese Preisgabe in einem Spiegelstadium: Wir spüren, dass wir uns spüren, haben Lust an der Lust der anderen, die Lust an unserer Lust an ihrer haben.

In dieser sinnlichsten Zwiesprache entfaltet sich ein Widerspiel des Gebens und Nehmens, das an die physische Interaktion überhaupt nicht gebunden ist. Noch im Für und Wider eines inspirierten Austauschs von Gründen spielt es eine Rolle. In einem Ding, einer Sache oder einer Person ein Gegenüber zu erkennen und anzuerkennen, sich von ihm führen und verführen zu lassen, an ihm Halt zu finden und an es sich verlieren zu können: das ist eine Urszene beinahe des Vergnügens selbst. An ihr hat die Augenlust keinen geringen Anteil. Anderen in die Augen zu sehen und dort ein Leuchten des eigenen Blicks zu verspüren, ob als Antwort auf die eigene körperliche Begierde oder eines weniger ungestümen Verlangens, ist dabei nur das eine Labsal. Ins Gesicht der Welt zu schauen und bei ihren Anmutungen auch da zu verweilen, wo sie sich ganz unbeteiligt darbietet, erweckt einen Sinn für den Augenblick, der noch in den Ekstasen fortlebt, mit denen uns die Künste beschenken.

Wo diese Erotik des Seienden in Vergessenheit gerät, wird ihre sexuelle Seite weit überschätzt. Wenn auch nicht irgendeine, ist sie doch nur eine unter den zahllosen irdischen Freuden. Der Lüste sind viele. Nur dann, wenn sie ein ums andere Mal voneinander, von Perioden der Indifferenz sowie durch Phasen eines anderen Erleidens unterbrochen werden – nur dann spenden sie Lust. Dies verkennen ihre Ideologien, wie sie zumal in der Werbung wuchern. Aber nicht nur dort. Ihr wildestes Phantasma liefert einmal mehr die Philosophie. »Alle Lust will Ewigkeit, tiefe, tiefe Ewigkeit«, lautet jene Zeile von Nietzsche, die bis zum Erbrechen nachgebetet worden ist. Wirkliche Lust aber will enden, wie das Leben auch. Unendliche Lust wäre unendliche Qual.

18. Mäßigung

Der Gebrauch der Lüste bedarf der Maßhaltung, und dies in mehrfacher Hinsicht. Nicht nur müssen wir dafür Sorge tragen, dass hinreichend verschiedene Neigungen in uns gedeihen, die der Monotonie einzelner Wünsche Einhalt zu gebieten vermögen. Wir sollten auch zusehen, dass unsere wichtigsten Leidenschaften sich einigermaßen miteinander vertragen. Wir müssen sie kultivieren und koordinieren. Diese Selbstsorge gilt nicht allein dem übertriebenen Exzess, sondern ebenso der übertriebenen Entsagung. Sie richtet sich gegen die Enthemmtheit, der die Unbeherrschten, wie gegen die Gehemmtheit, der die allzu Beherrschten verfallen sind. Die Prüderie etwa entspringt einer übersteigerten Furcht vor dem eigenen Begehren, was denen, die von ihr angesteckt sind, auch die übrige Lebensfreude vergällt. Die Zähmung der Gier hat ihr Komplement in einer Bekämpfung der Antriebsschwäche – und der Empfindungsarmut, in der sie beide ihren Ursprung haben.

Die Vermeidung dieser Abwege verlangt eine Zurückhaltung nicht in erster Linie gegenüber anderen, sondern gegenüber sich selbst. *Sich* zu bremsen oder *sich* aufzuraffen, das ist hier gefragt: eine Temperierung, von der auch die sozialen Tugenden des Takts und der Anteilnahme reichlich profitieren. Dabei ist jedes Individuum anderen Risiken der Selbststeuerung ausgesetzt, weil jedes seine Energien aus einer anderen Kombination unterschiedlich starker Neigungen empfängt. Jedes muss eine andere Technik der Zügelung seiner selbst erlernen – und jedes Mal umlernen, wenn sich die Konstellation seiner Antriebskräfte wieder einmal geändert hat. Das Feintuning der maßgeblichen Impulse nimmt kein Ende. *Stay hungry*, lautet eine Grundregel für die Wartung der eigenen Affekte. Übersättigung schadet dem Appetit nicht allein am Essen. Das Ethos der Maßhaltung liegt in der Lustökonomie. Der Sinn dieser Disziplin liegt nicht in der Disziplinierung; er liegt in einer Lockerung der Kontrolle, die wir uns selbst gegenüber aufbringen müssen. Ihre manchmal übertriebenen Bedenken gegen den Überschwang entstehen aus der Furcht, wir könnten unseren Schwung verlieren. Selbst den Befriedigungen der Askese sollte man sich schließlich mit vollem Herzen überlassen. Nicht Apathie ist das Ideal der Mäßigung, sondern jenes Maß an innerer Ausgeglichenheit, das es erlaubt, auf der Achterbahn des Lebens mit einer gewissen Grazie zu wandeln.

19. Pünktlichkeit

Maß zu halten hat seine trivialeren Seiten, aber selbst die haben es in sich. Die kleinen Dramen des sozialen *timings*

erinnern daran. Die Unpünktlichen verachten die Überpünktlichen und diese jene. Die Pünktlichen blicken auf
beide herab. Recht haben sie alle – und unrecht auch.
Die Überpünktlichen gehen ihren Mitmenschen auf die
Nerven, weil sie ihnen das bisschen Zeit stehlen, das ihnen geblieben wäre, um sich gegen die Ankunft selbst ihrer Freunde zu wappnen. Unfähig zu warten, lassen sie die
anderen nicht warten. Noch weniger Verlass ist auf die
Unpünktlichen. Unfähig zu warten, lassen sie die anderen warten. Sie strafen ihre Mitmenschen mit leerer Zeit,
anstatt ihnen die ihre zu schenken. Die Überpünktlichen
wie die Unpünktlichen nehmen sich wichtiger als die Verabredungen, die sie eingegangen sind. Sie kommen zu
früh oder kommen zu spät, weil sie glauben, das Vorrecht
zu haben, die Ersten oder die Letzten zu sein. Sie bilden
sich ein, sie seien überall jederzeit willkommen, obwohl
das doch kaum jemand irgendwo ist.

Die Pünktlichen sind da fein raus. Sie machen es allen
recht. Sie können sich auf ihr Zeitgefühl verlassen. Jedoch
ist dieses Gefühl nicht nur ein Segen, sondern zugleich ein
Fluch. Wer stets die Zeit kennt, wer alle Verabredungen,
Versprechen, Verpflichtungen, Termine, *deadlines* und das
ganze übrige Pensum ständig im Kopf hat, verliert jeden
Sinn für die Gegenwart des eigenen Lebens. Unaufhörlich
tickt die innere Uhr. Wer immer *in time* ist, dem bleibt
keine Zeit für sich.

20. Genauigkeit

Nur die Pedanten glauben, überall käme es auf Pünktlichkeit an – im Denken und Sprechen, Handeln und Herstellen, und selbst in der Liebe. Sie kennen nur ein Maß
der Genauigkeit, nämlich das ihre. Sie scheren sich nicht
darum, was andere Personen von ihnen erwarten und verlangen dürfen; es ist ihnen gleich, wie Situationen von sich
aus genommen sein wollen. Von solcher Kleinlichkeit unterscheidet sich die Tugend der Genauigkeit darin, dass sie
weiß, dass Genauigkeit nicht alles – und dass sie nicht eines ist. Sie hat viele Facetten; genau verfährt nur, wer um
diese Verschiedenheit weiß. »Ein Ideal der Genauigkeit ist
nicht vorgesehen«, bemerkt Wittgenstein. Das gilt beim
Kosten und Schmecken, bei Satzbau und Interpunktion,
für die Kalküle der Logik und der Musik, und in den Wissenschaften ohnehin. Selbst diese müssen vieles im Ungefähren lassen, um eines so klar wie möglich zu fassen. Wer
Sorgfalt walten lassen will, kommt mit Einfalt nicht weit.

»Genauigkeit und Seele«, Feingefühl und exakte Phantasie miteinander zu verbinden, heißt es in Robert Musils
Der Mann ohne Eigenschaften nicht ohne Ironie, darauf
komme es in neueren Zeiten an. Man darf die Genauigkeit
nicht allein der Messkunst überlassen – und diese schon
gar nicht für einen Selbstzweck halten. Denn je nachdem,
worum es im Denken, Handeln und Herstellen geht, fallen die Normen der Präzision ganz unterschiedlich aus.
Und immer sind es dienende Normen. Genauigkeit ist
eine Hüterin der Aufmerksamkeit: sie leitet diese dazu an,
den Sinn und die Sinne nach den Erfordernissen der jeweiligen Sache zu richten.

Damit kann man es freilich auch übertreiben. Der Filmregisseur Erich von Stroheim brachte sich in den zwanziger Jahren des vorigen Jahrhunderts unter anderem darum in Hollywood um den letzten Kredit, weil er dem Gerücht nicht entgegentrat, er habe darauf bestanden, bei der Produktion seines Films *Foolish Wives* selbst die Komparsen in k.u.k. Uniform mit seidener Unterwäsche inklusive kaiserlichem Monogramm auszustatten. Mit entfesselter Akribie würde schon im Basteln und Bauen nie etwas fertig und alles zu teuer, ganz zu schweigen von jener im Denken, die es mit allem übergenau nimmt und sich darum in Wahngebäuden verliert. Perfektion ist gut, Gelingen ist besser. Niemand, der etwas zustande bringen will, darf der Schlamperei auf allen Ebenen widerstehen. Man muss auch mal Fünfe gerade sein lassen. Genau genug ist genau genug.

21. Willensschwäche

Einen starken Willen zu haben ist eine wunderbare Sache. Wer ihn hat, steht zu seinen Entschlüssen, insbesondere zu denen, die er nach reiflicher Überlegung gefasst hat. Schwache Naturen dagegen fallen ein ums andere Mal von der Linie der eigenen Vorsätze ab. »Obwohl der Mensch häufig vom Schlechten erkennt, dass es schlecht ist, führt er es dennoch aus.« So lässt Platon in seinem Dialog *Protagoras* den Sokrates das Phänomen der Willensschwäche definieren. Jedoch bringt Sokrates diese Definition nur ins Spiel, um zu zeigen, dass es das fragliche Phänomen gar nicht gibt. Wer nämlich wirklich erkannt hätte, was gut für ihn ist, so behauptet er, würde niemals den Impuls verspüren, das gemäß seiner eigenen Überzeugung Nachteilige zu tun. Menschen wie du und ich, die gelegentlich willensschwach erscheinen, glauben nur, sie wüssten, was gut für sie ist. Doch sie wissen es nicht, denn sonst könnten sie nicht länger wider ihr besseres Wissen handeln.

Das ist natürlich absurd. Sokrates hängt hier dem Traum von einem unfehlbaren praktischen Wissen an, wie es handelnden Subjekten nun einmal nicht zur Verfügung steht. Auch der stärkste Wille kann seiner Sache nicht völlig sicher sein. Auch der stärkste Wille ist nicht vor der eigenen Schwäche gefeit. Er darf es nicht einmal sein, wenn er ein wirklich starker Wille sein will.

Ohne Maß immerhin sind auch die Willensschwachen nicht. Der Maßlose will seine Begierden nicht eindämmen. Der Willensschwache hingegen will es, aber es gelingt ihm nicht. Der Zügellose will sich gar keine Schranken setzen. Der Willensschwache setzt sie sich, ist aber eben deshalb Anfechtungen ausgesetzt, denen er immer wieder erliegt. Die derart Unenthaltsamen, sagt Thomas von Aquin, halten sich nicht an ihr eigenes Urteil. Sie gehen nachlässig mit den eigenen Einsichten um. Darin verhalten sie sich irrational. Sie weichen von dem Kurs des Handelns ab, der ihrer eigenen Ansicht zufolge alles in allem der beste wäre. Sie verlieren die Selbstbeherrschung, indem sie einer Verlockung nachgeben, die ihren generellen Vorsätzen direkt widerspricht. Sowohl vor als auch nach der Situation ihres Schwachwerdens allerdings verwerfen sie die Handlungsweise, der sie in ihr gleichwohl folgen – durch den Griff zur Süßspeise, mit der sie ihren Diätplan verletzen, durch das Ausschalten des Weckers, der sie zum Aufstehen zwingen soll, durch das Liegenlassen dringender Pflichten nach dem Motto »was du heute kannst besorgen, das verschiebe ruhig auf morgen«.

In den meisten Fällen folgt die Zerknirschung auf dem Fuß. Warum aber werden wir dennoch immer mal wieder schwach? Vor allem deshalb, weil uns die Gegenwart ungleich näher steht als die Zukunft. Die Zukunft ist ungewiss, und wer weiß schon, wie viel er noch haben wird. In der Gegenwart aber leuchten die verbotenen Früchte. »Was soll's«, sagen wir und lassen unsere guten Vorsätze sausen. Grundlos handeln wir dennoch nicht. Denn es gibt ja einen Grund, warum wir beim Nachtisch zuschlagen. Kalorien hin oder her – er ist einfach zu köstlich. Hier und jetzt lassen wir nur diesen Grund gelten. Alle Gegengründe klammern wir ein und blenden zugleich die Folgen unseres Handelns aus. Wir mogeln bei der Gewichtung unserer Handlungsgründe. Das ist – nach unseren eigenen Kriterien – schädlich oder schändlich. Mit unterschiedlicher Klarheit wissen wir, dass es so ist. Wie sehr wir uns hinterher auch verfluchen mögen, ein bisschen Regression, denken wir ausdrücklich oder insgeheim, darf doch wohl mal sein. Man gönnt sich ja sonst nichts. Wir schlagen der eigenen Strenge ein Schnippchen. Auch wenn wir das in den meisten Fällen hinterher anders sehen: Manchmal muss man über die Stränge schlagen, um zu merken, wo diese sind.

Dass Willensschwäche zwar meistens, aber nicht jederzeit ein Laster ist, zeigt sich besonders in Lebenslagen, wo in einer Versuchung, der wir erliegen, zugleich ein Versuch enthalten ist – eine Art Selbstversuch, den wir oft erst nach längerer Zeit als einen solchen erkennen. In manchen Episoden der Schwäche meldet sich in der Gegenwart eine Zukunft, die wir bisher sei es verachtet, sei es missachtet haben. In einem Akt der vermeintlichen Willensschwäche beginnen wir ihr nachzugeben und nachzugehen. Wir werden unserem Selbstverständnis untreu und bereuen es, denn wir bemerken zunächst nicht, dass wir dabei sind, ein neues zu entwickeln. Es könnte beispielsweise sein, dass mein Begriff der Ehre mich privat oder politisch in ein Verderben führt, vor dem mich nur ein Preisgeben meiner Standards bewahren würde. In Augenblicken einer vermeintlichen Schwäche weiche ich von ihnen ab, noch ohne zu begreifen, dass ich dabei bin, mich von einem sturen Kodex zu befreien. Es könnte sein, dass ich zu einem bestimmten Zeitpunkt meinen Kindern gegenüber – wie mir zunächst scheint: unverzeihlich – nachgiebig werde und erst später dafür dankbar bin, dass ich meine autoritäre Art nach und nach aufgegeben habe. Und so in vielen anderen Fällen. Es könnte sein, dass unsere besten Absichten trügerisch sind. Es könnte sein, dass sich gerade im Abfall von unseren heiligen Vorsätzen ein Durchbruch zu existentieller und ethischer Wahrheit meldet. Es *könnte* so sein – auch wenn es meistens nicht so ist. Bei Anwandlungen dieser Art aber ist es nie vollkommen klar, wo die Stärke und wo die Schwäche liegt. Die Schwäche könnte Stärke und die Stärke könnte Schwäche sein. Die Unsicherheit und Anfechtbarkeit unseres Wollens, die sich in solchen Formen der Willensschwäche bemerkbar macht, ist das Anzeichen einer Unwägbarkeit menschlicher Lebenslagen, von der sich nur befreien könnte, wem es gelänge, jenseits aller Unsicherheit im eigenen Bestreben, und das bedeutet: ohne eigenen Willen zu leben.

Darum gehört es zu den Insignien der menschlichen Lebensführung, auch einmal schwach zu werden und wider das tatsächlich oder vermeintlich bessere Wissen zu handeln. Mit einem Menschen, der diese Fähigkeit nicht besäße, würde niemand von uns tauschen und keiner von uns etwas zu tun haben wollen. Wir wollen weder Automaten noch von ihnen umgeben sein. Menschen, die nie eine Schwäche zeigen, haben keinen starken Willen: ihnen fehlt die Kraft zur Abweichung von dem eigenen Programm, mit der sie dieses auf eine mehr oder weniger willkürliche Probe stellen. Die Reue darüber, wieder einmal schwach geworden zu sein, weicht manchmal der Freude, endlich auf neue Weise zu sich selbst stehen zu können.

22. Besonnenheit

Das griechische Wort »sophrosyne« wird häufig mit »Maßhaltung«, manchmal aber auch mit »Besonnenheit« übersetzt. Beides ist möglich, setzt aber jeweils einen anderen Akzent. Die Maßhaltung dient der Steuerung unserer Antriebe im Namen einer liberalen Ökonomie der Lust. Die Besonnenheit unterstützt diese, indem sie das Tun und Ergehen der Menschen mit Umsicht begleitet. Man könnte sie auch eine Maßhaltung des Geistes nennen. Sie wirkt der gedanklichen Apathie und dem ideellen Überschwang gleichermaßen entgegen. Sie bekämpft Stumpfheit und Blindheit, Voreiligkeit und Vorurteil. Sie verleiht uns Augenmaß und Urteilskraft. Sie lässt uns innehalten und überlegen, ohne uns zu sehr in Gedanken zu verlieren. Sie befähigt uns, unsere Lage zu sondieren. Sie lässt uns im Möglichen das Wirkliche und im Wirklichen das Mögliche erkennen. Sie leitet die sinnliche wie die intellektuelle Wahrnehmung in die Bahnen einer tätigen Erschließung der Welt. Johann Gottfried Herder taufte deshalb das menschliche Vernunftvermögen kurzerhand auf den Namen der »Besonnenheit«, weil dieses Wort Besinnung und Sinnlichkeit so schön miteinander verschmelzen lässt. Schließlich sind wir leibliche Wesen, die sich, empfindend und reflektierend, an ihrem Ort und in ihrer Zeit über ihren jeweiligen Ort und ihre jeweilige Zeit hinaus zu orientieren versuchen.

Solche Verständigkeit macht sich freilich in einer gewissen Verlangsamung der Lebensbewegungen bemerkbar. Besonnene Charaktere schießen nicht so schnell über das Ziel hinaus. Phantasie und Leidenschaft, Improvisation und Spontaneität sind ihnen zwar nicht fremd, aber doch nicht gerade ihre Stärke. Sie behalten einen kühlen Kopf. Trotzdem würde man sie ganz gern einmal den Kopf verlieren sehen – nicht weil man ihnen ihre Umsicht missgönnt, sondern weil man auch ihnen wünscht, dann und wann die innere Handbremse zu lösen. Ihr Hang zu Bedächtigkeit und Betulichkeit raubt ihnen ein Stück ihrer Lebenskraft, auf das sie gar nicht verzichten müssten. Denn so nützlich es ist, über eine intakte Bremse der eigenen Anwandlungen und Gedankenflüge zu verfügen, man muss sie nicht andauernd betätigen. Selbst die Besonnenheit bedarf einer maßvollen Bedienung. Warum ihre Kraft der Entschleunigung aber dennoch unverzichtbar ist, hat Aristoteles erkannt, als er darauf hinwies, Aufgabe der Besonnenheit sei es, »die Klugheit zu bewahren«.

23. Klugheit

Klugheit ist keine Sache der Intelligenz allein. Versteht man Intelligenz als die messbare geistige Grundausstattung einer Person, so hat sie mit ihrer Tugend- oder Lasterhaftigkeit noch gar nichts zu tun. Über Klugheit und Dummheit als menschliche Vorzüge oder Nachteile entscheidet vielmehr der Gebrauch der geistigen Gaben, die einem durch Anlage und Erziehung zugewachsen sind. Mit diesen Gaben kann man besser oder schlechter umgehen. Die Klugen zeichnen sich dadurch aus, dass sie bereit sind, aus ihrer Erfahrung zu lernen – und dabei zu beherzigen, dass diese Art des Lernens kein Ende nimmt. Sie wissen, dass jede Erfahrung, die man gewonnen hat, stets auf dem Prüfstand einer künftigen steht, die ihrerseits erneute Belastungsproben wird aushalten müssen. Das Aufnehmen und Verarbeiten der eigenen Weltkenntnis vollziehen die Klugen im Modus des Nachdenkens. Sie bedenken, worauf es im jeweiligen Feld des Handelns ankommt und wie man den sich dort abzeichnenden Widerständen beikommt. Die Basis der Klugheit liegt in einer Fähigkeit der zielgerichteten und zielführenden Überlegung.

Diese Überlegung darf sich nicht allein auf die Wahl angemessener Mittel zu gegebenen Zwecken beschränken. Ihre Berechnungen müssen auch die Berechtigung der jeweiligen Vorhaben in Rechnung stellen. Es wäre ausgesprochen unklug, angesichts der Verwirklichung bestimmter Zwecke nicht zugleich die Vernünftigkeit der Zwecke zu bedenken, die jeweils erreicht werden sollen. Schließlich ist Klugheit vor allem dann gefragt, wenn sich irgendeine Absicht oder irgendein Plan nicht ohne weiteres verwirklichen lässt. Dann aber steht mit den angemessenen Mitteln immer auch die Angemessenheit der Zwecke auf dem Spiel. Es stellt sich die Frage, was ich unter den gegebenen Umständen sinnvollerweise wollen und günstigenfalls erreichen kann. Klugheit beweist sich in einer Realisierung von Zwecken – in einer doppelten Bedeutung des Wortes »Realisierung«. Es kommt darauf an, zu bemerken, was in einer gegebenen Situation überhaupt lohnend ist; und es kommt darauf an, Wege zu finden, auf denen dieses Lohnende realisiert werden kann. Die eigenen Ziele umzusetzen und sich eigene Ziele zu setzen – dies beides nicht zu trennen, erst das ist Klugheit.

Welche Ziele aber sollen dies sein? Bei der Beantwortung dieser Frage verfügt die Klugheit alleine über keinen verlässlichen Kompass. Die Antwort nämlich hängt davon ab, was für Menschen die Klugen ansonsten sind – was sie antreibt, was ihnen wichtig ist, worauf sie Rücksicht nehmen. Klugheit und Cleverness sind nicht immer ein Segen. Klugheit ist nicht gleich Edelmut, so sehr sie sich mit diesem verbünden kann. Klugheit ist nicht gleich Bosheit, aber sie kann mit ihr im Bund stehen. Auch wer sich schändliche Ziele setzt, kann diese mit Klugheit verfolgen und je nach Lage zum Schlimmeren oder weniger Schlimmen modifizieren. Die höchste Klugheit kann sich mit den teuflischsten Mächten gemein machen – oder sich den menschlichsten Anliegen verschreiben.

Ihre humanen wie ihre inhumanen Gebrauchsweisen sind darum unübersehbar. Mancher Kluge neigt zur Klügelei. Er ergeht sich in besserwisserischen Ausführungen auch dann, wenn keinerlei Bedarf an seinen Belehrungen besteht. Diese leerlaufende Klugheit freilich hat ein höchst unterhaltsames Gegenstück. Mancher verwendet seine Klugheit darauf, eine Gesellschaft mit seinem Esprit zu unterhalten; um so erfreulicher, wenn die anderen ihrerseits mit Witz und Verstand zu antworten wissen. Von dem geistreichen Causeur im Feld der Konversation unterscheidet sich der gewitzte Charakter durch besondere praktische Fähigkeiten; er weiß günstige Gelegenheiten rascher zu erkennen und sich schneller zunutze zu machen als andere. Solche Pfiffigkeit oder Gewieftheit ist insbesondere dort von Vorteil, wo – in geschäftlichen oder politischen Dingen – taktische Finessen gefragt sind. Auf diesen und anderen Feldern kann sich Klugheit auch durch die Zuhilfenahme von allerlei Listen bewähren, und dies keineswegs immer mit anrüchigen Folgen; man denke nur an die Listen der Liebe. Wo aber Listen gebraucht werden, sind Hinterlist und Arglist nicht weit: verschlagene Manöver, mit denen andere übervorteilt oder in die Irre geführt werden. Selbst Tücke und Heimtücke setzen eine gewisse Cleverness voraus. Wie viele andere Laster können sie vom Scharfsinn der Klugheit profitieren.

Diese schäbigen bis scheußlichen Verhaltensformen machen sich das Element der Kälte zunutze, das aller Klugheit beigemischt ist. Klug zu sein bedeutet in Distanz gehen zu können – zu den eigenen unmittelbaren Anliegen, zu denen der anderen sowie zu Sitten und Gebräuchen aller Art. Das Einklammern des Selbstverständlichen und scheinbar Naheliegenden ist ihr Metier. Zu bedenken, warum etwas ist, wie es ist, und abzuwägen, ob es so, wie es ist, auch sein sollte – das macht ihre theoretische wie praktische Findigkeit aus. Dieser Abstand gegenüber allem bloß intuitiven Sinn für das Angebrachte und Gebotene aber kann an einen Abgrund des menschlichen Fühlens führen. Dies geschieht, wenn in der Ausübung der

Klugheit keine gutartigen Impulse wirksam sind, an deren Richtungen sie ihre Berichtigungen vornimmt. Es sind die Kräfte vieler anderer Tugenden, die verhindern können, dass wir aus purer Klugheit zu Agenten einer Kälte werden, denen nur der eigene Vorteil als Vorzug gilt. Diese Kräfte erinnern nicht zuletzt daran, dass der eigene Vorteil gar nicht immer in einem Bestehen auf dem eigenen Vorteil liegt. Im Bund mit ihnen achtet die Besonnenheit darauf, der menschlichen Schläue keine *carte blanche* zu geben.

24. Dummheit

»Stell dich nicht so dämlich an!«, sagen wir, wenn einer sich gar zu tölpelhaft benimmt (und manchmal sagen wir es sogar zu uns selbst). Das allein zeigt schon, dass auch die Dummheit nicht nur eine Sache der Veranlagung ist. Die Art der Dummheit, derentwegen man sich selbst und anderen Vorwürfe machen kann, entspringt einem mangelhaften Umgang mit den eigenen Fähigkeiten. Diesen Mangel abzustellen, kann man von sich selbst und von anderen fordern. Dumm in diesem Sinn verhält sich, wer von seinen geistigen und körperlichen Gaben, welche es auch seien, eine allzu geringe oder nachlässige Verwendung macht. Gedankenlosigkeit, Ungeschick, Schusseligkeit, Voreiligkeit, Gutgläubigkeit oder Narrheit: Sie alle können Erscheinungsformen menschlicher Dummheit sein. Im Unterschied zur bloßen Unerfahrenheit sind dies Mängel, die sich mit etwas gutem Willen und ein wenig Mühe vermeiden lassen. Die Dummen stellen sich einfältiger an, als es ihnen möglich wäre. Ihre Torheit liegt in einer Form der Unbelehrbarkeit: Sie sind damit zufrieden, vieles nur halb zu wissen und halb zu können. Sie sind mit sich zufrieden, denn sie halten sich für klug genug.

Hieraus entspringt die gelegentliche Liaison von Dummheit und Bosheit. Zwar ist Dummheit als solche zunächst einmal einfach ein Nachteil für die, die sich nicht schlau machen können oder wollen. Das Problem aber ist, dass die Dummen sich häufig gar nicht für dumm halten. Nur was ihren simplen Maßstäben entspricht, halten sie für vernünftig. Was in ihrem Horizont liegt, halten sie für den Nabel der Welt, was über ihn geht, erscheint ihnen abstrus oder bedrohlich. Eben das kann sie zu einer Bedrohung für andere machen: Sie schlagen um sich, sobald ihnen zugemutet wird, sich einer komplexen Realität zu stellen. Leute, die um die eigene Beschränktheit nicht wissen, laufen Gefahr, diese mit erheblichen Kosten für andere auszuleben – zumal dann, wenn sich Gesinnungsgenossen finden, mit denen gemeinsam sie den Widerstand der Welt zu brechen versuchen, und erst recht, wenn sie Klügere oder auch nur Besessenere als Führer verehren, die sie auf gewaltsame Missionen schicken.

Diese Nachtseiten der Dummheit hellen sich überall auf, wo Menschen in der Lage sind, sich zu ihrer Dummheit zu bekennen. Es ist ja keineswegs so, dass kluge Personen, nur weil sie klug sind, vor Dummheit gefeit wären. Mancher Hochintelligente ist lebensdumm: unfähig, das eigene Leben halbwegs auf die Reihe zu kriegen oder auch nur ein Rührei zuzubereiten. »Dumm darf man ja sein«, sagt der Volksmund angesichts solcher Fälle, »aber man muss sich zu helfen wissen.« Darin meldet sich eine Witterung dafür, dass es auch eine falsche Gescheitheit gibt, die einen in vielen Lebenslagen ins Straucheln bringen kann. Niemand ist so gescheit, dass er es überall wäre. »Jede Klugheit hat ihre Dummheit«, sagt Robert Musil deshalb. Die sich für klug halten, ob sie es nun sind oder nicht, unterliegen alle der Versuchung, die Macht ihres Klugseins zu überschätzen. Schwer zu sagen, was bedenklicher ist: dass sich die *Dummen* für klug oder dass sich die *Klugen* für klug halten. Beides kann verhängnisvoll enden. »Jede Dummheit hat ihre Klugheit«, wird man aber ebenfalls sagen müssen. Denn zumindest jede eingestandene Dummheit enthält ein Element der Klugheit, weil sie nicht glaubt, in ihrem Überlegen den Fährnissen des Lebens überlegen zu sein. Vielleicht ist das der Sinn einer rätselhaften Maxime Wittgensteins, die da lautet: »Steige immer von den kahlen Höhen der Gescheitheit in die grünenden Täler der Dummheit.« Grünend sind diese Täler, weil sie nicht Ausgeburten eines in sich selbst verliebten Theoretisierens sind, das keinen Blick mehr für die Mühen der Ebene hat. Angesichts der latenten Verstiegenheit der Klugheit hält Wittgenstein deshalb auch fest: »Unsere größten Dummheiten können sehr weise sein.«

25. Weisheit

Menschliche Weisheit liegt weder jenseits der Klugheit noch der Dummheit, aber sie macht sich weder mit dieser noch mit jener gemein. Sie verhält sich begriffsstutzig, wo andere nur allzu schnell zu begreifen glauben. Sie hebt die Beschränktheit des eigenen Wissens und Wollens auf, indem sie diese erkennt und anerkennt. Sie überwindet den Widerstand gegen die Grenzen des Verstandes, indem sie den Widerstand aufgibt. Weise sind weder die, die alles durchschauen, noch die, die alles gesehen haben, sondern die, die wissen, wie wenig sie durchschaut und gesehen haben, so viel sie auch wissen und gesehen haben mögen. Sie kennen die ungeraden Linien des Lebens, die sich nur durch andere Ungeraden begradigen lassen. Sie denken und handeln im Bewusstsein der Unwägbarkeiten des Denkens und Handelns. Dies macht sie zaudern, ob es eher ihr Denken oder ihr Handeln sein soll, durch das sie anderen das Bild eines illusionslosen Wandelns auf Erden geben. Halten sie sich an das Allgemeine ihrer flackernden Einsichten, so lassen sie den Irrtümern des Strebens nach Glück, Glanz und Ruhm gleichmütig ihren Lauf. Halten sie sich an das Besondere ihres Sinns für die Nöte und Leiden ihrer Mitmenschen, so verlieren sie jene Unerschütterlichkeit, mit der sie ihre überlegene Einsicht belohnt. Auch sie entkommen der Zerrissenheit nicht.

26. Melancholie

Als übermäßig muntere Zeitgenossen wird man sich weise Frauen und Männer jedenfalls kaum vorstellen dürfen. Zwar mögen sie eine durchwachsene Heiterkeit an den Tag legen, aber der Frohsinn ist ihre Stärke nicht. Dafür haben sie zu viel verstanden. Eher neigen sie zur Melancholie – zu einer Schwermut, wie sie einem Übermaß an Besonnenheit entspringt. Eine Nachdenklichkeit, die bei allem die Kehrseite im Auge behält, steht einem unbeschwerten Mitmachen fast überall im Weg. Melancholisch sind Personen veranlagt, die in allem, was sie bewegt, ein affektives Bewusstsein der Vergeblichkeit ihrer und überhaupt aller menschlichen Bemühungen mitführen. Sie sind von einer durch nichts Bestimmtes veranlassten und auf nichts Bestimmtes gerichteten Trauer umgeben, die es ihnen schwermacht, ihr Dasein leichtzunehmen.

Stimmungen freilich kommen und gehen. Wer ab und zu von Melancholie ergriffen wird, ist noch lange kein Melancholiker. Melancholie ist vielmehr ein Gestimmtsein, das die Existenz eines Menschen bestimmt. Von solchen Grundbefindlichkeiten handelt die klassische Temperamentenlehre, die dem Melancholiker die Naturen des Sanguinikers, Phlegmatikers und Cholerikers gegenübergestellt hat. Diese Unterscheidung wurde seinerzeit physiologisch begründet. Sie kann aber auch als ein Resultat prägender Lebenserfahrungen verstanden werden, die sich in der Art der Lebensbewegung eines Subjekts manifestieren. Niemand jedoch erfüllt den reinen Typus der einen oder anderen Art. Die Eigenart realer Personen stellt immer – und immer ein einzigartiges – Mischungsverhältnis menschlicher Temperamente dar. Die dabei jeweils vorherrschenden Stimmungslagen geben dem Charakter eines Menschen eine besondere Kontur. Es handelt sich um affektive Dispositionen, die seine Reaktionen auf die unterschiedlichen Lagen seines Daseins färben.

Diese Dispositionen sind uns nicht ein für alle Mal vorgegeben. Man muss sich ihnen nicht überlassen, auch wenn man sie nie einfach hinter sich lassen kann. Man kann sich mit ihnen abzufinden oder sie zu verändern suchen. Wie man es damit auch hält, immer verhält man sich zur eigenen Veranlagung. Es lässt sich gar nicht vermeiden. Denn die Mischung, die den Charakter eines Menschen ausmacht, ist nicht nur ein Produkt seiner Natur, sondern immer auch seiner Kunst – einer Kunst des Umgangs mit sich selbst, wie er ihn auf den Stationen seines Lebens pflegt. Darum ist die basale Gestimmtheit eines Menschen immer auch Teil seiner Tugend. Zum Teil wenigstens darf man sie sich zurechnen oder muss sie sich vorhalten lassen. So auch im Fall der Melancholie. Sie ist eine Tugend, insofern und insoweit sie ein Gefühl für menschliche Schwächen sowie ein deutliches Element der Demut gegenüber aller menschlichen Selbstermächtigung enthält. Ein Melancholiker wird nicht auf den Gedanken kommen, sich »an der Vollkommenheit zu vergreifen«, was für Blaise Pascal geradezu der Inbegriff des Lasters war.

Andererseits unterliegt das melancholische Temperament der Gefahr, in seiner Welt- und Selbstdistanz einer verwerflichen Gleichgültigkeit zu verfallen. Es wird zu einem Laster, wenn sich in ihm eine mangelnde Bereitschaft äußert, sich auf die Angelegenheiten des eigenen Lebens und diejenigen anderer einzulassen. Dann kultiviert der Melancholiker den eigenen Trübsinn und Überdruss bis hin zu übleren Formen der Trägheit und Faulheit. Allerdings ist die affektive Disposition der Melancholie (wie auch der anderen Temperamente) nur so lange eine tugendrelevante Eigenschaft, als sie nicht zu einer krankhaften Erscheinung wird. Schließlich sind Krankheiten keine Laster. Sobald sich die melancholische Veranlagung eines Menschen zur Depression steigert, erübrigen sich alle Vorhaltungen. Gefragt sind dann Zuspruch, Unterstützung und Therapie.

27. Trägheit

In jedem dicken Menschen, pflegte der nicht eben schlanke Peter Ustinov zu sagen, steckt ein dünner, der unbedingt hinauswill. Auch wenn man an der allgemeinen Gültigkeit dieses Satzes zweifeln kann, auf ihren quicklebendigen Erfinder immerhin traf er zu. Manche dünnen Menschen, so könnte man umgekehrt vermuten, kämpfen gegen einen unsichtbaren dicken an, in den sie sich eingeschlossen fühlen. Empirisch wäre das freilich ebenfalls zweifelhaft, einfach weil nicht jeder Phlegmatiker korpulent und nicht jeder Sanguiniker eine Bohnenstange ist. Die Leibesfülle allein sagt nun einmal nichts über die Antriebsart eines Menschen aus. Diese zeigt sich erst in der gesamten Choreographie seines Verhaltens bis in die feinsten Rhythmen des Lebens hinein.

Dabei sind die verlangsamten Reaktionen des Phlegmas oft durchaus ein Segen. Schon am Lenkrad ist hektisches Getue nur störend, selbst wenn es bloß Übelkeit bei den Mitfahrenden hervorruft. Auch sonst ist es oft von Vorteil, die Dinge auf sich zukommen zu lassen. Man muss auch abwarten können. Getreu dieser Maxime unterhält die Trägheit eine unaufgeregte Liaison mit der Beharrlichkeit. Nicht Sturheit, sondern Behäbigkeit soll zum Ziel führen. Die Trägen verstehen sich darauf, Schwierigkeiten auszusitzen. Ihnen erscheint ein Übermaß an Initiative unproduktiv. Sie wollen nicht alles steuern müssen. Ihr seelisches System ist auf Energiesparmodus eingestellt. Eher introvertiert, lieben sie ihren Frieden. Sie suchen keinen Streit. Sie wissen die Wonnen der Lethargie zu schätzen. Das macht sie empfänglich für vielfache sinnliche Freuden. Sie vermögen sich der Führung ihres Leibes zu überlassen. Es gibt eine Erotik der Trägheit, die alle raffinierteren Liebeskünste alt aussehen lässt.

So in sich zu ruhen aber kann auch lähmend sein. Zu den Nebenwirkungen der Trägheit gehört körperliche wie geistige Schwerfälligkeit – mit manchmal tödlichen Folgen. »Auf seinen Lorbeeren auszuruhen«, bemerkt Wittgenstein, »ist so gefährlich wie auf einer Schneewanderung auszuruhen. Du nickst ein und stirbst im Schlaf.«

28. Faulheit

Das Loblied der Faulheit ist über die Jahrhunderte hinweg immer wieder einmal gesungen worden. Immer waren es Gegengesänge gegen die lautstarken Chöre zur Ermunterung der Fleißigen. Seitdem tobt der Streit in der Arena der Lebenskunst. Nur fortwährendes Tätigsein, grölen die Pflichtversessenen, wird euch Seligkeit bringen! Erst wenn ihr euer Pensum erfüllt habt, dürft ihr auf Erfüllung hoffen! Darauf wollen die Fans der Faulheit nicht hören. Wenn ihr euch ein Pensum vorschreiben lasst, halten sie dagegen, werdet ihr euer Glück verspielen! Lasst euch die Laune nicht durch einen Zwang zu ewiger Leistung vermiesen! Ohne Fleiß kein Preis, ruft die eine Partei. Der Fleiß verdirbt den Preis des Lebens, schallt es von der Gegentribüne zurück. Gerade in der Dissonanz dieser Schlachtgesänge aber liegt die Wahrheit. Fleiß und Faulheit sind beide mit Vorsicht zu genießen. Beide zeigen ihre Tugend nur in verpuppter Gestalt.

Fleiß hat immer einen Beigeschmack von Schule und Strebertum. Er ist vor allem zur Bewältigung von Aufgaben gefragt, die man sich nicht selbst gestellt hat. Die Fleißigen sind gut darin, Ansprüchen gerecht zu werden, die ihnen von außen angetragen werden. Sie hadern nicht mit dem Sinn des ihnen übertragenen Tuns, sondern führen es nach bestem Vermögen aus. Das macht sie zu Erfüllungsgehilfen guter, aber genauso gut schlechter Missionen. Ihre Leidensfähigkeit ist ihre Stärke, aber auch ihr Problem. Der wahre Fleiß nämlich bestünde darin, dranzubleiben an Vorhaben, die man aus eigenem Antrieb will und hinter denen man deshalb auch wirklich steht. Jedoch: Sobald man Tätigkeiten dieser Art für sich entdeckt hat, ist gar kein Fleiß mehr vonnöten. Unverzagtheit, Hartnäckigkeit und Zielstrebigkeit treten an seine Stelle. In allerlei Vorschulen des Lebens ist Fleiß eine unbedenkliche und oft unverzichtbare Tugend; in der des Lebens legt sie eine falsche Fährte.

Es gibt also Gründe, den puren Fleiß zu verachten. Aber daraus folgt kein schallendes Lob der Faulheit. Denn auch die Faulen haben nichts, woran sie sich mit eigener Leidenschaft halten könnten. In ihren besten Momenten verhalten sie sich reaktiv. Sie sehen keinen Sinn darin, Leistungen zu erbringen, in denen sie keinen Sinn zu sehen vermögen. Sie erscheinen pflichtvergessen, wenn sie sich Anforderungen verweigern, die ihnen von außen oder oben aufgezwungen wurden. Sie sind es, wenn sie sich zu gut oder wenn sie zu bequem sind, Tätigkeiten nachzugehen, die für sie selbst und andere lohnend wären, oder wenn sie sich mit Leistungen aushalten lassen, zu denen sie selbst etwas beisteuern könnten. Dann ist Faulheit kein Merkmal widerständiger Lebenspraxis, sondern ein Mangel an Selbstsorge und Sorge für andere, der an Verwahrlosung grenzt. Die Tugend dieses Lasters beginnt erst da, wo sie ihre Inhaber befähigt, Arbeit und Mühe so zu dosieren, dass ihnen über deren Anspannung hinaus genügend Zeit für einen ausgelassenen Genuss ihres Daseins bleibt.

Auch das aber will gelernt sein. »Heute lege ich mich mal auf die faule Haut«, sagen manchmal selbst die Fleißigen, und wissen dann meistens nicht weiter. Schließlich träumen wir alle vom Nichtstun, ohne recht zu wissen, wie das anzufangen wäre. »Rien faire comme une bête«, wie es Theodor W. Adorno einmal der Menschheit anempfohlen hat, um sich vom Zwang destruktiver Selbststeigerung zu befreien, ist für die menschlichen Tiere beim besten Willen nicht durchzuhalten. Immerhin ist auch Nichtstun ein Tun. Man kann nicht nichts machen. Auch wer sich monatelang aufs Sofa legt, tut immerhin dies. So wenig der wahre Fleiß noch Fleiß ist, so wenig ist wahre Faulheit weiterhin Faulheit. Sie mutiert zur Gabe des Müßiggangs: zu der Fähigkeit, in Situationen und bei Tätigkeiten zu verweilen, die einen um ihrer selbst willen beschäftigt sein lassen. Hier gibt es kein Erreichen oder Verfehlen festgesetzter Ziele und also keinen Erfolg oder Misserfolg. Hier gibt es nur die wechselnde Aufmerksamkeit für Dinge, die einem auf die eine oder andere Weise am Herzen liegen. Müßiggang ist aller Liebe Anfang.

29. Lebhaftigkeit

Die Geschichte vom Zappelphilipp warnt uns vor den allzu Lebhaften. Diese bedrohen die guten Ordnungen des Lebens. Man soll bei Tisch nicht mit dem Stuhl schaukeln und sich auch sonst nicht zum Hampelmann machen. Die Hyperaktiven sind flatterhaft und neigen zur Flegelei, einfach weil sie vor lauter Handlungsdrang weder aus noch ein wissen. Gegen den Strich gelesen, zeigt uns dieselbe Geschichte aber auch, worin das Betörende eines überschäumenden Temperaments liegen kann. Es stört die guten Ordnungen der allzu gesitteten Welt. Steifheit, Starrheit und Verknöcherung fegt es achtlos hinweg. In der Wildheit der Lebhaften äußert sich eine Spontaneität, um die man sie manchmal nur beneiden kann. Sie bleiben erregbar. Sie ergreifen die Initiative. Sie bringen etwas in Gang. Im Guten wie im Schlechten geben sie einfach keine Ruhe.

Das kann einem aber auch auf die Nerven gehen. Die Lebhaften können oder wollen oft nicht wahrhaben, dass auch Langsamkeit und Trägheit von einem wachen Sinn für das Wirkliche zeugen. Selbst die Müdigkeit, wo sie nicht als Last empfunden, sondern hingenommen wird, stellt besondere Möglichkeiten der Aufmerksamkeit bereit – zum Beispiel das Dösen. Die Kraftquellen der Ruhe zapfen die Überschwänglichen nicht an. Das macht ihr Treiben oberflächlich. In ihrer Umtriebigkeit befinden sie sich auf einer Art Flucht – vor allem vor sich selbst. Ständig befürchten sie, der ganze Wirbel könnte einmal vorbei sein, wie es ja früher oder später geschehen wird. Da es aber ohnehin so kommen wird, könnten sie sich beizeiten damit anzufreunden versuchen.

30. Zorn

Sich nie aus der Ruhe bringen zu lassen wäre auch nicht gesund. Gerade um der eigenen Ausgeglichenheit willen ist es geboten, starken Affekten nicht überall Einhalt zu gebieten. Eine solche vitale Reaktion ist der Zorn. Er verleiht einem Widerwillen gegen Zumutungen Ausdruck, die von den Zornigen als ungehörig empfunden werden. Sie lassen die anderen ihren Ärger oder ihre Empörung spüren. Sie machen ihrem Unmut Luft. Sie zeigen, dass sie nicht bereit sind, alles hinzunehmen. Sie kuschen nicht, wo andere in Unterwürfigkeit verharren. Sie sind zur Selbstbehauptung fähig. Sie bewahren ihre Selbstachtung, indem sie ihren Widersachern die Stirn bieten.

Auch der Zorn ist ein elementarer Affekt, zu dem man sich so oder so stellen kann. Die Sanftmütigen versuchen ihn so lange wie möglich zum Schweigen zu bringen. Selbst sie aber spüren hin und wieder den Drang, diesen Affekt zu aktivieren. Andere sind rascher ungehalten. Sie sind zornbereit, wo immer ihnen einer dumm oder dreist in die Quere kommt. Die Choleriker sind es beinahe jederzeit. Sie lassen sich nichts gefallen. Sie reagieren ohne Verzögerung. Anders als die fröhlichen Naturen sind sie extrovertiert in allem, was sie negativ betrifft. Ihnen ist Duldsamkeit fremd. Sie setzen sich zur Wehr. Sie verlangen Genugtuung. Sie stehen zu sich, sobald etwas gegen sie steht.

Zorn muss sich zeigen. Wut kann man unterdrücken, Zorn drückt sich aus. Zwar gibt es auch ohnmächtigen Zorn, aber dies ist ein Grenzfall, der sich von dem einer blinden Wut kaum unterscheiden lässt. In Wut können wir auch aus den nichtigsten Anlässen geraten, und oft verpufft sie ohne ernsthafte Folgen, erst recht dann, wenn sie sich in eine Wut auf die Welt steigert. Im Zorn dagegen meldet sich ein tatsächliches oder vermeintliches Recht, der Anmaßung oder dem Übergriff durch Dritte zu begegnen. Seine Äußerung erfolgt in einem Bewusstsein eigener Macht (oder doch in einem Glauben an diese). Die Zornigen begehren nicht einfach auf; ihre Worte sind bereits Taten oder haben Taten zur Folge. Der Zorn eines Volks kann selbst die Mächtigsten in Bedrängnis bringen. Er dringt auf Entschädigung oder Vergeltung. In seinen kollektiven wie individuellen Formen kann er sich in eine Rachsucht und Raserei verrennen, deren Furor jedes Gefühl der Proportion verliert.

Mit der Dosierung ihres Zorns hatten schon die griechischen Götter ihre liebe Mühe, nicht weniger als die Helden, deren Schicksal sie mit parteilicher Leidenschaft verfolgten. Die Balance zwischen Ergebenheit und Jähzorn ist nur schwer zu halten. Die Unduldsamkeit der Zornbereiten macht diese unbeherrscht und unberechenbar oft gerade dort, wo sie allen Grund haben, ihren Unmut zu äußern. Sie schießen gerne über das Ziel hinaus. Darin liegt eine Plage nicht nur für ihre Mitmenschen, die jederzeit mit einem Ausbruch rechnen müssen, über den sie ihrerseits in Zorn geraten könnten. Die Reizbarkeit der ständig Aufgebrachten wird auch für sie selbst zu einem Fluch, sobald es zu ihrer Schwäche wird, andauernd die Stärke ihres Willens unter Beweis zu stellen. Seinen Erdenwandel als zorniger junger Mann zu beginnen und als zorniger alter Mann zu beenden, ist keine verlockende Aussicht. Die allzeit Zornbereiten machen sich nur lächerlich.

31. Lächerlichkeit

»Lach mich nicht aus!«, sagen Kinder, die sich vor dem Blick eines Erwachsenen mit etwas abmühen, das sie noch nicht beherrschen. Man hat auch schon Erwachsene gesehen, denen es beim Zusammenbauen eines Möbels ähnlich erging. Diese Fälle sind harmlos. Bei bestimmten Tätigkeiten und in begrenzten Rollen hat jeder von uns schon einmal eine komische Figur abgegeben, ohne dass hieraus eine Tragödie entstanden wäre. Tragisch wird es erst, wenn jemand vor den Augen der anderen als Mensch lächerlich erscheint. »Lächerlichkeit schändet mehr als Schande«, hat La Rochefoucauld notiert. Sie macht uns mehr als alles andere zu schaffen, weil sie uns zeigt (oder zu zeigen scheint), dass wir uns selbst verfehlt haben. Die Differenz zwischen Sein und Schein spielt hierbei nur eine geringe Rolle. Entscheidend ist, dass es uns so vorkommt, als käme es den anderen so vor. Dann möchten wir am liebsten im Erdboden versinken.

Zwei Arten des Selbstverhältnisses gibt es, die dazu führen, von anderen nicht nur nicht ernst genommen, sondern als lachhaft wahrgenommen zu werden. Lächerlich sind Personen, die entweder auf eine groteske Weise mit sich im Unreinen oder aber auf eine groteske Weise mit sich im Reinen sind. Grotesk wird das Mitsicheins- oder Uneinssein eines Menschen, sobald es zu einer völligen Übereinstimmung oder Nichtübereinstimmung seiner Ansichten und Absichten kommt. Absonderlich ist eine völlige Übereinstimmung, weil sich die, die sich in ihr befinden, wie ferngesteuert durch die Welt bewegen; ohne inneren Widerspruch lässt sich kein lebendiges, für die Störungen der Erfahrung offenes Leben führen. Nicht minder absonderlich ist eine krasse Nichtübereinstimmung, weil sie das eigene Denken und Handeln fortwährend paralysiert; aus lauter inneren Widersprüchen lassen sich keine ernstzunehmenden Ansichten und Absichten formen. Noch grotesker wird die Sache, wenn diejenigen, die glatt mit sich im Reinen oder im Unreinen sind, jeweils vom Gegenteil überzeugt sind: wenn die, die mit sich im Unreinen sind, glauben, sie seien völlig mit sich im Reinen, oder die, die mit sich im Reinen sind, glauben, sie seien völlig mit sich über Kreuz. Dergleichen kommt vor. Mancher bildet sich ein, der Umstand, dass er nichts auf die Reihe kriegt, liege bloß daran, dass die anderen die Chaoten sind; manch anderer hadert mit sich, weil er nichts an sich findet, womit er wenigstens hadern könnte. Dabei verhält es sich mit dem Selbstverhältnis von Menschen wie in der Musik: Seine Konsonanz entsteht aus der Dissonanz und zehrt von ihr. Einklang mit sich ist aufgehobener Zwieklang. Wie in der Musik kennt das Austarieren der Integrität von Personen unendlich viele Formen. Alle Stimmigkeit aber bleibt auch hier relativ. Wäre sie absolut, wäre sie weder erkennbar noch fühlbar.

32. Ausgeglichenheit

Ein ausgeglichener Mensch zu sein, der an vielem in der Welt Anteil nimmt, ohne sich von ihr unterkriegen zu lassen – wer wollte das nicht. Das aber ist kein Zustand, in den man ein für alle Mal eintreten kann. Wer ihn erstrebt, muss zusehen, dass er mit vielem, aber er darf nicht glauben, dass er mit allem fertig wird. Er muss bereit sein, sich selbst und andere auszuhalten, ohne sich und sie in allem zu mögen. Vor allem muss er Abschied von dem Traum einer inneren Mitte nehmen, die es früher oder später zu besetzen und besitzen gelte. Denn wir haben keine. So sehr wir danach streben mögen, was immer wir finden werden, wird immer abseits einer anderen Mitte stehen, nach der wir uns sehnen.

33. Echtheit

»Dieser Mensch hat Format«, wie es manchmal heißt, bedeutet nicht, dass er aus einem Guss wäre oder einer festen Formel folgte. Im Gegenteil: Er zeigt Ecken und Kanten, die sich nicht so leicht abstoßen und nicht alle ausrechnen lassen. »Sie ist echt«, sagen wir von einer, die sich weder verstellen muss noch verbiegen lässt. Mit »echten Kerlen« kann man sogar Pferde stehlen, zumal wenn es weder um Pferde noch ums Stehlen geht, sondern einfach darum, sich in heiklen Situationen auf jemanden verlassen zu können. Beim Echten weiß man, woran man ist. Sobald es aber um Menschen geht, wird eben dies zu einem Mangel. Zu wissen, woran man ist, mag in Geschäftsbeziehungen überaus nützlich sein, im sonstigen Umgang mit Leuten genügt es uns nicht. Wenn sie uns nicht – im Guten, aber darum auch im Schlechten – erstaunen, verblüffen und überraschen können oder doch könnten, würde uns ihre Gesellschaft nicht lange behagen. Wir wollen gar nicht wissen, was sie definiert, und wir wünschen nicht, dass sie sich einbilden, es zu wissen. So viel Gewissheit wäre auf Dauer nicht zu ertragen. Verlässlichkeit, Anmut, Schönheit – alles nicht zertifizierbar. Echtheit ist etwas für Fabrikate.

34. Natürlichkeit

Alles Mögliche wird heute wegen seiner Natürlichkeit beworben: Shampoos, Spirituosen, Cabriolets, Kosmetika und sogar die Moral. Doch all das sind Artefakte. Selbst die »biologischen« Früchte vom Feld sind Resultate einer langen Kultivierung. Was der Naturalismus der Werbung oder der Ethik als »natürlich gut« anpreist, sind Qualitäten und Standards, denen aus kulturellen Gründen ein Vorzug zugesprochen wird, weil sie ein gesünderes und besseres Leben versprechen. Mit der Natürlichkeit eines Menschen verhält es sich ebenso; auch sie ist nichts, was einfach von Natur aus bestünde. Personen, die eine »natürliche Art« haben, zeichnen sich durch eine gewisse Schlichtheit aus; jede Affektiertheit ist ihnen fremd. Auch wenn die Zuschreibung solcher Eigenschaften im Blick auf vermeintliche Naturburschen oder Schönheiten vom Lande abfällig klingen kann, dass hierin ein Kompliment liegt, zeigt sich insbesondere dort, wo es von Städtern heißt, sie hätten bei allem Aufstieg und aller Kultiviertheit eine natürliche Art »behalten«. Was es mit solcher Natürlichkeit auf sich hat, wird an ihrem wichtigsten Kontrastbegriff deutlich – dem der Manieriertheit. Als manieriert gelten Leute, die sich in ihrer Kleidung, ihrer Gestik, ihrer Wortwahl und selbst ihren Gefühlen vergleichsweise gekünstelt gerieren. Sie haben sich Eigenheiten zugelegt, die deutlich abweichen von denen, die jeweils als normal und angebracht gelten. Oft wird dies als suspekt empfunden; wer schon im körperlichen Habitus von der Norm abweicht, so der Verdacht, wird es auch in anderer Hinsicht tun. In Wahrheit aber handelt es sich bei der Polarität von menschlicher Natürlichkeit und Manieriertheit um eine Differenz des sozialen Geschmacks, die mit Fragen des Anstands nur wenig zu tun hat. Beide können ihren Charme haben. Schließlich schreibt man auch denen, die durch ihre Natürlichkeit gefallen, Manieren zu, nur eben solche, die etwas weniger ausgefeilt sind oder etwas weniger schrill. Alle Manieren aber sind ein Kunstprodukt. Wie die Manieriertheit ist auch die Unverstelltheit eine Sache des Stils.

35. Stil

Gar keinen Stil zu haben, das geht nicht. Selbst die Spielarten menschlicher Verwahrlosung haben ihre kulturellen Trends. Auch diejenigen, die glauben, sie könnten sich aller Mode verweigern, haben nur die Wahl, entweder der von vorgestern zu folgen oder wider Willen eine eigene zu erfinden. »Keinen Stil« zu haben aber geht durchaus. Schließlich sagen wir von manchen Leuten, sie hätten Stil, woraus allein schon folgt, dass nicht alle ihn haben. Stil in diesem Sinn hat, wer über eine gewisse, schwer zu definierende Lebensart verfügt, die uns als besonders stimmig erscheint. Dies fängt bei der Kleidung an, aber hört bei ihr noch lange nicht auf. Es betrifft das gesamte Verhalten von Frauen oder Männern, sofern es eine in ästhetischer wie ethischer Hinsicht gefällige Formung zeigt. Selbst Gangster können Stil haben, der sie immerhin befähigt, noch in ihrem Untergang die Contenance zu wahren. Das Benehmen derer, die als Personen Stil haben, zeichnet eine innere Spannung aus, die sie zu einem differenzierten Agieren und Reagieren im sozialen Feld befähigt. Denen dagegen, die sich zuverlässig »stillos« verhalten, geht ein solches Gespür ab. Sie wandeln vergleichsweise plump und formlos unter den Menschen, weswegen schon ihr Anblick einen das Gruseln lehren kann.

Es wäre jedoch ein Irrtum zu meinen, Stil sei bloß eine Sache der sozialen Distinktion, kraft deren sich vermeintliche Eliten vom vermeintlichen Pöbel und die Reichen von den Neureichen abzugrenzen suchen. Stilbewusstsein darf nicht mit Vornehmheit und den ihr eigenen Blasiertheiten verwechselt werden. Dennoch handelt es sich um ein durchaus aristokratisches Vermögen – nicht, weil es vorwiegend in den Oberschichten beheimatet wäre, sondern weil es ein Merkmal jener anonymen Noblesse darstellt, die in nahezu allen gesellschaftlichen Bereichen anzutreffen ist. Der schätzenswerte Stil eines Menschen, welche Herkunft und soziale Stellung er auch haben mag, besteht in einem Sinn für das richtige *timing* und *timbre* der eigenen Lebensäußerungen. Diese Choreographie der Lebensführung kann man sich freilich nicht ein für alle Mal aneignen. Mit den Lebensumständen und dem Alter eines Menschen wird sich auch sein Stil verändern müssen. Wie in der Kunst, so gilt auch im Leben: Wer glaubt, seinen Stil gefunden zu haben, hat ihn schon verloren.

36. Naivität

Naivität wird leicht für eine Form der Einfalt, Dummheit oder Torheit gehalten. Die Naiven, meint man, sind durch Erfahrung und Erkenntnis noch nicht hinreichend abgebrüht. Sie neigen zu Unbekümmertheit und Sorglosigkeit. In ihrer Arglosigkeit wissen sie nicht oder wollen nicht wissen, wie es wirklich zugeht in der Welt. Sie gehen unreflektiert an die Dinge des Lebens heran. Das trifft alles zu – und trifft es doch nicht. Denn gerade in ihrer Beschränktheit stellt die Naivität eine Form des Weltvertrauens bereit, die nicht durchweg zu verachten ist. Man muss nur einmal die Gegenrechnung aufmachen. Wer möchte schon seine Tage gänzlich abgeklärt, voller Argwohn sowie in einem Zustand andauernder Grübelei verbringen? Ganz abgesehen davon aber, ob dies jemand ernsthaft wollen könnte, niemand könnte es. Niemand kann alle seine kognitiven und praktischen Gewissheiten auf einmal in Frage stellen. Wir alle müssen uns darauf verlassen, dass wir in unseren Gewohnheiten des Denkens und Handelns nicht durchweg danebenliegen. Insofern stellt die Naivität einen Schutzmechanismus des menschlichen Geistes dar – einen Mechanismus freilich, der nicht zu einem Panzer werden darf, an dem alle Gegengründe gegen unsere Gründe und mit ihnen alle Zweifel an unseren Gewissheiten abprallen müssen.

Sich die Naivität nicht überall ausreden zu lassen, ist daher keineswegs dumm, sondern ausgesprochen klug. Eine einfache Faustregel gibt an, in welchen Angelegenheiten man sich Naivität erhalten und erlauben sollte: in denen, die einem eher unwichtig – und in denen, die einem am allerwichtigsten sind. An vielen der Üblichkeiten des einsamen wie des gemeinsamen Lebens darf man getrost bis auf den Abruf nachweislichen Widersinns oder erwiesenen Unrechts festhalten. Erst recht ist keine Leidenschaft ohne wenigstens eine Prise Naivität möglich. Das gilt nicht nur in den Affären der personalen Liebe, es gilt auch für künstlerische wie intellektuelle Passionen. »Naivität, Unbeirrbarkeit und langer Atem«, sagte Arnold Gehlen einmal, sei die Grundbefindlichkeit des modernen Künstlers. Einer Eingebung folgen, die noch keine Form gefunden hat, an etwas festhalten, wofür vorerst kaum etwas spricht, eine Spur verfolgen, deren Fingerzeige sich vorerst im Unbestimmten verlieren, es mit etwas versuchen, worauf noch keiner gekommen ist oder wovon alle glauben, dass es heute nicht mehr zu machen sei, eine Sache einmal auf den Kopf oder vom Kopf auf noch unsichere Füße stellen, etwas Chaos in die Ordnung oder Ordnung ins Chaos bringen – all das sind Impulse eines kreativen Tuns. Naivität ist eine Produktivkraft. Selbst die klügsten Köpfe sind auf sie angewiesen. In diesem Sinn naiv war selbst ein so nüchterner Denker wie Kant, als er 1795 seinen epochemachenden Entwurf *Vom ewigen Frieden* schrieb.

37. Coolness

Auch Tugenden haben ihre Zeit. Manche von ihnen, wie Klugheit, Gerechtigkeit oder Frömmigkeit, sind steinalt, andere hingegen sind weitaus jünger. So auch die Coolness. Sie zählt zu den neueren Produkten der ethischen Evolution. Zugleich ein musikalischer und menschlicher

Stil, steht sie im Kontrast zu einer naiven Haltung. Ihr Habitus ist weder mit dem der Kühle, Kaltschnäuzigkeit oder eines kalkulierenden Verhaltens gleichzusetzen. Am einfachsten lässt er sich negativ beschreiben. Cool zu sein besteht vor allem darin, nicht »uncool« zu sein – nicht ängstlich, nicht hektisch, nicht zögernd, nicht zweifelnd, nicht vertrauensselig und schon gar nicht dumm. Coolness ist eine Mischung aus Gleichmut, Lässigkeit und Gewitztheit. Sie steht in Distanz zu Unempfindlichkeit und Überempfindlichkeit, Unangepasstheit und Angepasstheit gleichermaßen. In ihr drückt sich ein skeptisches Selbstvertrauen aus. Coole Zeitgenossen bleiben in Distanz gegenüber den Zumutungen enger gesellschaftlicher Konventionen; they don't care what the people say. Das macht sie stark; sie lassen sich in ihrem Lebensrhythmus nur wenig von außen erschüttern.

Vor allem Heldenfiguren des Kinos wie Humphrey Bogart, George Clooney, Marlene Dietrich, Lauren Bacall oder Uma Thurman haben diese Haltung populär gemacht. Sie geht mit einer erheblichen erotischen Attraktion einher. Die innere Reserve cooler Charaktere ist von dem Nimbus eines kontrollierten Begehrens umgeben, das sich nach ihrem Willen jederzeit entzünden kann. Diese wohltemperierte Leidenschaftlichkeit aber lässt sich im wirklichen Leben auf Dauer nicht durchhalten. Leute, die immer cool bleiben wollen, dürfen ihre Verletzlichkeit nicht zeigen. Selbst vor sich selbst müssen sie so tun, als gingen sie ihre Verluste nichts an. Ihr Habitus wird zu einer Fassade, hinter der sich die Leere ihrer Gefühle verbirgt. Sie leben in der Illusion, dass nur sie es sind, die sich keine Illusionen machen. Nur brüchige Coolness ist cool.

38. Keuschheit

Fasst man die Tugend der Keuschheit als eine Variante der Coolness auf, kommt sie einem gar nicht mehr so altmodisch vor. Sich wenig oder gar nicht einzulassen auf die Wirren der Sexualität stellt eine weitere Form der inneren Reserve dar, der ebenfalls eine erhebliche Anmut zukommen mag. Nur darf diese Lebensform nicht allein die Folge einer notgedrungenen Enthaltsamkeit sein, wie sie sich auch durch schiere Antriebslosigkeit, einen Mangel an Gelegenheit oder eigene Tölpelhaftigkeit einstellen kann. Erst recht darf sie nicht aus der Angst vor einem männlichen Regime weiblicher »Unschuld« eingehalten werden. Keuschheit, als Tugend verstanden, ist vielmehr Ausdruck einer frei gewählten Zurückhaltung. Sie äußert sich in einer verhaltenen Selbstdarbietung, die in Worten und Gesten viele Möglichkeiten des leiblichen Sichanbietens ausschlägt. Dieser Verzicht beruht auf dem Wunsch, sich für jemanden oder etwas aufzusparen oder aufzuheben. So verstanden, ist Keuschheit selbst eine Form der Hingabe – an einen künftigen Geliebten, an eine imaginäre Geliebte, an eine einzige Person, der man treu bleiben will, oder an eine Aufgabe, die die Ablenkungen einer ausgelebten Libido nicht verträgt. Nur als eine Form der Hingabe kann es ihr gelingen, ein erhebliches Spektrum der körperlichen Begierden nicht nur zu besänftigen, sondern – sei es für eine unbestimmte Zeit, sei es für immer – weitgehend zum Schweigen zu bringen. Nur als selbst auferlegte und positiv besetzte Bindung gibt ein keuscher Lebenswandel der Eigenart eines Menschen eine beschwingende Form. Andernfalls führt er nur in eine weitere Leerform des Lebens, die äußeren oder inneren Zwängen unterliegt.

Auch die Selbstverpflichtung zur Keuschheit aber führt die Gefahr eines solchen Zwangs mit sich. Schließlich kann man nur bis zu einem gewissen Grad wider die eigene Natur leben. Wer sich aber auch alle »unkeuschen Gedanken« abgewöhnen wollte, dürfte sich am Ende gar nicht mehr zu denken trauen. Denn es gehört gerade zur Natur des Denkens, die oft feinen Linien zwischen dem Gehörigen und dem Ungehörigen, dem Geheuren und dem nicht Geheuren immer wieder neu zu ziehen. Keuschheitsgelübde gibt heute ohnehin kaum jemand mehr ohne einen wenn auch noch so leisen Vorbehalt ab. Es verhält sich hier wie mit dem Eheversprechen, zusammenzubleiben, »bis dass der Tod euch scheidet«. Man weiß, dass man nicht weiß, ob man es wird halten können, und macht sich doch guten Willens glauben, man wüsste es besser. Man zieht einen Vorhang vor ein Fenster der eigenen Phantasien und muss sich doch hüten, sich nicht die Aussicht auf ein möglicherweise sinnvolleres Leben zu verstellen. Manche Form der Entsagung ist nur der Schleier über einem Mangel an Phantasie oder einem Mangel an Mut zu ihr.

39. Phantasie

Es könnte anders sein. Es könnte anders gewesen sein. Es könnte anders kommen. Es könnte wieder anders werden. Sosein und Andersseinkönnen sind miteinander verschwistert. Wer den Schein nicht ernst nimmt, verkennt die Vibrationen des Seins. Ohne einen Möglichkeitssinn, wie Musil es nennt, lebten die Menschen an den Wirklichkeiten ihres Daseins vorbei. Um ihn wachzuhalten, mobilisieren sie erstaunliche Kräfte. Ästhetische Imagination spürt im Bestimmten dem Unbestimmten nach. Theoretische Einbildungskraft bringt Dinge zusammen, die bis dahin nicht zusammengehörten. Ökonomische und politische Weitsicht nehmen Gelegenheiten wahr, die sich sonst erst aufgetan hätten, nachdem sie verpasst worden sind. Private Tagträume lassen eine Vorstellung der ungelebten Optionen des eigenen Lebens entstehen. Oft sagen sie mehr über die Träumenden aus, als ihnen lieb sein kann – wenn sie bemerken, dass das Leben, das sie führen, so ganz anders ist als das, das sie sich wünschen, oder wenn ihnen aufgeht, dass das Glück, nach dem sie sich sehnen, unwiederbringlich vergangen oder verloren ist. Die Projektionen der Phantasie stellen nicht allein leuchtende, sondern im selben Maß düstere Aussichten bereit. Ob eher exakt oder blühend, schwärmend oder berechnend, sie werfen Bilder von Freuden und Schrecken an die Wand, mit denen sie diese zu locken oder zu bannen, zu verkleinern oder zu vergrößern suchen. Mit dieser gefährlichen Magie begabte Menschen haben es zugleich leichter und schwerer als andere. Sie geben sich mit dem Leben nicht zufrieden. In dem einen Leben, das sie führen, versuchen sie zugleich eines oder mehrere andere zu führen oder doch mitzuführen. Das lenkt sie von den Forderungen des Tages ab und lässt sie über den Tag hinaus denken. Es erweitert ihren Horizont und kann ihn bis zur Panik verengen. Die Ausschweifungen der Phantasie führen zum Realitätsgewinn wie zum Realitätsverlust.

Ihre Visionen betreffen aber nicht nur das eigene Leben, sondern ebenso das der anderen. Es gehört Phantasie dazu, sich auszumalen, wie es wäre, ein anderer oder in der Lage eines anderen zu sein. Darin liegt eine primäre Quelle der Moral. Soziale Einbildungskraft öffnet die Schleuse zum Mitgefühl. Unparteiliche Zuschauer ergreifen die Partei der Phantasie. Als teilnehmende Beobachter am Spiel des Lebens sind und bleiben sie wachsam dafür, was ihren Mitspielern zustößt oder zugemutet wird. Doch auch die Gegenpartei macht sich die Macht der Imagination zunutze. Keine Eifersucht, kein Neid, keine Intrige, keine Habgier, keine Grausamkeit ohne ein bohrendes Ergriffensein davon, wie es wäre, wenn … Alle gesteigerten Formen der Moral und der Unmoral sind Ausgeburten der Phantasie.

40. Sensibilität

In seinen amerikanischen Filmrollen als Kleingangster oder von den Nazis Verfolgter gibt der Schauspieler Peter Lorre ein bis an die Grenze der Karikatur gehendes Bild eines nervösen Menschen. Sein Gesicht zeigt eine sich immer wieder verzerrende Weichheit. Noch in den ruhigsten Momenten irrt sein Blick umher. So schreckhaft seine Charaktere sind, so reizbar sind sie auch. Bei jeder Kleinigkeit brausen sie auf, wodurch ihre Verzagtheit und Verzweiflung nur um so greifbarer wird. Je mehr sie ihre Nervosität im Zaum zu halten versuchen, desto deutlicher tritt sie hervor. Es gibt aber auch Menschen, die gar nicht in Bedrängnis sein müssen, um mit innerer Unruhe auf alles und jedes zu reagieren. Sie fühlen sich von den Anforderungen des Lebens als solchen bedrängt. So pathologisch diese Unruhe werden kann, so bereitet sie doch zugleich einen Resonanzboden für nicht alltägliche Formen der Empathie. Menschen, die mit ihr ausgestattet sind, haben ein Gespür für Stimmungen und Nöte, für die viele ihrer Mitmenschen taub sind. Insofern ist Nervosität das Anzeichen einer wenn auch oft irregeleiteten Feinfühligkeit, worin eine zwar negative, aber keineswegs geringe Tugend liegt: die nämlich, nicht das Gemüt eines Metzgerhundes zu haben.

Sensible Menschen tun sich schwer damit, es sich leicht zu machen. Sie nehmen sich alles zu Herzen. Feinfühlig und hellhörig, wie sie nun einmal sind, fühlen sie sich durch vieles gestört; sie finden immer ein Haar in der Suppe. Sie sparen nicht mit Kritik und schon gar nicht mit Selbstkritik. Bei allem, wogegen sie angehen, werden sie von einem mitlaufenden Bewusstsein begleitet, es könnte an ihnen liegen, dass die Lage so ist, wie sie ist. Die Kehrseite ihrer Empfindlichkeit aber ist eine außergewöhnliche Empfänglichkeit. Diese verschafft ihnen unter anderem Einlass durch das Nadelöhr in ein Himmelreich ästhetischer Freuden, zu dem die mit Bierruhe Gesegneten keinen Zugang erhalten. Ihre Feinfühligkeit ist dabei stets eine Sensibilität *für etwas* – für Unterschiede, Nuancen und Zusammenhänge, die einem groben Geist entgehen müssen. Zugleich enthält sie das Potential einer Sensibilität *für jemanden* (und jemande) – für Unterschiede, Eigenheiten und Zusammenhänge unter den Menschen, die einen gröberen Geist gleichgültig lassen, falls sie ihm überhaupt auffallen werden. Dieses Feingefühl rückt die Sorgen anderer in den Blick, die manchmal schon dadurch gelindert werden, dass sie ohne falsches Bedauern wahrgenommen werden. Sensible Menschen tun sich leicht damit, es anderen leicht zu machen.

In dieser besonderen Aufnahmefähigkeit der Sensiblen liegt aber auch der Grund ihres nie ganz versiegenden Verlangens, sich von allem und jedem abzuwenden. Er kann sich zu einer Neigung auswachsen, sich doch lieber nicht – oder doch nicht zu sehr – von äußeren Umständen berühren zu lassen. Dann entwickeln die Zartbesaiteten eine zunehmende Scheu davor, sich mit anderen gemein und an ihren Rohheiten schmutzig zu machen. Ihr Gefühl für eigene und fremde Gefährdungen verwandelt sich in eine Abscheu gegenüber dem gesellschaftlichen Getriebe. Sie halten sich für zu gut für die Welt. Sie ziehen sich in das Schneckenhaus einer »schönen Seele« zurück, deren Verästelungen Goethe in *Wilhelm Meisters Lehrjahren* studiert und deren Borniertheit Hegel in seiner *Phänomenologie des Geistes* verspottet hat.

41. Schönheit

Wie? Schönheit – eine Tugend? Hässlichkeit – ein Laster? Das kann doch wohl nicht wahr sein! Doch, es kann.

Auf den ersten Blick scheint freilich alles dafür zu sprechen, Schönheit für eine Tugend allein von Dingen zu halten – seien es Objekte der Natur oder Artefakte der menschlichen Kunstfertigkeit. Blumen, Bäume, Tiere, Gärten, Landschaften, Städte, Kleider, Schmuck, Möbel, Autos sowie viele (und vielleicht sogar alle wirklich gelungenen) Werke der Kunst können als »schön« bezeichnet werden, wenn sie vernehmbare Qualitäten aufweisen, durch die sie unser Dasein auf unterschiedliche Weise bereichern. Die Attraktion solcher Objekte liegt in ihrem sinnenfälligen Gut- oder Geglücktsein, an dem wir je nach Laune, Geschmack und Kultur teilhaben können. Auch die Techniken der Schminkkunst und die zweifelhaften Segnungen der Schönheitschirurgie sind Verfahren der Verschönerung am Objekt des menschlichen Leibes, die zwar eine Veränderung der Erscheinung der betreffenden Personen, nicht jedoch ihres Charakters bewirken.

Wäre das alles, so wäre es unangebracht, von der Schönheit bestimmter Menschen als einer Tugend eigener Art zu sprechen. Die Schönheit von Personen hätte als eine ethisch irrelevante Eigenschaft zu gelten, kaum anders als Attribute wie Körpergröße, Augenfarbe, der Bruder einer Schwester oder die Tochter einer Primaballerina zu sein. Man könnte nichts dafür. Man hätte eben das Glück oder das Pech, nach den jeweils gängigen Vorstellungen eher schön oder eher hässlich zu sein – oder dafür gehalten zu werden. Schönheit oder Hässlichkeit käme den Menschen nach den immer auch willkürlichen Kriterien ihrer Kultur allein von Natur aus zu. Wie sehr ihnen dies auch zugute kommen oder zum Schaden gereichen würde – ihr Aussehen wäre eine Gabe oder ein Fluch und weiter nichts.

Selbst wenn das alles wäre, wäre es mit der Neutralität der Gestalt von Menschen nicht weit her. Denn immerhin erweckt Schönheit Sympathie und Hässlichkeit Antipathie, zumindest beim ersten Eindruck. Schönheit gefällt, erfreut, zieht an, verwirrt, betört – und zerstört *(Der blaue Engel)*. Hässlichkeit missfällt, betrübt, stößt ab, widert an – und bewirkt Vereinsamung *(Der Glöckner von Notre-Dame)*. Es ist unmöglich, auf diese Anmutungen der leiblichen Präsenz anderer Menschen nicht auf die

90

eine oder andere Weise zu reagieren – auf ihr Gespinst aus Sein und Schein, Glanz und Trug, auf das, was an ihr Fassade oder Beseelung ist. Der Umgang mit dem äußeren Erscheinen von Menschen, mögen sie einem nahe- oder fernstehen, hat immer eine ethische Komponente. Aber auch zum eigenen, tatsächlichen oder vermeintlichen Schön- oder Hässlichsein kann und muss man sich verhalten. Manch einer lernt es, zu seiner Hässlichkeit zu stehen, und wird dann eine unbefangenere Aufnahme bei anderen finden. Manch eine steht ihrer Schönheit im Weg; sie macht sich zu einem Exponat ihrer körperlichen Vorzüge und wird sogar ihre Verehrer mit Leblosigkeit verprellen. Selbst Schönheit ist eine Bürde, die getragen sein will.

Das zeigt schon: Die Schönheit oder Hässlichkeit am Menschen ist überhaupt keine Sache rein körperlicher Eigenschaften allein. Sie ist immer auch eine Sache des Umgangs mit sich: damit, wie man sich mit der leiblichen Ausstattung, die einem gegeben ist, nimmt und anderen gegenüber gibt. Eine gute Figur können auch Leute machen, die nicht unbedingt eine haben. So sehr es für einen selbst und die anderen einen Unterschied macht, in welchem Maß man zu den eher Wohlproportionierten gehört, und so ungerecht äußerliche Bildung und Missbildung auch unter den Menschen verteilt ist, wer sich auf sein (vermeintliches oder tatsächliches) Schönsein oder Hässlichsein fixiert oder fixieren lässt, macht sich starr – sich selbst und den anderen gegenüber. Auch wer schön ist, es zu sein glaubt oder es sein will, muss gelegentlich den Mut zur Hässlichkeit aufbringen – einen Mut zur Abweichung von der eigenen ästhetischen Norm sowie von derjenigen der anderen. Menschen, die nur hässlich sind, gibt es ohnehin nicht. Reine Monster und ideale Wesen existieren nur in der Fiktion. Zartheit und Zärtlichkeit, Lebhaftigkeit und Leidenschaft, Phantasie und Wachheit, Spontaneität und Besonnenheit können vieles kompensieren. Traditionell gesagt: »Äußere« Schönheit ohne »innere« ist keine; »äußere Hässlichkeit« kann durch »innere Schönheit« teilweise ausgeglichen werden. Es reicht aber nicht, eine »schöne Seele« für sich zu reklamieren, die leider in einen ungestalten Körper eingesperrt ist. Innere Schönheit nämlich ist selbst eine Sache des für andere sichtbaren Benehmens. Sie liegt darin, wie man vor anderen und für andere als leibhaftige Person erscheint – als jemand, mit dem man ohne Verdruss und besser noch mit Vergnügen Umgang hat. Diese Ausstrahlung macht den Kern der Schönheit von Menschen aus. Wenn bestimmte unter ihnen besonders gut gebaut sind – umso schöner.

So verstanden, ist Schönheit durchaus eine Tugend und Hässlichkeit durchaus ein Laster. Hierfür *kann* man etwas – und also in der eigenen Charakterbildung etwas tun. Wie man sich zur eigenen Schönheit oder Hässlichkeit und ihren tausend Schattierungen verhält, daran entscheidet sich der Wert der eigenen körperlichen Präsenz. Nicht weniger als alle anderen Tugenden hängt diejenige echter menschlicher Schönheit von vielen anderen Tugenden ab. Leute, die nur schön wären und sonst keine Tugenden zeigten, wären es nicht. Sie wären hässlicher als die hässlichste Menschengestalt.

42. Anmut

Anmut, zusammen mit Esprit, Eleganz und ihren Verwandten, ist eine grundlegende soziale Erscheinungsform menschlicher Schönheit. Sie ist nicht an irgendwelche Symmetrien des Körperbaus gebunden. Schließlich gibt es auch eine schwerfällige oder schräge Grazie, die ihren leichtfüßigen und harmonischen Spielarten oft wenig nachsteht. Anders als der »Ungustl«, wie die Österreicher ihn nennen, und seine rüpelhaften Kumpanen, bewegen sich die Anmutigen im privaten wie im öffentlichen Raum mit einer ansteckenden Gewandtheit. Solange sie sich darauf nichts einbilden, ist ihre ästhetische Tugend ein Wahrzeichen zugleich ihrer moralischen Sensibilität. In ihrem Tun und Lassen beweisen sie ebenso uneitles wie rücksichtsvolles Verhalten. Die Aufmerksamkeit für sich selbst und für andere hält sich bei ihnen in einer verblüffenden Balance. Charme schlägt Schönheit, weil er auf Dauer die größere Schönheit ist.

43. Eitelkeit

Um eitel zu sein, muss man sich nicht unbedingt für schön halten. Es genügt, wenn man sich in anderen Hinsichten toll findet – und glaubt, dass alle Welt einen Anspruch darauf hat, vorgeführt zu bekommen, was für eine brillante Erscheinung man ist. Der Glaube reicht aus. Dem Laster der Eitelkeit kann man aber auch erliegen, wenn man jene Qualitäten, in die man sichtbar verliebt ist, wirklich besitzt. So oder so glaubt man sich zu einem öffentlichen Genuss der eigenen Vortrefflichkeit berechtigt. Peinlicher allerdings ist es, wenn sich dieses Dafürhalten auf wenig bis gar nichts stützen kann. Dann wird die Eitelkeit überdies zu einem Anzeichen von Dummheit und Dünkel – mit allen Risiken, sich lächerlich zu machen. Am schlimmsten freilich treiben es die negativ Eitlen: jene Leute, die niemals auch nur ein bisschen eitel tun, die immer ganz schlicht und ungeschminkt daherkommen, die auf ihr Äußeres keinerlei Wert zu legen scheinen, die so sehr darauf bedacht sind, sich ohne jede Affektiertheit zu präsentieren, dass es zur reinen Attitüde wird.

Immerhin haben die Eitlen für ihre Selbstbeweihräucherung ein ebenso starkes wie verständliches Motiv. Sie wollen gefallen. Wer wollte das nicht. Die Gefallsucht beginnt erst da, wo man den anderen dadurch zu gefallen sucht, dass man durchblicken lässt, wie sehr man sich gefällt. Die Eitlen sehen in den anderen vor allem einen Spiegel ihrer eigenen Großartigkeit oder Schönheit. Jedes Lob, jede Schmeichelei saugen sie auf und nehmen diese selbst dann für bare Münze, wenn sie es eigentlich besser wissen. Sie sind in einer Selbstgefälligkeit gefangen, die ihnen die Anteilnahme am Schicksal anderer sowie einen nüchternen Blick auf das eigene Vermögen und Unvermögen verstellt.

Mit sich in dieser oder jener Hinsicht zufrieden zu sein, solange man Grund dazu hat, und dies gelegentlich zu zeigen: daran ist eigentlich gar nichts auszusetzen. »Ich schmeichle mir«, sagte man früher, wenn man an das eine oder andere eigene Verdienst auf eine halbwegs bescheidene Weise erinnern wollte. Solche Äußerungen sind unverdächtig, solange sie nicht nur die Spitze des Eisbergs einer andauernden Selbstfeier sind. »Schmeicheleien ist man in dem Maß zugänglich, wie man sich selber schmeichelt«, hat Paul Valéry beobachtet. Für das, wovon man glaubt, man habe es wirklich und ehrlich verdient, darf man sich ruhig einmal bauchpinseln lassen. Die Genugtuung über die eigenen Meriten im Zaum zu halten – das allerdings darf man schon erwarten.

Eine sehr viel weitergehende Apologie der Eitelkeit findet sich bei La Rochefoucauld: »Die Tugend ginge nicht so weit, wenn ihr nicht die Eitelkeit Gesellschaft leistete.« Alle Menschen haben ein Bedürfnis nach Wertschätzung durch andere, auch und gerade dort, wo sie sich so verhalten, wie es sich eigentlich von selbst versteht. Das gilt auch, wo Menschen um anderer willen erhebliche Mühen und Lasten auf sich nehmen. Niemand muss völlig selbstlos selbstlos sein. Von niemandem kann man erwarten und erst recht verlangen, alle seine guten Taten ungesehen und ungehört zu vollbringen. Selbst Jesus hatte die Schar seiner Jünger dabei, die ihrer Aufgabe, die frohe Kunde überallhin zu verbreiten, gewissenhaft nachgekommen sind. So sehr das »liebe Selbst«, wie Kant ironisch sagte, oft im Widerstreit mit der Stimme der Pflicht stehen mag, es ist zugleich eine nicht zu verachtende Antriebskraft bei ihrer Erfüllung. Würden wir uns nicht gut finden, wenn wir Gutes tun, und würden wir nicht gelegentlich darauf hoffen können, gut gefunden zu werden, wenn wir es tun, würden wir weit weniger Gutes tun.

44. Würde

Leserinnen und Leser, die mit Michael Endes *Jim Knopf und Lukas der Lokomotivführer* aufgewachsen sind, haben bei dem Thema der Würde unweigerlich jene »Würdenträger« vor Augen, die in diesem Roman den Hofstaat des Kaisers von China bilden – alles hochverdiente Männer, die ihrem gütigen Oberhaupt mit Weisheit und Kunstfertigkeit zu Diensten sind. Leise karikiert, wie sie in diesem Buch auftreten, nahmen sie in der kindlichen Phantasie die Gestalt ebenso gewichtiger wie umfangreicher Personen an, die achtgeben mussten, vor lauter Würde nicht umzufallen. Wie die »würdige Greisin«, die in anderen Geschichten eine Rolle spielte, haftete ihnen eine Aura des Vergangenen an. Tatsächlich hat das Verständnis von Würde als einer persönlichen Auszeichnung eine tragende Funktion vor allem in hierarchisch organisierten Gesellschaften. Würdenträger dieser Art vermögen einem jeweiligen Ehren- oder Standeskodex zu entsprechen. Ihnen kommt ein besonderer Status zu, den die meisten nicht nur nicht haben, sondern auch nicht haben können. Ihre exklusive soziale Position hebt sie nicht nur vor anderen heraus, sondern nimmt sie auch von allen anderen aus, weswegen der Verlust ihrer Würde die größte Schmach ist, die ihnen zustoßen kann.

In vielen Gesellschaften der Gegenwart existiert von diesen Praktiken der Würde nur noch ein blasser Schatten. Zwar kennen auch sie noch Honoratioren, aber dies ist zu einem Nimbus mit sehr unscharfen Grenzen und oft zweifelhaftem Ruf geworden. Bei einer demokratisierten sozialen Ehre spielt insbesondere die Herkunft eines Menschen keine Rolle mehr. Was nun allein zählt, sind

Leistungen zugunsten kleinerer oder größerer Gemeinschaften. Für sie werden Ehrentitel und Verdienstkreuze
aller Art verliehen. Auch die aber, deren Bürgertugenden
auf diese herabgesetzte Weise öffentlich beglaubigt werden, müssen zusehen, dass sie sich nicht allzu viel darauf
einbilden. Von ihnen wird erwartet, dass sie sich ihrem
Amt oder ihrer Aufgabe als würdig erweisen. Sie müssen
dabei oft genug selbst entscheiden, wo die Grenze zu einem Verhalten überschritten ist, das unter ihrer Würde
liegt.

In einem starken Kontrast zu diesen partikularen Begriffen der Würde, seien sie älteren oder neueren Datums,
steht derjenige der Menschenwürde. Sie kommt Menschen *als Menschen* zu: unabhängig von ihren Fähigkeiten und Verdiensten. Sie ist weder Tugend noch Laster.
Sie wird allen Menschen ohne Ansehen ihres Charakters
zuerkannt. Dieser Begriff der Würde benennt Grund-
bedingungen und Grundmöglichkeiten eines menschen-
gerechten Lebens – eines Lebens, in dem Personen ihren
spezifischen Bedürfnissen und Befähigungen gemäß ihren
eigenen Vorstellungen nachgehen können. Die Wahrnehmung dieser Würde erkennt jedem Menschen den Anspruch auf ein Leben in Selbstachtung und Freiheit zu.
So zu leben, macht die elementare Form – und mit ihr
den elementaren Sinn – eines menschlichen Lebens aus.
Sie kann auf unüberschaubar viele Weisen realisiert und
verfehlt werden. Der Begriff der Menschenwürde enthält
somit ein minimales Verständnis der Verfassung eines für
Menschen guten Lebens. Wie human oder inhuman die
Gemeinschaften, zu denen sie sich zusammengetan haben, sich zu dieser Verfassung unter den jeweiligen historischen Umständen auch verhalten mögen – in ihrem

Schutz liegt das oberste moralische und politische Gebot. Hiermit verbunden ist das allen Menschen zustehende Recht, ihr Leben nach ihrer eigenen Façon zu verbringen, soweit ihr Tun und Lassen nicht die entsprechenden Rechte der anderen verletzt.

Warum aber sollte allen Menschen dieses Recht zugestanden und ihnen die entsprechenden Pflichten zugemutet werden? Weil niemand außerhalb der Bindungen wechselseitiger Rücksicht ein gedeihliches Leben führen kann. Weil jeder, der innerhalb solcher Bindungen lebt, erfahren hat (oder doch hätte erfahren können), dass in der moralischen und rechtlichen Anerkennung *bestimmter* anderer bereits die Anerkennung *beliebiger* anderer liegt. Allein die Rücksicht auf und die Sorge für *einen* Menschen – und sei es das eigene Kind, die eigene Mutter oder der engste Freund – verlangt von mir die Begegnung mit einem immer wieder *anderen* Menschen. Schon ein und dieselbe Person bleibt sich niemals gleich; auch sie steht immer wieder in anderen Beziehungen zu anderen, die einen Einfluss haben auf meine Beziehung zu ihr. Die Grenzen zwischen meinem und deinem Nächsten sind hier von Anfang an durchlässig. Auch wenn es bestimmte andere sind, die vor allem meine – oder von mir eine besondere – Zuwendung benötigen, jeder von ihnen ist auf die Möglichkeit solcher Zuwendung angewiesen und verdient daher unter den Menschen sowie vor ihren Institutionen den gleichen Respekt. Selbst wer sich nur aus eigenem Interesse, um der eigenen Selbstwerdung und Selbsterhaltung willen, auf das Spiel der Moral eingelassen hätte: sobald er hieran teilnimmt, hat er keinen Grund mehr, anderen die Zulassung zu verweigern. Zwar hindert dies die Menschen bekanntermaßen nicht, sich dieser Konsequenz in kleinem oder großem Maßstab zu verweigern. Aber eine Missachtung ist und bleibt es – vor allem der anderen, aber auch ihrer selbst. Denn die Fähigkeit, die anderen Menschen als Leute zu sehen, denen an einem gedeihlichen Leben ebenso viel liegt wie uns selbst, macht einen erheblichen Teil unserer Selbstachtung aus.

45. Selbstachtung

Selbstachtung ist jene Art der Würde eines Menschen, die ihre Basis in seinem Selbstverhältnis hat. Ihr Erreichen oder Verfehlen entscheidet sich daran, wie wir uns in unserer Lebensführung zu unseren eigenen Standards und Ansprüchen verhalten. Der Grad unserer Selbstachtung ist nicht allein an den Erfolg in dieser oder jener Funktion gebunden. Er ergibt sich daraus, wie sehr oder wie wenig wir in unseren divergierenden Tätigkeiten und Rollen unseren Erwartungen an uns selbst zu entsprechen vermögen. Dennoch stehen wir hiermit niemals allein. Da die eigene Selbstachtung notwendigerweise mit einer Achtung durch andere und für andere verknüpft ist, liegt in der Bewahrung der eigenen Selbstachtung immer bereits ein Schritt zur Achtung derjenigen anderer – und damit zu einer Bewahrung von Strukturen der Rücksicht, die niemand allein für sich in Anspruch nehmen kann. Selbst wenn es mir in einer bestimmten Situation allein um meine Selbstachtung geht, sind meine Reaktionen immer von Auffassungen darüber gefärbt, wodurch auch andere Menschen – innerhalb eines Kulturkreises und darüber hinaus – ihre Integrität erlangen und preisgeben, verteidigen und verlieren können. Schließlich ist meine Selbstachtung wesentlich davon beeinflusst, wie ich die anderen sehe und wie die anderen mich sehen – als Personen, die mit ihrem wie immer spannungsreichen Selbstverständnis Schritt zu halten versuchen. Dies ändert wiederum nichts daran, dass es mir als einem unter allen in besonderer Weise um meine Selbstachtung geht: darum, mir vor den realen oder imaginierten Augen der anderen selbst in die Augen blicken zu können.

Seine Selbstachtung kann man durch eigene Schuld oder durch die anderer verlieren – oder durch beides. Akte der Demütigung können die Integrität eines Menschen ebenso zerstören wie ein Mangel an Courage oder Nüchternheit. Diese Destabilisierung kann sich auch auf schleichende Weise vollziehen: durch ein Nachlassen der Sorge um sich, wie es durch ein Mitläufertum auf Partymeilen, bei politischen Prozessionen oder auf ideologischen Pilgerreisen eintreten kann. Personen, denen diese Sorge gleichgültig geworden ist, haben ihren inneren Kompass verloren. Die hingegen, die ihn sich erhalten haben, besitzen eine Fähigkeit der Navigation durch die Untiefen ihrer eigenen Ambitionen und Ängste. Sie führt sie dazu, jenen Gefahren auszuweichen, in denen sie sich nur verlieren können. Sie führt sie dazu, jene Gefahren zu suchen und vielleicht zu bestehen, an deren Überwindung sie wachsen können. Dieser Kompass kann uns vor trügerischer Selbstsicherheit und Selbstzufriedenheit schützen, aber auch zu übertriebenem Ehrgefühl, Ehrgeiz und Stolz verleiten. Doch nicht allein auf das unstete Magnetfeld solcher Tugenden und Laster reagiert die Richtungs-

100

anzeige der Selbstachtung. In Wahrheit nämlich sind alle Tugenden direkt oder indirekt an der Konfigurierung die- ses – zusammen mit der Fähigkeit zur Selbstbestimmung höchsten – menschlichen Guts beteiligt.

46. Ehrgefühl

Die Ehre eines Menschen liegt in seinem Ansehen in den Augen anderer – ein Ansehen, das ihm wegen eigener Leis- tungen, der Vortrefflichkeit seines Charakters oder auch der Zugehörigkeit zu einer ausgezeichneten Gruppe von Menschen zukommen kann. Das Ehr*gefühl* eines Men- schen liegt in seinem tatsächlichen *oder vermeintlichen* Ansehen in den Augen anderer. In ihm kann sich auch sonnen, wer sich über das eigene Ansehen in einem er- heblichen Maß täuscht. Diese potentielle Schere zwischen gefühlter und empfangener Anerkennung macht bereits das ganze Dilemma der sozialen Ehre aus. Denn die, die sich ihre Ehre zugutehalten, können dieses Guts nie si- cher sein. Wer einen guten Ruf hat oder zu haben glaubt, lebt in der ständigen Befürchtung, er könnte ihn verlieren oder schon verloren haben.

Anders als bei der Selbstachtung, die ihren Schwer- punkt im Selbstverhältnis von Personen hat, liegt der Schwerpunkt des Ehrgefühls in ihrem Verhältnis zu ande- ren. Es ist ein Gefühl dafür, ob und in welchem Maß ei- nem Anerkennung »durch die Welt« zuteil oder entzogen wurde. Es ist daher mit einem leisen oder lauten Bewusst- sein der Abhängigkeit der eigenen Wertschätzung von derjenigen der anderen verbunden und zugleich mit dem Wissen, wie wenig »gerecht« es bei dem öffentlichen und halböffentlichen Respekt für Personen oft zugeht. Die habituelle Unruhe derer, die auf ihre Ehre bedacht sind, hat ihren Grund in der Unverfügbarkeit des sozialen Status, an den sie ihr persönliches Schicksal binden. Denn Ehre ist nichts, was man allein durch Exzellenz in diesem oder jenem Feld erringen könnte. Genauso wenig freilich fällt sie einem einfach zu; auch die, die ihre Ehre aus der Zugehörigkeit einer Familie oder dem Clan beziehen, müssen sich dieser immer wieder als würdig erweisen. So sehr man Ehre *erwerben* muss, *erworben* hat man sie erst, wenn einem ihr Zuspruch vonseiten der anderen widerfährt.

Deshalb findet sich in menschlichen Gesellschaften eine reichhaltige Palette formeller und informeller Praktiken, mit denen Ehre erboten, erwiesen, zugesprochen oder abgesprochen wird. Wenn wir jemanden ehren, stabilisieren oder steigern wir sein Ehrgefühl; werden wir geehrt, so geschieht uns dasselbe. Solche Auszeichnungen freilich bewahren niemanden vor Peinlichkeit, Blamage und Schande. Im Gegenteil – sie machen uns besonders anfällig dafür. Wenn wir selbst versagen, werden wir unsere Ehre verlieren. Wenn die, die zu uns gehören, vom rechten Weg abfallen, setzen sie auch unsere Ehre aufs Spiel. Wenn andere keinen Respekt aufbringen, sehen wir unsere Ehre verletzt. Wenn eines davon, und erst recht, wenn dies alles auf einmal geschieht, sind die Zutaten zu einem Drama verlorener Ehre beisammen. Der Ruf nach einer Wiederherstellung der eigenen Ehre wird laut. In diesem Augenblick entscheidet sich, ob die eigene Ehre (und die an sie geknüpfte Selbstachtung) mit Gewalt zurückgewonnen werden soll – oder aber mit Geduld. Die Art des Ehrgefühls der handelnden Personen kommt ans Licht. Ist es eines, das um den geliehenen Charakter des eigenen Ansehens weiß, so werden sich die Betroffenen mit Nachdruck (und vielleicht einigen Listen) um einen günstigen Zinssatz bei dem Rückerwerb ihres Ansehens bemühen. Handelt es sich dagegen um ein Verständnis von Ehre, das ein Recht auf ihren Besitz zu haben meint (und diesen auch noch für das höchste Gut des Lebens hält), so schreit die Lage nach einer unmittelbaren Satisfaktion, bei der es nur noch um die Wahl der Waffen geht, mit denen das fällige Duell ausgefochten oder die fällige Selbstkasteiung vollzogen werden soll.

Denkbar freilich sind Satisfaktionen einer ganz anderen Art. Man kann aufhören, darauf aus zu sein, von jedem und allen gleichermaßen geachtet zu werden. Man kann begreifen, dass von den vielen geschätzt zu werden gar nicht immer so ehrenhaft ist. Man kann anfangen, seine Ehre darin zu sehen, nicht so viel Aufhebens um die eigene Ehre zu machen. Man kann seinen Stolz darin finden, gerade nicht so aufzutreten, wie es einer Mehrheit als schicklich gilt. »Der Aristokrat liebt es zu missfallen«, hieß es in Zeiten, da das Bürgertum nach Aufstieg und Anerkennung strebte. Einer wie La Rochefoucauld kann deshalb sagen: »Nur verächtliche Menschen befürchten verachtet zu werden.«

47. Ehrgeiz

Die Ehrgeizigen sind vor allem anderen auf Ehre aus und vergessen oder verdrängen dabei gerne, dass der Glanz und Ruhm, den sie zu erstreben glauben, auf direktem Weg gar nicht erstrebt werden kann. Leichten Herzens geizen sie mit Anerkennung für andere, die ihrer Meinung nach weit weniger drauf haben als sie selbst und es daher zu weit weniger bringen werden. Sie wollen sich ihre Selbstachtung durch Leistung oder auch nur durch ihren Anschein erkaufen. Ihre Ambition gilt dem Besser- und Obenseinwollen, koste es, was es wolle, gleichgültig, in welche Gesellschaft sie auf ihrem persönlichen Gipfel geraten werden. Sie wollen um jeden Preis Beachtung finden, nicht unbedingt von jedermann, aber doch von denen, die sie vorläufig für die *peers* in ihrer Domäne halten, deren Platz sie alsbald einzunehmen gedenken. Solche Ehrsucht kann fast überall alles zunichte machen. »Ehrgeiz ist der Tod des Denkens«, hat Wittgenstein einmal notiert. Wen das nicht hinreichend zu schrecken vermag, sollte einen beiläufigen Halbsatz in Italo Svevos Roman *Senilità* im Ohr behalten. Dort heißt es über den Helden des Buches, dass er sich nach der Liebe der Frauen nicht so sehr um seiner Eitelkeit als um des eigenen Erfolgs willen sehnte, »obwohl er in erster Linie ehrgeizig war und daher unfähig zu lieben«.

Halbherzigkeit bei der Verfolgung ihrer Ziele wird man den Ehrgeizigen andererseits nicht vorwerfen können. Sie sind mit Eifer bei der Sache, wenn auch vor allem bei ihrer eigenen. Sie können etwas – und mehr als andere – bewegen, wovon oft auch die profitieren, die es ruhiger angehen lassen. Darum sind uns Menschen ohne allen

Ehrgeiz aus gutem Grund suspekt. An unseren Kindern vermissen wir ihn, sobald wir das Gefühl haben, dass sie nichts aus sich machen wollen. Während die allzu Ehrgeizigen von der Allmacht ihres Vollbringens träumen, überlassen sich die Ehrgeizlosen dem Glauben an die Seligkeit des Nehmens. Dabei steht schon im Neuen Testament geschrieben, Geben sei seliger als Nehmen. Wer aber geben will, sollte etwas – ein paar Talente und wenigstens ein wenig Ehrgeiz – haben, mit dem er andere und sich selbst beglücken kann.

48. Stolz

Stolz kann man auf sich, aber auch auf andere sein. Stolz auf andere aber ist man nur, wenn man sich ihnen auf die eine oder andere Weise zugehörig fühlt: als Teil einer Familie, Nation oder sonst eines Vereins, oder auch der Menschheit, wenn mal wieder ein fremdes Gestirn angesteuert wird. Beigemischt ist dem Stolz auf andere dabei stets ein Stolz auf sich. Nicht immer ist dieser begründet. Eine Definition des Aristoteles markiert einen feinen Unterschied zwischen Sein und Schein: »Als stolz gilt, wer sich selbst großer Dinge für wert hält und dies auch wirklich ist. Wer sich für wert hält, ohne es zu sein, ist dumm.« Wer als stolz gilt, hat nicht immer ein Recht, es zu sein. Wer stolz ist, kann die Vorzüge, auf die er sich etwas einbildet, gerade vermissen lassen. »Dummheit und Stolz wächst auf einem Holz«, lautet in dieser Sache der empirische Befund des Volksmunds. Oft wirken Stolz und Eitelkeit wie eine Ersatzdroge, die einen anmaßenden Selbstgenuss gerade dort möglich macht, wo es einem Menschen an echten Verdiensten mangelt. Sind diese hingegen vorhanden, ist das eigene Selbstwertgefühl angebracht. Hier darf es – und allein hier kann es, wie Aristoteles meint – zu einem angemessenen Ausdruck kommen. »Die Ehre ist der Preis der Tugend, ihr Schmuck, und zugeteilt wird sie den Guten. Es scheint also der Stolz eine Art Schmuck der Tugenden zu sein.« (Für »Schmuck« oder auch »Zierde« steht hier das schöne griechische Wort *kosmos*.) Wer auf sich und die Seinen stolz ist, muss Grund haben, auf *etwas* stolz zu sein und nicht bloß auf sich.

Mit diesem wie jedem Schmuck sollte man weder prunken noch protzen. Ein sicherer Indikator für falschen oder falsch verstandenen Stolz ist die Neigung, sich bei geringsten Anlässen beleidigt zu fühlen. Sie wird begleitet von einem oft unbezwinglichen Hang, bei jeder sich bietenden Gelegenheit ausfallend zu werden. Jeder kennt dauerbeleidigte und darum rasch beleidigende Zeitgenossen, die ihren Stolz verlieren, weil sie fortwährend auf ihm bestehen. Menschen dagegen, die ihn haben und ihn sich zu erhalten wissen, lassen sich durch das unbotmäßige Auftreten anderer so schnell nicht erschüttern. »Deswegen«, so Aristoteles, »gelten die Stolzen als arrogant.«

49. Arroganz

Manch eine wirkt arrogant, einfach weil sie ungewöhnlich groß (und dabei relativ schlank) ist, manch einer wird es, weil er sich zu klein geraten fühlt. Andere geraten aus purer Schüchternheit in den Ruf der Überheblichkeit oder weil sie sich scheuen, ihre Intelligenz mehr als nur aufblitzen zu lassen. Wie immer Arroganz oder ihr Anschein auch entstehen mag, sie zeigt sich überall dort, wo sich jemand tatsächlich oder vermeintlich für etwas Besseres hält. Arroganz ist ein Überlegenheitsgefühl, das sich in einem Habitus der Herablassung äußert.

Ihre Spielarten unterscheiden sich danach, wie es mit den Gaben der Arroganten tatsächlich steht. Ihre dümmste Variante manifestiert sich in glatter Selbstüberschätzung, im Extremfall gepaart mit offener Geringschätzung für den Rest der Menschheit. Von Robert Schwan, dem früheren Manager Franz Beckenbauers und des FC Bayern München, ist eine bemerkenswerte Sentenz überliefert. »Ich kenne nur zwei intelligente Menschen – Robert Schwan am Vormittag und Robert Schwan am Nachmittag«, soll er einmal geäußert haben. Auch wenn dieser Ausspruch in seiner schizoiden Zuspitzung fast schon wieder etwas hat – falls er nur halbwegs ernst gemeint war, beweist er ein außergewöhnliches Maß an Borniertheit. Stärker kann man sich kaum entblöden. Etwas gepflegter geht es da schon im Verhalten derer zu, die über besondere Gaben verfügen, dank deren sie zwar nicht allen, aber doch vielen überlegen sind. Nicht – oder doch nicht ganz – ohne Grund halten sie sich für talentierter als andere und scheuen sich nicht, dies ihnen bemerkbar zu machen. Sie sind weder Aufschneider noch Angeber, noch bloß dem Hochmut verfallen, wie es auch die Doofen beherrschen. Aber sie zeigen selbst denen eine kalte Schulter, die bereit wären, ihnen für ihre Fähigkeiten Anerkennung zu zollen. Sie ergehen sich in einem Selbstgenuss, der weit weniger anrüchig wäre, würden sie ihn im Stillen kultivieren.

Einigen Erscheinungsformen der Arroganz kann immerhin ein gewisser Charme zukommen. Unter Künstlern nicht wenig verbreitet, gedeihen sie auch in den Gärten der Akademie. »Any philosophy that can be put in a nutshell belongs in one«, bemerkte einmal der amerikanische Philosoph Hilary Putnam, der nicht eben dafür bekannt ist, mit Textmengen zu geizen. Der Germanist Heinz Schlaffer, seinerzeit zusammen mit einem weniger scharfzüngigen Kollegen zu einem Vortrag eingeladen, sah sich in der anschließenden Diskussion mit einer hochverschlungenen, siebzehnteiligen Frage einer erlauchten Kollegin konfrontiert. Seine Antwort fiel überaus knapp aus: »Schade, dass kein Dritter da ist, der diese Frage beantworten könnte.« Punkt. Das war arrogant wie nur etwas, aber doch, von dem sexistischen Beigeschmack einmal abgesehen, vielleicht genau die Abfuhr, die sich die Fragende verdient hatte. Das eigene Selbstbewusstsein kurz aufflackern lassen, kann ein probates Mittel sein, die allzu Kleinmütigen und Bescheidenen oder – wie in diesem Fall – die allzu Verstiegenen und Verblasenen in die Schranken zu weisen.

Schließlich gibt es eine milde Spielart, gegen die gar nichts mehr einzuwenden ist, weil die Kränkung, die auch sie noch bereithält, etwas durchaus Heilsames hat. »Was der Leser auch kann, das überlass dem Leser«, notierte Wittgenstein in einem seiner zahllosen Hefte. Dieser Satz freilich, könnte man denken, hat mit Arroganz wenig zu tun. Schließlich muss sich jeder kreativ Schreibende zutrauen, etwas sagen zu können, was die anderen so eben nicht sagen könnten. Es ist aber ein weit stärkerer und genau genommen ein irrsinnig starker Anspruch, den diese unscheinbare Notiz erhebt. *Alles* beiseitezulassen, was »der

Leser« kann: das kann sich nur einer leisten, der zu wissen glaubt, sehr viel mehr zu können als dieser. Da Wittgenstein dies freilich nur für sich selbst aufschrieb und nicht ahnen konnte, dass seine Schüler den Satz einmal in eine Sammlung mit *Vermischten Bemerkungen* aus seinen Sudelheften aufnehmen würden, haben seine heutigen Leser eigentlich keinen Anlass, ihn deswegen einer herablassenden Attitüde zu beschuldigen. Aber selbst wenn der Autor diese Zeile als Motto für eines seiner unvollendeten Werke vorgesehen hätte, ein Motto, mit dem er sich eindeutig und ausdrücklich über sein Publikum gestellt hätte – wir würden es ihm durchgehen lassen. Denn er hätte ja recht gehabt. Immerhin war Wittgenstein ein Genie, und solchen Leuten ist es erlaubt, Sätze zu sagen, die es uns erlauben, sogar deren Arroganz zu bewundern.

50. Genie

Genie ist selten. Begabung reicht nicht; davon haben viele genug. Der Status eines Genies kommt nur denen zu, die eine außergewöhnliche Begabung auf außergewöhnliche Weise realisieren – auf eine Weise, die das menschliche Maß beinahe zu übersteigen scheint. Aber nur beinahe. Denn darauf ist hier alle Bewunderung bezogen: dass jemand als Mensch etwas zustande bringt, was von unseresgleichen nicht zu erwarten war. In der Wissenschaft sowie in anderen Künsten und Sportarten kommt dies dann und wann vor, auch wenn in manchen Bereichen reichlich übertriebene Zuschreibungen gang und gäbe sind. (In der Politik hingegen haben Genie und seine Verehrung nichts zu suchen; sie führen dort geradewegs ins Verderben.) Eine gewisse Inflation im Gebrauch dieses Ehrentitels gehört durchaus zur Natur der Sache. Denn das Bedürfnis, Genies zu haben und zu verehren, ebenso wie das Verlangen, als eines verehrt zu werden, ist weit verbreiteter als dasjenige, eines zu sein. Das Wirken echter Genies ist zwar für die Welt höchst erfreulich, aber nicht unbedingt für sie selbst (ganz zu schweigen von denen, die ihnen nahestehen). Jedes Genie hat es schwer – nicht nur mit der Gesellschaft, die ihm oft genug heftigen Widerstand leistet, sondern vor allem mit sich selbst. Sie fühlen sich von ihren Gaben gefordert und überfordert und leiden daher mehr noch als alle anderen daran, nicht das vollbracht zu haben, was sie hätten vollbringen können. So schlimm aber sind ihre Qualen andererseits auch wieder nicht. Denn das Leiden an der persönlichen Befähigung ist hier mit der Gratifikation eines Bewusstseins der eigenen Berufung verbunden, die zum Erwerb von allerlei Lizenzen in Sachen Egomanie eingesetzt werden kann, die man normalen Sterblichen nicht zubilligen würde.

»Herr Stockhausen, sind sie ein Genie?«, wurde der Komponist einmal in einem Fernsehgespräch von einem skeptischen Bewunderer gefragt. Stockhausen nahm die Frage nahezu reglos hin, zuckte leicht mit der Achsel, und meinte dann (wohl in Anspielung auf einen ähnlichen Ausspruch Arnold Schönbergs): »Einer muss es ja sein.« Er schien erstaunt, wenn auch nicht restlos froh darüber, dass diese Bürde ausgerechnet auf ihn herabgekommen war – verbunden mit einer unverkennbaren Zufriedenheit damit, dass dieses Schicksal keinen anderen der üblichen Verdächtigen getroffen hatte. Nicht allein unter Komponisten kann ein produktiver Wahn außerordentlich hilfreich sein. Das interessierte Publikum wird die damit verbundenen Attitüden gerne tolerieren, solange sie nicht zu einem völligen Realitätsverlust führen.

Jahre nach jenem Fernsehinterview, während einer ohnehin hochabsurden öffentlichen Diskussion darüber, ob der weltweit übertragenen Vernichtung der Twin Towers in New York und der in ihnen (sowie in den als Waffen missbrauchten Flugzeugen) gefangenen Menschen ein Kunstcharakter zuzusprechen sei, ließ derselbe Karl Heinz Stockhausen wissen, so eine umwerfende Wirkung, wie sie die Attentäter am 11.9.2001 erzielt hatten, hätte er sich für seine Aufführungen auch einmal gewünscht. Die Rede war vom »größten Kunstwerk überhaupt«. Wenn auch nur in einem Gedankenspiel setzte Stockhausen die tödliche Gewalt des terroristischen Angriffs mit jener metaphorischen Gewalt gleich, die manche Kunstwerke auf das Gemüt ihres Publikums ausüben, ohne ihnen dabei ein einziges Haar zu krümmen. Eine derart verheerende Leichtfertigkeit steht niemandem zu. Mögen auch tatsächliche und vermeintliche Genies in ihrem Metier mehr zählen als andere, mehr als die anderen zählen sie ansonsten nicht. Als Mensch ist niemand ein Genie. Genies dürfen sich allerlei erlauben, eines aber nicht: zu glauben, dass sie etwas Besseres wären, nur weil sie irgendeine Klaviatur besser als andere zu bedienen vermögen.

51. Originalität

Originell sollte man weder sein noch sein wollen. Man sollte es nicht sein wollen, weil das Wollen hier gar nichts nützt; bestenfalls führt es in die Eigenbrötelei. Man sollte es nicht sein, weil man niemandem wünschen kann, als ein »Original« zu enden, das mit seiner Verschrobenheit den Narren für die wohltemperierteren Naturen spielt. Erträglicher ist es da schon, als ein »origineller Kopf« zu gelten, was freilich ebenfalls eine herablassende Titulierung ist. Wer andere so bezeichnet, möchte die eigene Stumpfheit oder Schrägheit lieber verborgen halten. Nicht Leute sind originell, sondern manche ihrer Gedanken und Werke. Um dergleichen zustande zu bringen, darf man seine Idiosynkrasien pflegen und manchen unter ihnen sogar huldigen, solange man nicht hierfür wiederum gehuldigt werden möchte. So toll ist keiner, dass er sich für seine Tollheit auch noch feiern lassen müsste.

52. Bewunderung

Wie das Original ist auch der Enthusiast mit Vorsicht zu genießen. In ständigem Überschwang gleitet er über alle Peinlichkeiten des Lebens und der Kunst hinweg. Er ist süchtig nach Applaus – nicht nach dem, den er selbst empfangen könnte, sondern nach dem, mit dem er alles Mögliche und alle Möglichen empfangen möchte. Bewundern zu können ist trotzdem eine noble Fähigkeit. Mit ihrem Gebrauch aber sollte man geizen. »Wer vor Begeisterung stirbt, hüte sich vor der Auferstehung«, schrieb der französische Essay-ist Paul Nizan einmal. Zwar ist auch Begeisterungsfähig-keit nicht zu verachten, doch wie der Bewunderung wohnt ihr die Tendenz inne, den Blick für die Wirklichkeit zu ver-nebeln. Echte Bewunderung dagegen nimmt sich über-haupt keine Auszeit von der Kritik. Sie streckt nur deren Waffen, wenn angesichts bestimmter Leistungen alle die Angriffspunkte, wie sie sich immer und überall finden las-sen, auf einmal ganz unerheblich werden. In der Bewun-derung für Menschen und ihre Taten oder Werke erfährt das kritische Bedürfnis eine willkommene Befriedigung. Hier müssen wir bei unserem Lob einmal nicht die Finger hinter unserem Rücken kreuzen; hier können wir bejahen, ohne insgeheim schon wieder verneinen zu müssen.

Beeindruckend freilich ist vieles, das uns noch lange keine Begeisterung entlockt. Eine »Respektsperson« mag ihr Soll in einem außergewöhnlichen Maß erfüllen oder übererfüllen und deshalb eine besondere Achtung ver-dienen. Ihre Autorität beruht darauf, mehr zu vermögen und zu vollbringen, als man erwarten konnte. Wer – oder was – dagegen unsere Bewunderung wert ist, erfüllt über-haupt kein Soll, sondern hebt in seiner Gegenwart jede Zumutung eines Sollens oder Müssens auf.

53. Neid

Die Tugend der Bewunderung unterhält eine interessante Liaison mit dem Neid. Wer nämlich bewundern kann, ver-mag neidlos neidisch zu sein. Dieser Anwandlung wohnt keinerlei Missgunst bei. »Ich beneide dich um deine Gelassenheit«, sagen wir manchmal, und stellen uns vor, auch wir hätten mehr von diesem Temperament. Ob es sich um Geduld, Energie, Disziplin oder um Besitztümer wie Ferienhäuser oder Jacketts mit Streifenmuster handelt, man begehrt das, was andere haben, ohne sich doch zu wünschen, diese hätten es nicht. Man würde es nehmen, aber will es ihnen keineswegs nehmen. Respekt für alle wird in der neidlosen Bewunderung von wenigen geübt. Man muss auch gönnen können – nicht nur sich selbst, sondern denen, die haben, was wir nicht haben.

Die aggressiv Neidischen sehen das anders. Sie halten den Vergleich nicht aus. Sie vergleichen sich mit den anderen und neiden ihnen alles, wodurch sie vermeintlich oder tatsächlich besser dastehen. Oder doch fast alles. Einige der immateriellen Güter lassen sie beiseite, denn was nützte es, Ulrichs Frohsinn zu haben, wenn man sein Ferienhaus nicht hätte. Glück, Glanz und Ruhm missgönnt der Neidische allen, die sich darin sonnen dürfen. Er nimmt ihnen ihren Nimbus oder Wohlstand nicht deshalb übel, weil sie sich ihn ergaunert hätten (denn das wäre ein Grund zur Empörung), sondern einfach, weil sie haben, was er nicht hat. Wenn er nur könnte, würde er sich alles das nehmen, was freilich seinen Reiz nur hätte, wenn er es den anderen abnehmen könnte. Denen, die vom Neid zerfressen sind, wäre es weit lieber, dass keiner diese Güter hat, als dass irgendein anderer sie hat. Phantasien der Zerstörung geben sie sich nur zu gern hin.

Allen Sozialneid treibt ein verkehrter Egalitarismus an. Dieser ist nicht bereit, allen Menschen ein Recht auf Differenz einzuräumen, sondern will es so weit wie möglich tilgen. Gleichheit ohne Verschiedenheit ist sein un-

114

ausgesprochenes Programm. Mit einem Aussterben des Neids ist darum nicht zu rechnen. Denn so gleich können die Leute, verschieden, wie sie allein durch Zeit und Ort ihrer Geburt nun einmal sind, gar nicht sein, gar nicht werden, und sich gar nicht machen, dass nicht der Neid noch eine Ritze fände, in die sein vergiftetes Begehren eindringen könnte. Je näher die Menschen einander in ihren jeweiligen Gemeinschaften sind, desto mehr können ihre Unterschiede erfreuen – und schmerzen. Der generöse und der aggressive Neid haben dieselbe Wurzel. Da man sich eine Gesellschaft ohne den generösen kaum wird wünschen wollen, wird man nicht davon träumen dürfen, den aggressiven einmal ein für alle Mal losgeworden zu sein. Eine Gesellschaft ohne Neid wird es nicht geben, vielleicht aber eine, in der Neid und Gier nicht das Sagen haben.

54. Schadenfreude

Schadenfreude ist eine Art umgekehrter Neid. Man giert nicht nach fremden Gütern, sondern ergötzt sich an dem Missgeschick, das anderen widerfährt. Trotzdem passen beide Affektlagen recht gut zusammen. Denn die Schadenfreude versorgt die Neidischen mit Schüben einer guten Laune, die ihnen ansonsten abgeht. Was ihnen »die schönste Freude« ist, ist freilich die schönste der Freuden nicht – allein deshalb, weil es so etwas gar nicht gibt. Arm dran, wer diese mit Gehässigkeit durchwirkte Freude zum Höchsten seiner Gefühle erhebt.

Das soll aber nicht heißen, dass der Schadenfreude rein

gar nichts abzugewinnen wäre. Immerhin kennen viele Gesellschaften Praktiken, in denen sie nicht nur zugelassen, sondern beinahe willkommen ist. Jahrmarktsvergnügungen früherer Tage, Karneval und Kabarett, vor allem aber Sport und Spiel laden zu solchen Reaktionen nicht selten ausdrücklich ein. Jeder, der einmal »Mensch ärgere dich nicht« gespielt hat, kennt das Vergnügen, die anderen sich ärgern zu sehen – freilich in dem Wissen, dass es einen im nächstem Moment selbst erwischen kann, und doch in der Hoffnung, dass man davon verschont bleiben möge. Nicht viel anders geht es in vielen Publikumssportarten zu; in Hohngesängen und Spottliedern wird Schadenfreude öffentlich zelebriert. Sie intensiviert das Mitgehen mit dem eigenen Team vor allem in Phasen, in denen es einmal nichts zu leiden gibt. Man erfreut sich an der peinlichen Vorstellung der Gegenseite, in dem Bewusstsein, dass es umgekehrt wäre, wenn es umgekehrt liefe. In den Grenzen des Spiels gestattet sich das Publikum einen ostentativen Genuss des vorübergehenden eigenen Verschontseins von der Blamage. Im sonstigen Leben – und auch unter den Akteuren auf dem Spielfeld – wäre das sittenwidrig. Eben das ist der Witz an der Sache: sich guten Gewissens einem eigentlich fragwürdigen Verhalten hinzugeben. Ohne Zonen solcher Erlaubnis stünde es um die Sitten in menschlichen Gemeinschaften schlechter. Würde allen überall der Spaß an einer Übertretung der moralischen Korrektheit vergällt, wäre vielen die Freude an der Einhaltung des menschlichen Maßes gründlich verdorben.

Gelegentlich ist die Schadenfreude sogar eine höchst angemessene Reaktion. »Das geschieht ihm recht«, sagen wir, wenn wir jemanden bloßgestellt sehen, der gegen Anstand oder Recht verstoßen hat. Dann ist es nicht so sehr unser Verschontsein im Angesicht des Missgeschicks anderer, was uns erbaut, sondern die Tatsache, dass andere mit ihren scheinheiligen oder hinterlistigen Manövern einmal nicht durchgekommen sind. Die Schadenfreude verbindet sich hier mit einer Genugtuung darüber, dass der Weltlauf manchmal eben doch ein gerechter ist.

55. Ressentiment

Ressentiment ist die Arroganz der Dummen, von der sich manchmal selbst die Klügsten anstecken lassen. Im Unterschied zur Arroganz liegt ihr Ursprung nicht in einem ausgelebten Empfinden eigener Superiorität, sondern in einem unterdrückten Empfinden eigener Minderwertigkeit, das sich in einen haltlosen Glauben an das eigene Bessersein steigert. Ressentiment ist ein Überlegenheitsgefühl, das seine Ursache in einer sozialen oder intellektuellen Unterlegenheitserfahrung hat. Wer ein Ressentiment hegt, ist in einer verqueren Selbstfeier gefangen; er findet sich und die Seinen auf eine ungute Weise gut.

Ein eigentlich intelligenter Publizist sagte einmal, im Grunde schreibe er nie eine Zeile ohne Ressentiment. Da lag er freilich falsch. Eine gewisse – und zumal im Schreiben gelegentlich produktive – Aggression gegenüber den Ansichten und Absichten anderer macht noch lange kein Ressentiment. Mit einer bloßen, zum Habitus gewordenen Abneigung gegenüber den Gepflogenheiten von Personen und Kollektiven hat es wenig zu tun. Denn dafür kann es ja gute Gründe geben, man denke nur an den Affekt gegen korrupte Politiker und ihre Parteigänger oder gegen telefonierende Wichtigtuer in Zugabteilen und andere Menschen mit einem Hang zu endlosem Geschwätz und Geschwafel. Auch ist das Ressentiment nicht bloß ein gegenüber Argument und Erfahrung abgedichteter Widerwille. Schließlich blühen die Blumen der Borniertheit auch auf weit weniger kontaminierten Böden. Kennzeichnend für das Ressentiment ist vielmehr ein sehr spezielles und sozial durchaus explosives *Gemisch* aus Zuneigung und Abneigung. Ein Hass auf jemanden oder etwas wird zum Grund einer zwanghaften Liebe zu Dingen, die nicht um ihrer selbst willen, sondern wegen ihres Abstands zu den Objekten des Hasses geschätzt werden.

Alles Ressentiment ist eine aus Abneigung geborene Zuneigung zu Werten oder Instanzen, die diejenigen, die es hegen, auf eine rigide Weise hochhalten – und hochhalten müssen, da ihnen sonst aufgehen würde, wie sehr ihre Maßstäbe auf einer Verachtung für etwas eigentlich Achtenswertes beruhen. In dieser inneren Unwucht liegt zugleich das Brüchige dieser Haltung. Nicht selten äußert es sich in gewaltsamen Ausbrüchen. Dieses Aufbegehren aber ist nur ein weiteres Zeichen der Affäre, die die Ressentimentgeladenen mit jenen Mächten unterhalten, denen sie sich nicht gewachsen fühlen. Im Modus ihres Widerwillens zollen sie diesen wider Willen ihre Anerkennung. Sie sind durch eine Hassliebe mit dem verbunden, wogegen sie sind.

Nicht immer ist das Ressentiment in auffälliger Weise ein moralischer oder politischer Affekt. Es gibt Philosophen mit einem Ressentiment gegen Hegel, Kunsthistoriker mit einem Ressentiment gegen die moderne Kunst und Cineasten mit einem Ressentiment gegen Hollywood.

Jedoch hat der Degout ebenso wie seine Entlarvung auch hier ein moralisches Element. Denn von Philosophen, Kunstwissenschaftlern und Cineasten kann man verlangen, dass sie einen Blick für die Qualitäten Hegels, der modernen Kunst und des Hollywood-Kinos haben – einmal angenommen, es gibt diese Qualitäten. Entsprechend kann man von den übrigen Zeitgenossen erwarten, dass sie auch für jene Güter der Kultur und Gesellschaft aufgeschlossen bleiben, die sie bisher nur insgeheim lieben.

56. Geiz

In der deutschen Fassung der vielbändigen Chronik der fortlaufenden Ereignisse in und um Entenhausen findet sich eine kleine moralische Erzählung über Dagobert Duck alias *Scrooge*. Sie trägt den Titel *Ein fürstliches Zimmer*. Zu einem geschäftlichen Treffen mit einem Schweizer Bankier namens Rösti fliegt Dagobert in Begleitung Donalds auf die »Bamudas«. Als er in der dortigen Nobelherberge nach einer Suite verlangt und sich mit der Auskunft, man sei ausgebucht, nicht zufriedengibt, wird ihm das Bereitschaftszimmer des Hausmeisters zugewiesen: ein düsterer, von tropfenden Heizungsrohren durchzogener Kellerraum. Dagobert tobt – und beschließt, das Hotel kurzerhand zu kaufen. Gesagt, getan, macht er es sich in der luxuriösesten Suite des Hotels bequem, die er nach den milliardenschweren Verhandlungen mit Herrn Rösti freilich umgehend wieder räumt, nachdem er in Erfahrung gebracht hat, für wie viel Taler sie sich vermieten ließe. Höchst zufrieden über den erzielten Surplus und taub für Donalds Klagen, verbringt er die Nacht in jenem Abstellraum, der ihm zuvor gänzlich unzumutbar erschienen war.

Nicht einmal sich selbst gegenüber duldet der Geizige Anwandlungen der Freigebigkeit. Auch wenn es Menschen gibt, deren Geiz erst vor ihrer Haustür beginnt, im Kern ist auch der Geiz ein zweiseitiges Laster. Die ihm verfallen sind, gönnen sich selbst so wenig wie den anderen. Bis hin zur Grausamkeit zeigen sie Härte gegenüber jeder und jedem. Diese Verhärtung aber nehmen sie nicht wahr, denn sie sehen in ihr den Glanz der Moral. In einer Welt des grassierenden Leichtsinns und blinden Vertrauens, so scheint es ihnen, müssen wenigstens einige an sich halten, indem sie alles beieinanderhalten, was sie haben zusammenraffen können. Darum nehmen sie das Elend um sie herum nicht wahr. Wer in Not gerät oder Schulden hat, ist in ihren Augen selber schuld.

Auf seine Sparsamkeit bildet sich der Geizige unendlich viel ein. Diesen fruchtbaren Keim aber lässt er verkümmern. Er ist nicht allein knausrig, er ist es aus Prinzip. Eben damit verletzt er das Prinzip des Sparens. Er spart nicht für etwas, er spart fürs Sparen. Wie groß oder klein es auch sei, ihn befriedigt nur das eigene Vermögen, nicht das, was er durch es vermag. Ihn beglückt nur das Nehmen, nicht aber das Geben. Er gibt auch für sich nichts aus, weil ihm schon der Genuss seiner Besitztümer als unziemliche Völlerei erscheint. Der Verschwendungssucht immerhin wird man ihn nicht zeihen können. »Ein Verschwender ist jemand, der durch sich selbst zugrunde geht«, bemerkt Aristoteles trocken. Davor haben die Geizigen eine panische Angst. Für sie ist Freigebigkeit bloße Verschwendung. In

120

ihrer grotesken Maßhaltung sehen sie den Gipfel eines ehrbaren Lebens. Wie anderen dunklen Priestern dünkt ihnen die Lebensfreude die größte aller Sünden.

Dies macht den entfesselten Geiz zu dem außerordentlichen Laster einer abartigen Vermeidung von Lastern. Völlerei, Leichtsinn, Dummheit, Verschwendung, Maßlosigkeit, selbst die Risiken der Gier sind ihm über die pure Geldgier hinaus auf eine perverse Weise zuwider. Geiz ist ein Anti-Laster und darum eines der größten Laster. Woraus man lernen kann: Die rigide Vermeidung von Lastern führt nur zu schlimmeren Lastern.

57. Großzügigkeit

Großzügigkeit ist Freigebigkeit weit über alles Ökonomische hinaus. Wer diese Tugend besitzt, ist generös nicht nur mit materiellen, sondern ebenso mit geistigen und sozialen Gaben. Eine solche Person ist bereit, andere mit vielen ihrer Besitztümer zu beschenken: nicht nur mit ihrem Geld, ihrem Brot und ihrem Wein, sondern auch mit ihrer Erfahrung und ihrem Wissen – und nicht zuletzt mit ihrer Aufmerksamkeit. Ihr Antrieb ist ein Gefallen an Reichtümern aller Art, den eigenen nicht weniger als denen der anderen. Diese will sie teilen, an diesen will sie Anteil nehmen. Großzügige Menschen müssen darum überhaupt keine begüterten Menschen sein. Sie sind nicht großzügig, weil sie reich, sondern reich, weil sie großherzig sind.

Die Kleinlichen und Engstirnigen halten die Großzügigen für nachlässig. Aus ihrer Warte schätzen diese nicht

hinreichend ab, wer oder was es wert ist, ihre Unterstützung zu verdienen. Dabei sind es die Großzügigen, die es
mit vielem genau nehmen; sie beurteilen die anderen und
ihre Anliegen nicht nach den eigenen Vorteilen und Vor-
urteilen, sondern gehen auf ihre Bedürfnisse und Talente
ein. Alle Großzügigkeit basiert auf einer unreglementier-
ten Wahrnehmung der Besonderheit anderer Menschen.
Das mag wahllos erscheinen und ist es gelegentlich auch,
da niemand in der Lage ist, das Wohlergehen bestimmter
Individuen oder Kollektive mit gleicher Intensität zu fördern. Insofern sind die Großzügigen immer auch ungerecht; ihre materiellen und immateriellen Zuwendungen
hängen von Zeit, Gelegenheit, ihren eigenen Affinitäten
und damit stets auch von Zufällen ab. Das aber ist gerade
das Schöne daran: dass ihre Freigebigkeit keinem überge-
ordneten Kalkül entspringt. Je nach ihren Möglichkeiten
nehmen sie sich anderer an und nehmen sie dabei so, wie
sie sind. Sie wollen ihnen ihre Eigenart nicht rauben, sondern ihr zur Entfaltung verhelfen. Wahre Großzügigkeit
hat ihre Pointe weniger im Geben als vielmehr im Lassen.

58. Toleranz

Menschen, die einem fernstehen, nach ihrer Façon selig
werden zu lassen, darin liegt kein großes Verdienst. Mit
Gepflogenheiten, Geschmäckern, Überzeugungen, Marotten und Spleens zu leben, die einem egal sind – wem fiele
das schwer. Man nimmt sie hin und schert sich nicht weiter darum. Auch Menschen, die einem nahestehen, geben

sich oft einem seltsamen und manchmal bizarren Treiben hin, an dem man gleichwohl keinen Anstoß zu nehmen braucht. »Die gelindeste unter allen Abschweifungen über die Grenzlinie des gesunden Menschenverstandes«, schreibt Kant in seiner *Anthropologie in pragmatischer Hinsicht*, »ist das Steckenpferd; eine Liebhaberei, sich an Gegenständen der Einbildungskraft, mit denen der Verstand zur Unterhaltung bloß spielt, als mit einem Geschäfte geflissentlich zu befassen, gleichsam ein beschäftigter Müßiggang«. Bei Jungen wie Alten, fährt Kant fort, »dient diese Reiterei zur Erholung, und Klüglinge, die so kleine unschuldige Torheiten mit pedantischem Ernste rügen, verdienen Sternes Zurechtweisung: ›Laß doch einen jeden auf seinem Steckenpferde die Straßen der Stadt auf und nieder reiten: wenn er dich nur nicht nötigt, hinten aufzusitzen.‹« Wenn er dich nur nicht nötigt: Solange uns die anderen mit ihren merkwürdigen Praktiken nicht in die Quere kommen, haben wir keinen Anlass, uns darüber aufzuregen oder uns zu einer besonderen Nachsicht aufzuschwingen.

Echte Toleranz beginnt erst da, wo uns das befremdliche Tun und Meinen anderer Leute weder gleichgültig ist noch gleichgültig sein sollte. Sie ist dort gefragt, wo das Verhalten anderer uns abwegig erscheint, gegen den Strich geht oder zuwider ist – und wir dennoch Grund haben, es zu ertragen. Für etwas zu sein, wogegen man ist: Gepflogenheiten und Haltungen zu respektieren, die den eigenen normativen Überzeugungen widersprechen – das macht ihre Tugend aus. Freilich darf das nicht darauf hinauslaufen, einfach alles in Kauf zu nehmen, was die eigenen Standards verletzt. Dies wäre nur eine Form der Gleichgültigkeit und darüber hinaus ein Zeichen von Kleinmut und Schwäche. Es muss vielmehr bedeuten, diejenigen Haltungen und Handlungsweisen zu tolerieren, die mir zwar sinnlos oder falsch erscheinen, für die aber die anderen ebenso starke Gründe haben wie ich für meine. Die Pflicht zur Toleranz entspringt einem Patt von Gründen und Gegengründen. In Situationen oder bei Konflikten, in denen eine Urteilsenthaltung nicht möglich ist, erkennen wir, dass unsere Wertüberzeugungen, für die wir weiterhin einstehen, nicht so stark sind, dass wir verlangen dürften, die anderen müssten ihre Position räumen. Wir haben keinen Trumpf in der Hand.

Als Vegetarier mit einem Sinn für Toleranz kann ich in der Hoffnung auf einen allgemeinen Sinneswandel vielerlei für meine Sache vorbringen, aber ich kann den Verzehr von Fleisch nicht verbieten wollen. Als Abtreibungsgegner werde ich nicht es aufgeben, für strikte Gesetze einzutreten, ohne doch die Anhänger einer liberaleren Regelung als Mörder zu diffamieren. Toleranz hat ihre Wurzel in einer mit Selbsterkenntnis verbundenen Selbstdistanz. Sie blendet den Zweifel an dem uneingeschränkten Recht meiner eigenen Auffassungen nicht aus. Oft schweren Herzens muss ich anerkennen, dass anders Denkende und Empfindende für ihre Sicht der Dinge etwas Ernstzunehmendes, wenn auch Abzulehnendes vorzubringen haben, das die Grundlagen des menschlichen Zusammenlebens nicht einfachhin und geradewegs verletzt. Diese Toleranz ist dabei stets mit einer Forderung nach Toleranz auch von Seiten der Tolerierten verbunden. Sie enthält die Erwartung, dass die Tolerierten ihrerseits Tolerierende, sowie die Hoffnung, dass die Tolerierenden ihrerseits Tolerierte sind, die sich trotz ihrer Differenzen wechselseitig respektieren. Bei aller Toleranz kommt es darauf an, den anderen gerade dort gerecht zu werden, wo man ihnen nicht recht geben kann. Hierin besteht ihr ganzer Sinn: einander dort, wo eine Einigung – vorerst oder dauerhaft – nicht möglich ist, in einem relativen Frieden leben zu lassen.

Mit gönnerhafter Herablassung jedenfalls ist es nicht getan. Toleranz beweist sich nicht darin, bestimmten Individuen oder Kollektiven mit obrigkeitlicher Geste ein Ghetto einzuräumen, in dem sie ihrer Eigenart nachgehen können. Unter solchen Bedingungen wird Toleranz repressiv. »Dulden heißt beleidigen«, hat Goethe ihrer paternalistischen Ausübung entgegengehalten. Sie verletzt die Integrität derer, die sie zu schützen vorgibt. Sie behandelt sie nicht als Gleiche – weder als Mitmenschen noch als Bürger. Zwischen Intoleranz und Gleichgültigkeit die Waage zu halten und die hierbei stets drohende Schieflage immer wieder zu korrigieren: das ist hier die Kunst. Noch in der gebotenen Intoleranz gegenüber der Intoleranz lauert die Gefahr einer borniertenen Auslegung der jeweils eigenen, wie immer hehren Prinzipien – und damit eine weitere Form der Intoleranz.

Toleranz wie Intoleranz kennen viele Domänen. Bereits im Kreis von Verwandten und Freunden muss man gerade dort miteinander auszukommen versuchen, wo man in grundsätzlichen Fragen uneins ist. Unter Arbeitskollegen oder Mietparteien, auf dem Schulhof und erst recht in der politischen Öffentlichkeit gilt das Gleiche. Auch sich selbst gegenüber ist Toleranz ein unschätzbares Gut. Niemand ist mit den eigenen Leidenschaften und Bekenntnissen so sehr im Reinen, dass es nicht gelegentlich eines Friedensschlusses mit dem eigenen Widerspruch bedürfte. Selbst die raffiniertesten Kunstkenner müssen mit dem eigenen Kitsch- und Schmalzbedürfnis zu leben lernen. Eine entscheidende Nagelprobe kultureller und politischer Toleranz aber liegt von alters her im Verhältnis der Religionen. »Faith is not faith without believing«, bemerkt John Locke in seinem *Letter Concerning Toleration*. Jeder religiöse Glaube lebt von dem Fürwahrhalten des Geglaubten – und doch in dem Bewusstsein, dass für die Angehörigen anderer Glaubensgemeinschaften die tiefsten Wahrheiten andere sind. Dies zu respektieren erfordert die Großzügigkeit, das nach eigener Auffassung absolut Geltende gegenüber Andersgläubigen nicht absolut zu setzen – weder in der persönlichen Begegnung noch im öffentlichen Leben. Ob auf dem Feld der Religionen, des politischen Kampfes oder in vergleichsweise harmloseren Gefilden: Toleranz beweist sich in einem Glauben, der weiß, dass er ein Glaube ist – und dass im Glaubenkönnen und Glaubendürfen ein unverzichtbares Daseinsrecht der Menschen liegt.

59. Glaube

Glauben muss man. Die Frage ist nur, was, woran, und vor allem: wie man glaubt.

Jede Überzeugung enthält den Glauben daran, dass es sich so verhält, wie die Überzeugung es sagt. Ohne diese Verbindung könnte uns keinerlei Festlegung gelingen – weder in der Theorie noch in der Praxis. Wenn ich zum Frühstück Obst essen will, muss ich glauben, dass es so etwas wie Obst überhaupt gibt, dass es essbar ist und dass welches im Haus ist – wozu eine unüberschaubare

Menge weiterer Meinungen gehört: darüber, welche Sorten es gibt, darüber, wie sie sich voneinander und von anderen Arten von Dingen unterscheiden, mit denen ich es in meiner Lebensumgebung zu tun habe, und von jenen, die sich sonst im Universum tummeln. Ganz abgesehen davon, was rationale Wesen jeweils glauben – ihr minimaler Glaube liegt in der Annahme, dass es so ist, so war oder so sein wird (oder wenigstens so sein, gewesen sein oder werden könnte), wie das eigene Dafürhalten es nahelegt. Sie müssen davon ausgehen, dass das, was sie bejahen, mit einigem Recht bejaht und das, was sie verneinen, mit einigem Recht verneint werden kann.

Wer aber überhaupt *etwas* – und also vieles – glaubt, wird auch *an etwas* glauben. An etwas zu glauben bedeutet, einer Person, Sache oder Instanz einen Wert zuzuschreiben – und überzeugt zu sein, dass hierin etwas Gutes liegt. Manche glauben an die Liebe, manche an eine Gottheit, manche an die Demokratie, manche an Franck Ribéry, und manche sogar an die Philosophie. Nie geht es dabei nur um Sein oder Nichtsein, sondern immer auch darum, ob jemand oder etwas gut oder schlecht, günstig oder ungünstig, gerecht oder ungerecht ist. In Verhältnissen des Glaubens und Meinens zu stehen heißt nicht nur, Meinungen über die eigenen Meinungen und diejenigen der anderen zu haben, sondern stets auch darüber, woran man sich im Leben halten und wie man sich zu seinen Fährnissen verhalten sollte. Da es zu dem Sinn von Überzeugungen gehört, die Richtungen unseres Handelns beeinflussen zu können, gehören Überzeugungen über die Richtigkeit dieser Richtungen jedem ihrer Haushalte an. Vor allem eine wird sich überall finden lassen. Wer überhaupt etwas glaubt, hat einen Glauben an den Wert der

Unterscheidung von Wahrheit und Falschheit, deren natürliche Mitgift die Verlockungen der Lüge sind.

Dies alles ist ganz unvermeidlich und hat also mit der Tugend- oder Lasterhaftigkeit des Glaubens noch gar nichts zu tun. Maßgebend hierfür ist der Modus des Glaubens. So lobens- oder tadelswert, erstaunlich oder ungeheuerlich das auch sein mag, *was* und *woran* von Zeit zu Zeit (und Zeitalter zu Zeitalter) geglaubt wird, am *Wie* des Glaubens erst entscheidet sich der Grundbass seiner Moral. Jeder starre Glaube macht diesen zu einem Laster. Mancher starke Glaube macht diesen zu einer Tugend, ebenso aber mancher schwache, der um die Unsicherheit seines Fürwahr- und Fürwerthaltens weiß. Die Stärken eines starken wie eines schwachen Glaubens liegen darin, dass er sich angreifbar macht: durch seine Gründe, mit denen er die Gegengründe vorerst in Schach hält, durch seine Zweifel, mit denen er für Korrekturen und Konversionen offenbleibt. Die Ethik des Meinens erlaubt kein unbedingtes, sie verlangt ein bedingtes Vertrauen in das eigene Urteil. Sie erfordert Sorgfalt bei der Bildung und Umsicht bei der Verwaltung der eigenen Überzeugungen, gepaart mit einem täglichen Widerstand gegen Leichtgläubigkeit und Dogmatismus. Wer alles glaubt, ist so verloren wie derjenige, der in allem nur eine Wahrheit erkennt.

»Wir haben nicht an uns geglaubt«, sagen Mannschaftssportler nach ihrer Niederlage, und manchmal hat es daran gelegen. Dass der Glaube Berge versetzt, ist freilich auch nur die halbe Wahrheit, denn Technik und Taktik, Ritus und Übung gehören hier wie überall dazu, wo etwas gegen vielerlei Widerstände vollbracht werden soll. Der Glaube allein kann nichts richten, aber nur im Glauben gibt es Rechtes, an dem wir uns ausrichten können.

60. Hoffnung

Wer glaubt, glaubt, was er glaubt. Wer an etwas glaubt, hofft wenigstens, dass das, woran er glaubt, auch wirklich etwas wert ist. Es gibt keine evaluativen Überzeugungen ohne eine wie immer zaghafte Hoffnung darauf, dass die Mächte des jeweiligen Guten nicht gänzlich unterliegen werden. Ob es die Qualität von Bio-Spargel, die tröstende Kraft der Musik, die Möglichkeit einer gerechten Weltordnung, das Weiterleben nach dem Tod oder ein epochemachendes Betriebssystem für elektronische Geräte ist – wer an dergleichen glaubt, hofft, dass es sich weiterhin oder künftig bewähren und bewahrheiten wird.

Glaubende müssen hoffen, denn sonst könnten sie nicht *an etwas* glauben; sie hätten keinen Sinn für den Wert ihres Glaubens. Hoffende müssen glauben, denn sonst könnten sie nicht *auf etwas* hoffen; sie hätten keinen Schimmer, worauf sich ihre Hoffnung richtet. Hoffnung ist eine Tugend des begründeten Glaubens an etwas. Im Unterschied zur bloßen Hoffnung stützt sie sich auf Evidenzen, die für eine wenigstens denkbare Erfüllung sprechen. Im Unterschied zur blinden Hoffnung weiß sie um die Unwägbarkeiten, die ihrer Erfüllung entgegenstehen. Eine blinde Hoffnung ist immer im Bund mit einem blinden Glauben. Sie verkehrt sich in eine gegenüber Erfahrung und Erkenntnis abgedichtete Erwartung. Alle Hoffnung gerät auf die schiefe Bahn, sobald sie sich der Gewissheit an den Hals wirft. Denn Ungewissheit ist die eigentliche Domäne der Hoffnung wie auch der Befürchtungen, denen sie sich nicht – oder doch nicht ganz – überlassen will.

Zwar ist es heute wie gestern gang und gäbe, dem Publikum, in welchen heiligen und unheiligen Hallen auch

129

immer, Hoffnung als Gewissheit zu verkaufen. Es wird ein schwunghafter Handel mit der Droge des »positiven Denkens« betrieben – einem Betäubungsmittel, das früher oder später jede klare Orientierung zersetzt. Dieses oder jenes Heil wird der Kundschaft mit großspurigen Garantien versprochen. Hoffnung aber ist kein Versprechen. Versprechen muss man halten, Hoffnung hingegen hält und erhält einen auch dann (und manchmal besonders dann), wenn sie sich nicht oder noch nicht erfüllt. Hoffnung wäre gar keine, enthielte sie keinerlei Zweifel an ihrer Erfüllung. Ihren unverblendeten Formen wohnt darum ein selbstbezügliches Moment inne: Die Hoffenden hoffen, es möge ihnen wenigstens die Hoffnung erhalten bleiben. In der Hoffnung auf Zuversicht liegt unsere innigste Hoffnung.

61. Aberglaube

Ohne allen Aberglauben auszukommen ist außerordentlich schwer. Diejenigen, die glauben, Kausalität sei der Zement des Universums, reden ihrem Auto gut zu, wenn es nicht anspringen will, eingefleischte Deterministen tadeln ihre Kinder, wenn sie ihren Weinkeller leergetrunken haben, erklärte Atheisten richten Stoßgebete gen Himmel, wenn ihr Verein im Rückstand liegt, nicht anders als die Frommen, die ihren Gott anflehen, den Ball oder ein anderes Geschoss ins Ziel zu lenken. Das Besondere am Aberglauben ist nicht so sehr, dass es sich um einen Seelenzustand handelt, der von der Warte anderer Glaubensrichtungen aus abwegig ist, denn das ist schon bei vielen sonstigen Formen des Glaubens der Fall. Das Besondere ist auch nicht, dass die Abergläubischen Dinge tun, die mit ihren Grundüberzeugungen nicht vereinbar sind, denn auch das geschieht allenthalben. Das Besondere liegt darin, dass man einem Glauben verfallen sein kann, den man *selbst* für einen Aberglauben hält. »Ich bin abergläubisch« ist ein durchaus widerspruchsfreier Satz. Personen, die ihn äußern, glauben an Dinge, die nicht mit rechten Dingen zugehen, aber doch vielleicht in der Lage wären, es ihnen recht zu machen. Keineswegs immer handelt es sich um einen Wunderglauben, dem zufolge eine göttliche Instanz den Lauf der Welt zurechtrücken kann; Formen einer alternativen Kausalität, Alchemie und Astrologie, ominöse Einflussarten und Einflusssphären, die auf eine unerforschliche Weise ihre guten wie bösen Wirkungen zeigen – alles das wird, gern auch in exotischen Kombinationen, in Betracht genommen. Man glaubt sicherheitshalber an abstruses Zeug, um nur ja keine Möglichkeit der Unglücksvermeidung auszulassen. Der moderne Mensch kann wissentlich an obskure Kräfte glauben, ohne sich selbst für obskur zu halten; er hält den Mythos für einen Sicherheitsstreifen auf dem Highway des Logos. Vielleicht ist das der Grund dafür, dass es kaum eine Behausung gibt, die nicht in irgendeinem Winkel von Talismanen, Dreamcatchern und Maskottchen aller Art mitbewohnt wird – Wesen, deren Zunahme mit dem Anwachsen der Weltbevölkerung locker mithalten kann. Ein milder Animismus hat schließlich noch keinem geschadet.

Eine Beleidigung der Wahrheitsliebe liegt darin freilich allemal. Menschen, die bereit sind, alles Mögliche für wahr zu halten, sind bereit, es mit ihrem eigenen Urteil nicht so genau zu nehmen. Das macht sie verführbar. Für einen therapeutischen Aberglauben aber gilt das nicht unbedingt. Schließlich sind auch Placebos Heilmittel, sofern sie an den Patienten ihre Wirkung tun. Nicht immer braucht es dafür das Rezept eines Arztes; Selbst-Suggestion tut es auch. Manche Placebos kann man sich sehenden Auges verschreiben.

62. Skepsis

An gar nichts zu glauben geht nicht. »Ich glaube an gar nichts«; Leute, die so etwas sagen, glauben immerhin, dass diese fünf Wörter eine Bedeutung haben und mit ihnen der Satz, mit dem sie ihrem mutigen Bekenntnis Ausdruck verleihen. Das ist schon allerhand. Es schließt beispielsweise ein, dass das Wörtchen »gar« in diesem Satz aber auch gar nichts mit der Zubereitung von Speisen zu tun hat. Noch die negativsten Überzeugungen enthalten allerhand positive – und umgekehrt. Auch die aus welcher Warte auch immer identifizierten »Ungläubigen« können ihrem Ruf nicht gerecht werden. Sie glauben nur nicht an das, woran sie nach Meinung anderer Glaubensgemeinschaften glauben sollten. Die eigentlichen Vorzüge des Unglaubens haben weder mit dem Nichtglauben noch mit einer generellen Urteilsenthaltung, noch mit einer Untergrabung aller Gewissheit zu tun. Sie liegen in einer Enthaltsamkeit anderer Art. Es sind Gaben des Zweifels – eines Zweifels gegenüber einer trügerischen Sicherheit im Urteilen und Handeln: gegenüber manchen stillschweigenden und vielen vorlauten Gewissheiten, die sich unumstößlich geben, nur um von der nächsten Wendung des Welt- oder Lebenslaufs umgestoßen zu werden.

Mit solchen Erschütterungen rechnet eine Haltung der Skepsis. Zwar wissen auch die Skeptiker meist nicht, welcher Pfeiler eines jeweiligen Gedanken- oder Staatengebäudes sich als nächster als morsch erweisen wird. Aber sie bleiben der Grenzen des menschenmöglichen Wissens und Könnens eingedenk, ohne deswegen in vergebliche Klagen über den Verlust erster und letzter Wahrheiten zu verfallen. Sie können damit leben, dass die Ressourcen auch eines bewussten Lebens endlich sind. Skepsis ist die Kardinaltugend des rationalen Unglaubens. Sie ist ein Heilmittel gegen übertriebene Selbstgewissheit, das der Pflege unserer schwankenden Gewissheiten dient. Ein Allheilmittel ist sie dennoch nicht. Eine gesunde Skepsis nämlich schließt Skepsis noch gegenüber der Skepsis mit ein.

63. Bescheidenheit

»Bescheidenheit ist eine Zier, doch weiter kommt man ohne ihr.« Der gegen die Regeln der Grammatik zusammengeschusterte Reim dieser Gassenweisheit spricht schon aus, dass mit ihr etwas nicht stimmen kann. Als empirische Feststellung immerhin dürfte der Satz für manche Bereiche heutiger Gesellschaften zutreffen. Demnach wäre Bescheidenheit hinderlich bei der Durchsetzung der eigenen Interessen und also ein eher unvorteilhafter Habitus, an den man sich besser nicht oder nur zum Schein halten sollte.

So unvorteilhaft aber ist diese Tugend gar nicht. Man möchte schließlich von anderen geschätzt und geachtet werden. Soweit man das möchte, ist Bescheidenheit ein direktes Gebot des Eigeninteresses. Denn sie macht einen für andere erträglich. Wer will schon mit Angebern zusammen sein, die fortwährend mit ihren Talenten und Taten protzen. »Eigenlob stinkt«, weiß an dieser Stelle der Volksmund zu sagen. Wer dies missachtet, verletzt eine Grundregel der Sozialverträglichkeit, die verlangt, sich vor anderen nicht wichtig zu tun, selbst wenn man – und gleichgültig, wie sehr man – sich für wichtig hält. Dies bedeutet nicht, dass man sich nicht hervortun sollte, sondern nur, dass man sich mit seinem Hervortun nicht hervortun sollte.

Nur bescheiden zu *tun* freilich tut es nicht; man sollte es schon *sein*. Man sollte einsehen und im Verhalten beherzigen können, dass man selbst wie alle anderen nur über begrenzte Fähigkeiten verfügt. Von niemandem wird verlangt, sein Licht unter den Scheffel zu stellen. Allzu bescheiden sollte beispielsweise ein Bewerbungsschreiben nicht ausfallen, und wer einen Wahlkampf führt, sollte nicht fortwährend Asche auf sein Haupt schütten. Mit Vermessenheit und Großspurigkeit allerdings gibt man sich auch in diesen Domänen früher oder später der Lächerlichkeit preis. Unmöglich kann man sich aber auch durch falsche Bescheidenheit machen. Im Unterschied zur bloß gespielten hat diese ihren Grund darin, dass man sich gar nicht erst zutraut, die anderen könnten einem etwas zutrauen. Es gibt Menschen, die aus lauter Angst vor Aufdringlichkeit ihre Möglichkeiten weder zur Entfaltung noch zur Geltung kommen lassen. Den Schaden haben dabei nicht nur die allzu Bescheidenen, sondern zugleich alle anderen, die von ihrer Kreativität und Initiative hätten profitieren können. Nicht diejenigen sind bescheiden, die sich vor sich selbst verstecken, sondern diejenigen, die sich vor anderen zurücknehmen können.

64. Koketterie

Gespielte Bescheidenheit, die aber weder Bescheidenheit noch ihr Gegenteil, noch nur der Schein von beidem ist, ist eine Grundart der Koketterie. Gespielte Unterlegenheit, die aber weder Unterlegenheit noch ihr Gegenteil, noch nur der Schein von beidem ist, ist eine andere. Koketterie ist ein soziales (und erotisches) Probehandeln, bei dem manche eine gehörige Raffinesse entwickeln. Sich ins Spiel zu bringen und sich doch aus dem Spiel zu halten, sich interessant zu machen und sich doch weder anzubiedern noch anzubieten – dies ist eine Schwebe, die manchmal, in ihren eher virtuosen Formen, der Parodie eines ganzen Bündels von Verhaltensweisen nahekommt, in denen sich Dezenz und Indezenz auf eine schier unauflösliche Weise überlagern.

65. Demut

Wie die Bescheidenen machen die Demütigen kein Aufheben von sich. Dennoch ist Demut nicht nur eine Steigerungsform der Bescheidenheit. So ähnlich das Verhalten der Bescheidenen und der Demütigen oft auch sein mag, das Motiv, aus dem diese es an den Tag legen, ist grundverschieden. Die Haltung der Demut entspringt nicht der Erfahrung, auch bloß einer oder eine unter *allen* zu sein. Sie entspringt der Erfahrung, einer oder eine unter *allem* zu sein: einem beständigen Wissen darum, wie gering die eigene Befähigung und Bedeutung aufs Ganze gesehen ist. Die Demütigen vergessen nicht, wie vergeblich und vergänglich die eigenen Anstrengungen und Leistungen letztlich sind. Sie verstehen sich als Teil von etwas, das größer ist als sie selbst. Demut ist keine soziale, sondern eine metaphysische Bescheidenheit.

Dieses metaphysische Element muss nicht religiös verstanden werden. Es ist vielmehr grundsätzlich neutral gegenüber einer religiösen oder einer säkularen Auslegung. Ob das, was die Demütigen für größer halten als sie selbst, ob das Ganze, durch das sie ihre Einzigartigkeit relativiert sehen, die Gesellschaft, die Geschichte, die Schöpfung oder das Universum ist, macht für ihre Grundhaltung kaum einen Unterschied. Ihm, diesem Ganzen, das sie fasziniert und auch erschreckt, fühlen sie sich zugehörig; vor ihm erscheint ihnen jede Selbstgefälligkeit deplatziert. Natürlich nimmt das Ausleben der Demut durchaus andere Gestalten an, je nachdem, wie sie diese höheren Gewalten benennt und wie sie zu ihnen steht: ob sie diese anbetet oder erforscht, ob sie in ihnen ein kontingentes oder ein sinnhaftes Geschehen sieht. Welche religiöse, ästhetische oder wissenschaftliche Spielart es auch annimmt, immer hat das kosmische Bewusstsein der Demütigen eine tiefgreifende Selbstrelativierung zur Folge. Demut ist die ernste Schwester des Humors. Wo dieser die eigene Fehlbarkeit fröhlich oder grimmig bejaht und sich eine Auszeit von der Bearbeitung der eigenen Unzulänglichkeiten nimmt, macht jene unverzagt weiter.

Man darf die Demut nicht mit der Feigheit, der Unterwürfigkeit, der Hörigkeit und ihren Verwandten verwechseln, denn dies sind bloß ihre verfehlten Formen. Ihnen widersteht sie, ebenso wie der Hybris, der Anmaßung, der Einbildung und der Borniertheit. Sie ist eine Form der Courage, die darin liegt, um das Geringe der eigenen Kräfte zu wissen, wie großartig sie anderen erscheinen mögen. Die Demütigen lassen sich kein Lob zu Kopf steigen. So fern ihnen alle Selbstüberschätzung liegt, dies nimmt ihnen nicht, sondern verleiht ihnen gerade die Kraft und die Zähigkeit, für das einzustehen, was ihnen vor allem wichtig ist. Sie lassen sich von ihrer Selbstliebe nicht ablenken von dem, was sie verehren. Diesem sind und bleiben sie ergeben – was immer sich daraus für sie ergeben mag.

Während die Bescheidenen nicht notwendigerweise demütig sind, ist Bescheidenheit eine beinahe direkte Konsequenz der Demut. Wer sich ohnehin nicht so wichtig nimmt, wird es auch vor den anderen nicht tun. Jedoch sind Personen, die sich im Modus der Demut zurücknehmen, der Gefahr ausgesetzt, sich eben deswegen für überlegen zu halten. Immerhin fühlen sich die Demütigen im Kontakt mit Sphären, die sich nicht jedem erschließen. Sie nehmen für sich in Anspruch, sich und die Welt von einer höheren Warte aus zu sehen, von der sich leicht auf die anderen herabblicken lässt, denen diese Aussicht verwehrt ist. Diesem in der Demut angelegten Hochmut müssen sie zu widerstehen versuchen, wenn es nicht von ihrer Seite zu Exzessen der Arroganz kommen soll.

66. Dankbarkeit

Drei Arten von Gründen haben wir, anderen dankbar zu sein. Dankbar sind wir zum einen denen, die uns im persönlichen Umgang Gutes getan haben, seien es Eltern, Kinder, Freunde, Geliebte, Kollegen, Lehrer oder andere Förderer. Dankbar sind wir aber auch denen, die uns Gutes getan haben, ohne dass sie es eigens für uns getan hätten; sie haben Gutes geschaffen, an dem wir teilhaben oder von dem wir profitieren können. Künstler, Wissenschaftler oder Politiker sind naheliegende Beispiele. Und schließlich können wir anderen Menschen einfach dafür dankbar sein, »dass es sie gibt«, dass wir ihre Bekanntschaft machen konnten oder dass sie uns nahe sind. Diese Personen sind nicht (oder nicht nur) da, »wenn man sie braucht«, sondern ihr Dasein alleine ist schon Grund genug, sich ihnen verbunden und verpflichtet zu fühlen. Am Beginn einer Liebe ist dies oft der Fall, oder in der Beziehung zu Verwandten, bei denen man sich ohne weiteres wohl fühlt. So sehr diese Dimensionen der Dankbarkeit gegenüber ein und demselben Menschen bestehen können, häufig kommen sie unabhängig voneinander vor.

In jedem dieser Fälle stiftet Dankbarkeit ein besonderes Verhältnis zwischen denen, die sie verursacht haben, und denen, die sie empfinden. Dieses Verhältnis besteht auf Dauer. Auch wenn man sich von Menschen, denen man sich einmal verbunden fühlte, entfremdet oder mit ihnen entzweit hat, kann – und sollte – man ihnen dankbar bleiben für das, was sie einem in der Vergangenheit haben zugute kommen lassen. Es handelt sich darüber hinaus stets um ein ungleiches Verhältnis. Einer Person dankbar zu sein bedeutet, ihr Dankbarkeit zu schulden. Dankbarkeit stellt eine asymmetrische Bindung unter den Menschen her. Selbst wenn ich mich jemandem in dem Glauben verpflichtet fühle, der andere habe »etwas gut« bei mir, lässt sich das, was ich ihm zu schulden glaube, nicht restlos aufrechnen mit dem, was er mir hat zukommen lassen. Es kennzeichnet die Relation der Dankbarkeit, dass wir das, was wir empfangen haben, nicht mit gleicher Münze zurückgeben können. Zur Dankbarkeit gehört ein Gefühl des Ungenügens dem anderen gegenüber, aber zugleich ein Einverstandensein damit, dass wir dem Wohlwollen des anderen nicht auf gleiche Weise zu entsprechen vermögen. Deswegen ist Dankbarkeit immer auch ein riskantes Verhältnis. Es kann auf Seiten des Dankbaren zu Abhängigkeit oder Hörigkeit führen: Weil ich Grund habe, dem anderen dankbar zu sein, glaube ich, ihm zu Willen sein zu müssen. Auf der Seite dessen, der Dankbarkeit erwarten darf, liegt die Verlockung nahe, dies auszunutzen und Gegenleistungen zu erpressen, was wiederum zu einer Zerstörung des Verhältnisses der Dankbarkeit führt. Beide Male wird aus einer freien Abhängigkeit unter Menschen eine zwanghafte. Das ungleiche Geben und Nehmen der Dankbarkeit stellt hohe Anforderungen an alle Beteiligten. Man muss sich der, die man empfängt, ebenso als würdig erweisen wie der, die man erbringt.

Die Undankbaren lassen sich auf diese Unwägbarkeiten gar nicht erst ein. Sofern dies nicht einfach auf bloßer Gefühlsarmut beruht, haben sie hierfür immerhin ein interessantes Motiv. Sie möchten in niemandes Schuld stehen. Sie wollen kein Minus auf ihrem Pflichtenkonto haben. Sie wollen ihr Gewissen nicht belasten. Eben dies aber ist hier die Blindheit, die zu einer besonderen Form der Rohheit disponiert. Der Undankbare meint, er könne die Beziehungen zu anderen unter seiner Kontrolle behalten. Zu seinem eigenen Nachteil und dem seiner Nächsten unterliegt er dem Irrglauben, alle seine Rechnungen unter den Menschen begleichen zu können. Die hingegen, die der Dankbarkeit fähig sind, sind willens, damit zu leben, auf Arten des Zuspruchs und der Zuwendung angewiesen zu sein, die sie beim besten Willen nicht vergelten können.

Man kann aber auch dankbar sein, ohne jemandem dankbar zu sein. Man ist dann dankbar für etwas, das einem widerfährt oder widerfahren ist, ohne sich hierbei irgendeiner Person verpflichtet zu fühlen. Es wäre voreilig, diese anonyme Dankbarkeit pauschal auf das Modell einer Dankbarkeit gegenüber Gott zu reduzieren. Denn dieses überpersönliche Gefühl folgt einer anderen Logik als ein unpersönliches, das ohne einen Adressaten auskommt. Die Wendung »Gott sei Dank« wird denn auch im heutigen Sprachgebrauch häufig in einem durchaus nichtreligiösen Verständnis bemüht: Man ist dankbar für Fügungen, für die niemand – oder niemand Bestimmtes – verantwortlich ist. Auch wer »seinem Schicksal« dankbar ist, verneigt sich nicht notwendigerweise vor einer höheren Instanz. Er blickt auf günstige Umstände zurück, für die er nichts kann und die niemand für ihn eingerichtet hat. Entsprechend kann man sein Schicksal verfluchen, ohne seine Flüche an irgendeine Adresse zu richten. Selbst wer sich unter der Devise »Undank ist der Welt Lohn« über einen Mangel an Anerkennung verbittert zeigt, hat nicht immer einen seiner Mitmenschen im Visier. »Dass ich das noch erleben darf« – und entsprechend, »dass ich das noch erleben muss« –: dies sind weitere Floskeln, mit denen Wendungen des eigenen Lebens preisend oder klagend kommentiert werden. Es findet eine Besinnung darauf statt, wie vieles auch ein verantwortliches Leben nicht zu verantworten hat. Auf diese Weise können wir uns dafür dankbar zeigen, dass etwas oder »alles« noch einmal gutgegangen ist. In dieser adressatenlosen Dankbarkeit aber, der meist eine Prise Demut beigemischt ist, meldet sich etwas von der Essenz der Dankbarkeit auch in ihren personalen Formen: eine Erleichterung darüber, dass sich das Leben selbst im Guten nicht rechnet.

67. Verantwortung

Verantwortung haben wir für uns selbst und für andere. Beides ist nicht zu trennen, denn beides spielt ineinander. Das ist schon deshalb so, weil wir in erster Line für unsere Handlungen verantwortlich sind, die oftmals auch andere betreffen. Für *meine* Handlungen aber bin *ich* verantwortlich; ich könnte sie anders oder gar nicht ausführen. Ob und wie ich dies tue, darin zeigt sich mein Charakter als handlungsfähige Person. So oder anders handeln zu können bedeutet schon, auch für die eigene Art etwas zu können. Obwohl ich für das, was ich bin, keineswegs in allen Hinsichten verantwortlich bin: darauf, wie ich mich in meinem Tun und Lassen gebe, habe ich durchaus einen Einfluss – und kann gegebenenfalls dafür verantwortlich gemacht werden.

Für sich selbst verantwortlich zu sein bedeutet vor allem, für das einzustehen, was man sich zumutet oder antut, sich leistet oder sich versagt – für die Gewohnheiten wie Abenteuer, die Tätigkeiten wie Untätigkeiten, auf die man sich zum eigenen Gewinn oder Schaden einlässt. Allein dies aber schließt eine Verantwortung für viele und vieles andere mit ein: für die Menschen, die unter meiner Obhut stehen, die mir nahe sind oder denen ich aus anderen Gründen verpflichtet bin, sowie für die Aufgaben, mit denen sie mich betraut und die Dinge, die sie mir anvertraut haben. Nur wer für sich selbst verantwortlich ist, kann und darf es für andere sein; nur wer in der Lage ist, für andere Verantwortung zu übernehmen, ist in der Lage, sich selbst gegenüber Konsequenz zu zeigen.

Der Kern aller Verantwortung besteht in der Fähigkeit, eigenen und fremden Ansprüchen an das eigene Handeln zu entsprechen. Das Wort für dieses Vermögen geht auf das lateinische »respondere« zurück, das in vielen anderen Sprachen weiterlebt. Was diese Tugend verlangt, ist eine Antwort auf Anforderungen, die sich in einem bestimmten Bereich des Handelns oder auch mit Rücksicht auf ein größeres Ganzes stellen. Wer in persönlichen Anliegen oder in einem offeneren sozialen und politischen Raum Verantwortung zeigt und übernimmt, ist bereit, sich über sein Tun und Lassen Rechenschaft zu geben und – wenn nötig – gegenüber anderen abzulegen. Diese Prüfung verlangt eigenes Überlegen und eigenes Urteil im Blick auf jeweils betroffene Standards, seien dies Regeln der Lebensklugheit oder solche technischer, moralischer oder politischer Art – Standards, die unter Umständen ihrerseits einer Rechtfertigung oder Kritik bedürfen. Insofern ist jede Verantwortung *für* dieses oder jenes immer eine Verantwortung *vor* diesen oder jenen. Für manche liegt darin in letzter Instanz eine Verantwortung vor einem Gott, an den sie glauben; für alle aber liegt darin in erster Instanz eine Verantwortung vor der eigenen Vernunft, die nie nur die eigene ist, da die Gründe, die auf ihrem Forum zählen, jederzeit dem möglichen Einspruch vonseiten anderer ausgesetzt sind. Niemand hat die eigene Verantwortung ganz in der eigenen Hand.

Dies eröffnet zum einen die Chance, eine Verantwortung, die man alleine nicht übernehmen kann oder will, auf andere Personen oder Institutionen zu übertragen. Zum anderen liegt darin die Versuchung, sich vor der eigenen Verantwortung zu drücken, indem man sie von seinen Schultern abzuwälzen versucht. »Bin ich Jesus?«, lautet eine der Floskeln, mit denen Leute sich übermenschliche – oder bloß so erscheinende – Zumutungen vom Leibe halten. Selbst in dieser eher schäbigen Reaktion aber meldet sich das Wissen, dass man sich mit Arten und Graden der Verantwortung, die man übernehmen zu können oder zu müssen glaubt, auch übernehmen kann. Ein übersteigertes Zutrauen in die Reichweite des eigenen Handelns paralysiert die Fähigkeit, für sich und andere einzustehen. Der Wahn, in allem für sich selbst und überall für andere verantwortlich zu sein, führt unweigerlich zu einem Hörsturz des ethischen Vernehmens. Der Stimmen, auf die man zu antworten hätte, werden so viele, dass die Stimme des eigenen Gewissens in einem nichtssagenden Rauschen versiegt.

68. Gewissen

Während eines Aufenthalts an einer ausländischen Universität fand sich ein junger Dozent eines Tages auf einem Empfang zu Ehren einer ihm allerdings nur vom Hörensagen bekannten Koryphäe seines Faches wieder. Beim Wein ergaben sich die üblichen beiläufigen Unterhaltungen, während deren der Besucher mit einem älteren Herrn ins Gespräch kam, der sich höflich nach seinen Forschungen erkundigte. Da man nun einmal am Reden war, fragte der junge Mann den Älteren, ob er denn fragen dürfte, wer er denn sei und was er so treibe. Er durfte. »Ich bin der«, antwortete der alte Herr trocken, »um den sich heute Abend alles dreht.« Peinlich. Höchst peinlich. Nach ein paar hilflosen Entschuldigungen machte sich der vorlaute Frager flugs aus dem Staub.

Jedem, der auch nur halbwegs ein Gespür für soziale Situationen besitzt, fallen aus dem Stand allerlei Vorfälle ein, die ihm einigermaßen – oder »unglaublich« – peinlich gewesen sind. Manche waren es so sehr, dass es sich bei jeder erneuten Erinnerung so anfühlt, als seien sie gerade erst geschehen. Was sich derart in das Gedächtnis einbrennt, ist nicht das peinliche Benehmen anderer, über das sich mit lustvollem Schaudern ratschen und tratschen lässt, sondern stets das eigene, über das man am liebsten den Mantel des Schweigens hüllen möchte. *Ich* habe bei dieser und jener Gelegenheit die Etikette auf eine auffällige Weise verletzt. Das hätte ich den anderen, aber vor allem mir selbst doch ersparen können! *Dieses* Verhalten werde ich jedenfalls nicht wieder an den Tag legen – so hoffe ich doch. Mag es sich aus der Sicht der anderen auch um eine eher lässliche Sünde handeln, die diese vermutlich längst vergessen haben, mir geht die Sache bis ans Ende meiner Tage nach. Warum aber ist das so, wo es mir doch gelingt, ungleich schwerwiegendere Versäumnisse zu verdrängen? Vielleicht deshalb, weil das peinliche Erlebnis noch im Augenblick des fatalen Manövers ohne Wenn und Aber als solches verbucht wird. Aus der Sicht der Handelnden gibt es hier nichts zu deuten.

So unangenehm solche Erinnerungen auch sein mögen, so gern man sie ungeschehen machen möchte, ihretwegen macht man sich kein Gewissen. Schließlich hat man niemanden ernsthaft verletzt, sondern vor allem sich selbst in ein schlechtes Licht gestellt. Trotzdem ist der Sinn für die eigene Peinlichkeit eng mit der Stimme des Gewissens verwandt. Denn auch dieses ist die Instanz einer oft schmerzlichen Erinnerung: eines Bewusstseins von Verfehlungen, die nicht in erster Linie einen selbst, sondern vor allem andere betroffen haben. Personen, die den Zweifeln und manchmal Qualen ihres Gewissens ausgeliefert sind, werden von der Erinnerung an das eigene Handeln verfolgt, weil sie glauben, mit geschriebenen oder ungeschriebenen Gesetzen des menschlichen Zusammenlebens gebrochen zu haben. Was sie dabei beunruhigt, ist weniger die Befürchtung, ihre Vergehen könnten ans Licht kommen, sondern vielmehr das Licht, in dem diese vor ihren eigenen Augen erscheinen. Nicht einer äußeren, sondern einer inneren Sanktion sehen sie sich ausgesetzt. Sie erkennen ihre Handlungen als Missetaten, die mit dem eigenen normativen Selbstbild unvereinbar sind – sei es mit jenem, das sie schon zum Zeitpunkt der fraglichen Tat von dieser hätte abhalten sollen, sei es mit einem, das sie möglicherweise erst lange nach ihr gewonnen haben. Das Unverzeihliche, das sie Einzelnen oder einer Gemeinschaft angetan haben, können sie *sich* nicht verzeihen – und wird sie daher oft ein Leben lang belasten.

Ob, wie und in welchem Maß man sich an Anstand und Recht vergangen hat, dies aber ist – anders als bei den Episoden der Peinlichkeit – häufig gar nicht ausgemacht und nicht immer leicht aufzuklären. Das Gewissen eines Menschen ist deshalb vor allem eine in den Vollzügen seines Handelns leise oder lärmend mitschwingende Frage – danach, wie er sich, zumal in dieser oder jener Bedrängnis, angesichts dieses oder jenes Dilemmas, verhalten kann und soll – oder hätte verhalten können und sollen. Die Frage, was ich mit meinem Gewissen vereinbaren kann, berührt dabei stets diejenige, was ich mit meinem Gewissen *werde* vereinbaren können. Alles Gewissen ist ein Wissen um die Macht der Erinnerung an das eigene Tun. Es besteht in einer Unfähigkeit zu vergessen – gerade dort, wo man sich vergessen hat. Seine Ausrichtung auf die Zukunft bleibt immer eine Ausrichtung auf die Vergangenheit: darauf, wie man zu sich wird stehen können oder müssen, je nachdem, wie man mit den anderen umgesprungen ist.

Die Macht des Gewissens bekommen auch die zu spüren, die ihr Gedächtnis für das eigene Tun stummzuschalten versuchen. Sie müssen feststellen, dass sie keine Gewalt über die eigenen Erinnerungen haben. Sie gehorchen ihnen nicht, weil ihr Selbstverständnis als hier und heute Handelnde unauslöschlich mit ihren früheren Haltungen verbunden ist. Diese bleiben auch dann noch Teil ihrer Identität, wenn sie sie hinter sich gelassen haben. Man kommt von sich nicht los, wie sehr man es manchmal auch möchte: Das ist das Lied, mit dem die Erinnyen diejenigen verfolgen, die ihre Vergangenheit entsorgen wollen. Wer sich taub zeigt gegenüber den Einflüsterungen des Gewissens, wird sie in doppelter Lautstärke erdulden müssen. Wer dagegen auf sein Gewissen hört, wird dessen eingedenk bleiben, dass er sich nicht gehört. Wie viel Reue er auch zeigt, er weiß, dass er die eigene Schuld nicht selbst begleichen kann, sondern auf Verzeihung und Vergebung hoffen muss. Nur die Gewissenlosen haben ein reines Gewissen.

69. Peinlichkeit

In peinliche Situationen zu geraten oder peinliche Handlungen zu begehen ist beinahe unumgänglich. Nicht durchweg lässt es sich vermeiden, in das eine oder andere Fettnäpfchen zu treten. Denn oft können wir nicht wissen, wo diese sich befinden. Es fehlen uns Kenntnisse über die Leute, mit denen wir es zu tun haben, Kenntnisse, die uns den Fallstricken des Umgangs mit ihnen leicht hätten ausweichen lassen. Wer sich überhaupt im sozialen Feld bewegt, muss sich trauen, gelegentlich auf gut Glück zu agieren, und dieses Glück ist einem nicht immer hold. Außerdem sind wir, gerade wenn wir uns ohne falsche Scheu unter anderen bewegen wollen, der Gefahr einer Unachtsamkeit ihnen gegenüber ausgesetzt, der wir nur um den Preis der Ungeselligkeit gänzlich ausweichen könnten. Für Peinlichkeiten anfällig zu sein aber macht jemanden noch lange nicht zu einem peinlichen Menschen. Im Gegenteil: Peinlich sind Menschen, die in ihrem Gerede und sonstigen Gehabe jedes Bewusstsein der Wahrscheinlichkeit gerade ihrer unscheinbaren Ausrutscher vermissen lassen. Ihnen geht der Sinn für die leisesten ihrer Fehltritte ab.

70. Frömmigkeit

Menschen, die auf die eine oder andere Weise fromm sind, versuchen im Einklang mit Ordnungen, Instanzen, Kräften oder Mächten zu leben, die unabhängig von ihrem Einfluss bestehen. Sie leitet der Glaube an ein höheres Walten, das ihr Begreifen übersteigt, an dessen Wirken sie aber durch Ritual oder Andacht partizipieren können. Das ändert freilich nichts daran, dass die Regeln, nach denen sie sich alleine oder gemeinschaftlich zu richten versuchen, menschliche Regeln sind und bleiben. Aber es sind Normen, die ihre Gültigkeit im Namen eines Guten beanspruchen, das sich nicht – oder nicht allein – dem menschlichen Meinen und Machen verdankt. In seiner Beachtung reicht das menschliche Denken und Handeln über die bloß menschliche Sphäre hinaus. »We never really advance a step beyond ourselves« – diesem Satz von David Hume werden die Frommen ihre Unterschrift verweigern.

Um über sich hinauszugehen aber, muss man gar nicht in religiöser Bedeutung fromm sein. Die Bereitschaft zur Selbsttranszendenz wurzelt in der Fähigkeit, sich bestimmen zu lassen durch etwas, das das bloß subjektive Bestreben übersteigt, mit sich etwas geschehen zu lassen, das einen auf unabsehbare Weise bereichert, und also: etwas aus sich werden zu lassen, das man alleine nicht vollbringen kann. Diese Bereitschaft ist kein Privileg der Religionen und der ihr zugehörigen Lebensformen. Allein schon die Wahrnehmung der Weite des Wirklichen kann ein hinreichendes Maß an Ehrfurcht vor den außermenschlichen Seiten der menschlichen Angelegenheiten erzeugen. Zu ihr gehört eine unbefangene Begegnung mit der Fülle, Veränderlichkeit und Verschiedenheit des Seienden, die nur zu einem geringen Teil vom Menschen gemacht ist (was immer die Menschen sich einbilden mögen). Zu ihr gehört ein spirituelles Hinausgehen über die gedeutete Welt, das darauf verzichtet, sich auf alles und jedes einen Reim zu machen. Zu ihr gehört der Mut, das Unerklärliche unerklärt zu lassen. Dabei sehen manche in einem Verzicht auf die Annahme eines transzendenten Sinns sogar die radikalere Überschreitung einer Fixierung des Menschen nur auf sich selbst. Für ihren Geschmack enthalten viele Formen religiöser Andacht ein Zuwenig an Demut gegenüber den Grenzen des menschlichen Wollens und der Reichweite ihres Könnens. Die Kontingenzbewältigung solcher Personen kommt ohne Heilserwartung und Heilsversprechen aus. Angesichts ihres zufälligen Aufenthalts in einem bescheidenen Winkel des Universums begnügen sie sich mit den endlichen Ressourcen des mit anderen geteilten Verstehens. Auf seinem unsicheren Boden versuchen sie die Kraft zur Achtung untereinander sowie zu einer Schonung der Grundlagen nicht nur des menschlichen Lebens zu gewinnen.

Wenn jemand so viel Weltfrömmigkeit aufbringen kann, ist es beinahe gleichgültig, ob er zusätzlich seinen Göttern huldigt und welche es sind. Menschen, die ihren Sinn für die Farbe der Welt – gerade angesichts der Schwärze, mit der sie fortwährend prunkt – nicht haben verkümmern

lassen, behalten einen Glauben an die menschlichen Möglichkeiten, der gegenüber einer religiösen oder nichtreligiösen Grundierung weitgehend unabhängig ist. Solche
Menschen werden die Gültigkeit von Normen nicht für
eine Sache ihres persönlichen Beliebens halten. Sie werden
den Welthass verabscheuen, in den vermeintlich Fromme
gegenüber den vermeintlich Unfrommen verfallen. Sie
werden ihr Zutrauen in den künftigen Gang der Dinge
mit einem Misstrauen in ihren realen Verlauf verbinden.
Sie werden auch die sinnlichen Freuden nicht verachten,
die einen vor aller Pflicht an die Gegenwart des Lebens
binden. Sich nicht hin und wieder von dem Wehen des
Windes, dem Flackern des Lichts, dem Rauschen des Was-
sers, dem Geruch der Erde, dem Geräusch der Städte und
der Musik selbst der Polizeisirenen überwältigen zu lassen: in ihren Augen wäre das schiere Blasphemie.

71. Betrachtung

Die Welt betrachten, bloß um der Betrachtung willen – die
heiligen Orte für diese Betätigung finden sich überall. Ob
es sich um Akademien, Bahnhöfe oder Betten handelt, um
Tempel und Paläste, Lokale und Spelunken, Fabrikhallen
oder Büros, die Spielstätten der Künste, die Landschaften
der Natur oder der Stadt, die Arenen des Sports oder der
Politik, gleichviel: Jeder dieser Orte eignet für den Augenblick einer sei es willkürlichen, sei es unwillkürlichen Feier
der Mysterien des Wirklichen.

Das pure Betrachten steht jedem realisierenden Tun

entgegen. Es erstrebt keine Resultate, auch wenn es gelegentlich zu wertvollen Einsichten führt. Es geht ihm nicht um etwas, das in seinem Vollzug erreicht werden soll, sondern um den Vollzug der Anschauung selbst. Wir sind kontemplativ tätig, wenn wir einer Situation oder einer Sache begegnen wollen nur um dieser Begegnung willen. In der Begegnung mit dem Betrachteten wollen wir in der Betrachtung des Begegnenden verweilen. Solche Kontemplation kann sich ohne alle sinnliche Beimischung oder lediglich im Ausgang von Ereignissen der Wahrnehmung vollziehen: als eine Reflexion über die Natur der Zeit oder der Zahlen, über unsere Anhänglichkeit an das heliozentrische Weltbild oder über das Wechselspiel von Tugenden und Lastern. Ebenso aber kann sie sich ganz in eine Beachtung der Besonderheit von Objekten und Situationen vertiefen: im Schmecken einer Frucht, im Betasten von Samt und Seide, im Riechen einer Blume oder eines anderen Parfüms, im Hören auf das Geschrei der Möwen oder im Verfolgen der Szenerie eines Wochenmarkts. Die Intensität einer um ihrer selbst willen ausgeübten Betrachtung ist nicht auf ein buchstäbliches oder metaphorisches Sehen beschränkt. Sie kann in Ekstasen einer vielstimmigen Wahrnehmungslust ebenso münden wie in einen Rausch abstraktester Spekulationen. Immer geht es hierbei um ein physisches oder metaphysisches Auskosten der Möglichkeiten und Unmöglichkeiten menschlichen Vernehmens und mit ihm um einen Genuss der Fähigkeit, im Begreiflichen das Unbegreifliche und dieses in jenem willkommen zu heißen.

In seinen *Minima Moralia* hat Theodor W. Adorno den »langen kontemplativen Blick« gepriesen, »dem Menschen und Dinge erst sich entfalten«. Dinge *und* Men-

schen, meint Adorno, werden in den Vollzügen zweck-
freier Betrachtung auf eine besondere Weise gegenwärtig.
Man kommt ihnen nahe, ohne ihnen zu nahe zu kommen; man lässt sich auf sie ein und lässt sie doch sein. Insofern stellt das betrachtende Verweilen, gerade weil es
ihm um nichts Weiteres geht, ein Exerzitium der Anerkennung dar. An der Selbständigkeit der Dinge wird die Aufmerksamkeit für die der Menschen, an der Verletzlichkeit
der Menschen diejenige für die der Dinge geschult. Nicht
immer ist das eine harmlose Übung. Denn was sich vor
dem betrachtenden Innehalten entfaltet, können auch die
Abgründe und Schrecken der Natur und der Geschichte
sein. Zumal im Bezirk der Künste ist die offene Blende
für das Wirkliche oft genug mit einer Ausleuchtung seiner
Nachtseiten verbunden. Betrachtung kann grausam sein,
und sie darf es sein, solange sie keinen Pakt mit der Grausamkeit schließt.

72. Liebe

»Ich liebe das«, kann man zu allem sagen, was einem wirklich am Herzen liegt, ob es Tätigkeiten, Kleidungsstücke,
Kunstwerke, Vereine, Landschaften, Länder oder Speisen
sind – zu allem, was einem Freude, Vergnügen oder Genuss bereitet. Es ist kein Zufall, dass für diese Spielarten
der Wertschätzung überall das Verb »lieben« gebraucht
werden kann. Denn dies ist nun einmal das Wort, mit
dem wir unserer höchsten Zuneigung für die größten wie
die kleinsten Dinge des Lebens Ausdruck geben. »Ich liebe
dich« – dieser Satz benennt die stärkste Form der Zunei-

gung unter Menschen. Da die Liebe in den vielen ihrer Formen ohnehin eine der fesselndsten Verstrickungen des Menschen ausmacht, liegt es nahe, sie an ihrem Extrem zu studieren: dem der erotischen Liebe.

Die Paarliebe lebt von einem gegenseitigen, leiblichen wie seelischen Angezogensein zweier Menschen, die es danach verlangt, ihr Leben – oder eine Weile ihres Lebens – miteinander zu verbringen. Liebende wollen einander – auf Dauer oder immer wieder – in einer Weise nahe sein und nahe kommen, wie sie es im Verhältnis zu anderen Menschen weder vermögen noch wünschen. Liebende öffnen sich füreinander, zeigen sich schutzlos und lassen sich voneinander bewegen, wie sie es gegenüber anderen weder zulassen wollen noch können. Sie willigen darin ein, ihr Leben auf eine besondere Weise zu teilen: so, dass mit ihnen etwas geschieht, das ihnen *beiden* geschieht und das anders als zwischen *ihnen* beiden gar nicht geschehen könnte.

Die Wahl der geliebten Person basiert nicht auf Gründen. Sie beruht auf meiner unwillkürlichen Affinität zu ihr: darauf, wie ich mich von ihr vor aller Überlegung angesprochen und angezogen fühle, und zugleich auf der Willkür, mit der ich mich diesem Hingezogensein überlasse. Der Zufall unserer Begegnung, die Wechselfälle unserer Beziehung, alles das fließt in die Affäre unseres gemeinsamen Lebens ein. Sobald und solange ich aber liebe, habe ich tausend Gründe, an der Geliebten Gefallen zu finden: an ihrer Schönheit, ihrem Charme, ihrer Klugheit, ihrem Witz, ihrem Ernst, ihrer Melancholie, dem ganzen undurchsichtigen Bündel ihres leibgebundenen Charakters, selbst an ihren kleineren körperlichen und sonstigen Mängeln, der Asymmetrie ihres Gesichts, ihrer Flatterhaftigkeit und ihren Launen. Was ich an ihr liebe, ist eine Kombination von Eigenschaften, die so nur für mich existiert, die so nur ich wahrnehme, und die selbst die anderen, die diese Person ebenfalls begehrenswert finden, so nicht wahrnehmen und schätzen können. Nur für mich ist diese Person so gegeben, nur für sie bin ich es. Nicht dass ich wüsste, wie es genau damit steht. Ich könnte es nicht sagen. Sooft ich es ihr oder anderen zu erklären versuche, stelle ich fest, dass mir die Worte fehlen. Was wir lieben, indem wir jemanden exklusiv lieben, ist die Unergründlichkeit unserer Liebe und damit zugleich unserer selbst.

Die Logik der Liebe ist eine vertrackte Angelegenheit. Die meisten Menschen wollen lieben und geliebt werden und also jemanden lieben und von jemandem geliebt werden, aber jemand Bestimmten lieben zu *wollen*, das geht nicht (oder es geht schief). Das muss sich ergeben; dem müssen wir uns ergeben. Erst die Gelegenheit macht Liebe, und es ist die Liebe, die den Liebenden Gelegenheit gibt, aus den Zufällen ihrer Geschichte die eigene Geschichte zu formen. Man kann jemanden auch ein Leben lang lieben, ohne von ihm geliebt zu werden. Auch die einseitige Liebe aber lebt von dem Verlangen nach Gegenseitigkeit, selbst dann, wenn Liebende die Erwiderung ihres Begehrens fürchten. Davor fürchten müssen sich diejenigen, die es nicht verstehen, sich lieben und also durch ihre Liebe verändern zu lassen. Lieben ist einfach; geliebt zu werden und dies liebend zu erwidern, das ist die Kunst. Zu ihr gehören die Listen der Macht, die Liebende einander übereinander schenken. Sie dürfen diese Macht nicht missbrauchen, aber auch nicht aus der Hand geben. Schließlich hat jede Liebe ihre eigenen Strategien – solche der Eroberung, des Beglückens, Beschenkens, aber

154

auch des Streitens, der Besänftigung und Versöhnung. Die Heimlichkeiten der Liebe haben ein Recht auch in ihren inneren Angelegenheiten. Erwiderte Liebe bedarf der Taktiken ihrer Bewahrung. Immerhin ist das Wohl der Geliebten auch Teil meines eigenen Wohls als Liebender. Jemanden zu lieben bedeutet, in der Angst um den andern zugleich Angst um sich selbst zu haben: darum, verloren zu sein ohne das Zusammensein mit einem Menschen, mit dem man sich neu gefunden hat.

Das gesteigerte Selbstsein in der Liebe bringt erhebliche Risiken mit sich. Da ist zum einen die Gefahr des Zurückgewiesenwerdens, der zerstörenden Eifersucht oder einer schleichenden Verflachung der gegenseitigen Zuneigung. Da ist zum anderen die Abhängigkeit, Hörigkeit und Ausnutzung, die sich aus einer echten wie einer vermeintlichen Liebe entwickeln kann. Einer von beiden lässt sich auf Kosten des anderen lieben, oder beide Liebenden ketten sich in Lust und Verzweiflung so aneinander, dass aus ihrer Gemeinsamkeit eine Zwangsgemeinschaft wird. Einer oder beide können zu Junkies ihrer Liebe werden; ihre Schutzlosigkeit voreinander führt zu Ausgeliefertsein und Selbstverlust. Dann macht Liebe blind. Sie kann blind machen für die Mängel des Geliebten und damit für den Wert des eigenen Verhältnisses zu ihm. Diese Blindheit ist aber oft nur die Kehrseite einer überzogenen Exklusivität, die ein ineinander vernarrtes Paar taub für die Welt werden lässt, in der es noch an eine gemeinsame Zukunft glaubt. Wenn Liebende nur noch sich sehen, sehen sie auch sich nicht mehr, wenn sie nur noch auf sich achten, achten sie auch sich nicht mehr, wenn sie sich nur noch untereinander frei fühlen, ist ihre Abhängigkeit vollkommen – und der gegenseitige Hass nicht mehr weit. So sehr die Lieben-

den *sich* aufs Spiel ihrer Liebe setzen – jemanden leiden-
schaftlich zu lieben bedeutet, in der Sorge um den andern
zugleich Sorge um sich selbst zu haben: darum, nicht ver-
lorenzugehen in dem Zusammensein mit der Person, an
der einem mehr als an allen anderen liegt.

Verhältnisse der Liebe können auf viele Weisen in einen Quellgrund geringerer oder größerer Laster führen –
bis hin zur Gewalttätigkeit und Grausamkeit. Das allein
zeigt schon, dass wir uns hier in keiner neutralen Zone
befinden. Zwar sind Zustände des Verliebtseins und Lie-
bens als solche keine Anzeichen von Moral oder Unmoral. Auch sie aber werden es dadurch, wie man sich in und
zu ihnen verhält. Ob und wie man liebt und geliebt wird,
und selbst, wie sehr man zu lieben vermag, ist zwar immer
auch Glückssache; aber in aktiver und passiver Bedeutung
liebesfähig zu sein und liebesfähig zu bleiben – das ist
eine Tugend, und nicht irgendeine. Diese Fähigkeit eröffnet nicht allein besondere Möglichkeiten des Glücks wie
des Unglücks, sie stellt zudem eine entscheidende Wurzel
der Anteilnahme am Leben anderer dar. Denn zu lieben
heißt, sich auf andere einlassen und diese doch sie selbst
sein lassen zu können. Noch die Verrücktheiten der erotischen Paarliebe haben an der inneren Überschreitung aller wirklichen Liebe teil. Selbst wer eine bestimmte Person
über eine längere Zeit hinweg liebt, liebt früher oder später eine andere als die, die er zu lieben begann.

73. Elternliebe

Von einer unwillkürlichen Willkür ist auch die Liebe von Müttern und Vätern zu ihren Kindern beherrscht. Sie nehmen ihr Kind – willkürlich – an, einfach weil es ihres ist oder sie es als ihres betrachten; damit lassen sie sich – unwillkürlich – von der noch unbestimmten Existenz und Entwicklung ihres Kindes bestimmen. Selbst Wunschkinder kann man sich schließlich nicht aussuchen. Man hat keine Wahl; man kann sich *ein* Kind wünschen, nicht aber *dieses* Kind. Das allein schon verändert den Charakter der Liebe zu ihnen, ganz abgesehen davon, dass das sexuelle Begehren hier nichts zu suchen hat. Auch Wunschkinder werden anders sein und anders werden, als man es sich vorstellen konnte. Eben das ist es, was liebende Eltern sich von ihren Kindern wünschen: Sie wollen, dass etwas Unvorhersehbares im Alltag ihres Lebens geschieht. Sie wollen ihr Leben durch ungeahnte Freuden und Sorgen bereichern. Sobald die Kinder einmal da und damit Teil des eigenen Lebens sind, werden sie geliebt, einfach weil sie da und Teil des eigenen Lebens sind. Aus ihrem auf Zuwendung angewiesenen Dasein erwachsen die Gründe der Liebe.

»Man ist der Sohn seines Kindes, das ist das ganze Geheimnis«, sagt der Dichter Yves Bonnefoy. »Man ist der Sohn seines Kindes« – das allein schon ist ein wunderbarer Satz, und er ist wunderbar klar. Man wird vom eigenen Kind an die Hand genommen und in eine verzauberte Welt geführt; es bringt einem das Sehen und das Hören, das Fühlen und das Sprechen neu bei. Erst recht ist der um einen Nachsatz erweiterte Satz von Bonnefoy ein betörender Satz – denn er ist wunderbar unklar. Er verrät nicht, worin das Geheimnis besteht, das zu lüften er vorgibt. Die Wendung »das ist das ganze Geheimnis« tut nur so, als sei mit den vorangegangenen Worten alles gesagt. Aber dass es mehr nicht zu *sagen* gibt, bedeutet hier, dass es in der Begegnung von Eltern und Kindern sehr viel mehr *gibt*. In der verwandelten Weltbegegnung, die sie bewirkt, liegt das wahre Geheimnis – in einer wiedergewonnenen Rätselhaftigkeit des Seienden, die immer neu entsteht, wo ein Kind einen Erwachsenen in seinen Bann schlägt.

Dennoch ist die Liebe zu den eigenen Kindern besonderer Art. Man liebt sie weitgehend unabhängig davon, wie sie sich entwickeln. Man liebt sie trotz allem. Man liebt sie so, wie sie sind. Man liebt sie, wie ermüdend, enervierend, auflehnend oder undankbar sie in bestimmten Phasen auch sein mögen, und dies nicht nur, weil man sie auch in ihren liebevollen und hilfsbereiten Phasen kennt, sondern weil man an ihrer Entwicklung erfährt, wie sehr Anlehnung und Ablehnung in ihrem Heranwachsen und noch danach zusammengehören. Eltern lieben ihre Kinder, weil diese ihnen, jedes auf seine unverwechselbare Weise, das Drama eines Lebens vorführen, das von dem der Eltern nicht zu trennen ist. Zwar kann diese Liebe unter extremen Umständen von einer der beiden Seiten – oder auch von beiden – gekündigt werden: wenn man sich von den eigenen Eltern oder den eigenen Kindern, wodurch auch immer, missbraucht oder verraten fühlt. Selbst dann aber, wenn Eltern sich von ihren Kindern oder diese sich von ihnen lossagen, bleiben sie durch die Frage miteinander verbunden, was sie ihnen getan haben, dass sie ihnen dies antun konnten.

Auch die Liebe von Kindern zu ihren Eltern beruht

nicht allein auf einer Dankbarkeit für die eigene Existenz und dafür, dass diese sie bei ihrer Entdeckung der Welt begleitet und darin bestärkt haben, es später auf eigene Faust zu versuchen. Man liebt sie nicht nur wegen des Guten, das sie einem gewährt haben, sondern aus einer ursprünglichen Verbundenheit mit ihnen. In der Vertrautheit mit ihnen haben die Kinder ihre erste Vertrautheit mit sich gewonnen. Ihre Eltern sind Teil ihrer selbst, wie die Kinder als Erwachsene manchmal mit Schrecken erfahren, wenn sie bemerken, wie ihre Eltern immer deutlicher jene Schwächen an sich herausarbeiten, die sie als ihre eigenen bekämpfen. Meine Eltern gehören zu mir, und ich gehöre zu ihnen, gerade wenn ich nicht auf sie höre. Wer das nicht erkennt, wird sich nicht erkennen; wer das nicht anerkennt, wird nicht bemerken, wann es an ihr oder ihm ist, den alten Eltern die Fürsorge, die sie von ihrer Seite genossen haben, zurückzugeben – wann es Zeit ist, zum Vater oder zur Mutter seiner Eltern zu werden und an ihrer Seite die Bekanntschaft mit Alter, Hinfälligkeit und dem Sterben zu machen.

Auch die Geschwisterliebe ist diesen Unwägbarkeiten ausgesetzt. Man muss seine Geschwister nicht in allem (und manchmal gar nicht) mögen, um sich ihnen als Bruder oder Schwester verbunden zu fühlen. Wie bei den Eltern (und selbst manchen Verhältnissen der leidenschaftlichen Liebe) kann man sie lieben, ohne es längere Zeit mit ihnen aushalten zu können – weil man sich ihnen trotz allem zugehörig fühlt. Wie Eltern häufig um die Zuneigung ihrer Kinder konkurrieren, so stehen diese nicht selten in einer Konkurrenz um die Zuneigung ihrer Eltern. Umso schöner, wenn das Zusammenkommen und gelegentliche Zusammenbleiben mit Eltern und Geschwistern auch im späteren Leben ohne Neid, Eifersucht und alle die anderen Abgründe der Liebe möglich bleibt.

74. Selbstliebe

Wenn es etwas gibt, das Eltern ihren Kindern unbedingt beibringen sollten, so ist es die Gabe der Selbstliebe. Denn sich – wenn auch nicht alles an sich – zu mögen, macht den Kindern wie auch ihren Eltern vieles im Leben leichter. (Erziehung ist Beispiel und Liebe, sagt Pestalozzi; hier kommt beides noch enger zusammen als sonst.) Denen, die mit sich etwas anfangen können, steht eine Welt offen. Die, die es mit sich aushalten können, kommen auch mit anderen aus. Die, die sich annehmen können, haben die Kraft, das abzulehnen, was ihrem Glauben widerspricht.

Wenn es etwas gibt, wovon Eltern ihre Kinder unbedingt abbringen sollten, so ist es die Verhärtung der Selbstsucht. Die Selbstsüchtigen machen es sich mit vielem leicht und dadurch wider Wissen schwer. Sie können nur mit sich etwas anfangen und mit denen, die zufällig auf ihrer Linie liegen. Mit ihnen ist es schlecht auszuhalten, da sie die anderen nur als Mittel für ihre Zwecke sehen. Ihre eigenen Zwecke sind ihnen nur Mittel zur Verfolgung ihrer Obsessionen und Ambitionen. Sie weichen der Zumutung aus, die eigene Wirklichkeit an der der anderen zu erweitern. »Bleib erschütterbar und widersteh« – diese Gedichtzeile von Peter Rühmkorf löst keinen Widerhall in ihnen aus. Sie bleiben noch dort in sich eingeschlossen, wo sie glauben, eine Welt zu erobern.

75. Narzissmus

Ein anderes Laster gibt es, das ziemlich genau in der Mitte zwischen der Tugend der Selbstliebe und dem Laster der Selbstsucht liegt – den Narzissmus. Der Narzisst mag alles an sich und spürt daher nicht das Verlangen, im Guten oder Schlechten über sich hinauszugehen. Er hat nur an sich selbst Gefallen und daher keinen Antrieb, sich in der Begegnung mit anderen zu erfahren. Bei allem, was er tut und lässt, schaut er in einen realen oder imaginierten Spiegel und glaubt sich im Glanz seiner Einzigartigkeit zu erkennen. Er weiß nicht, dass man im Verweilen vor dem Spiegel gar nicht sich, sondern nur ein Bild von sich sieht, das umso verzerrter ausfällt, je länger man sich von ihm bannen lässt. Er vergisst, dass Schönheit und Bedeutung nur geliehene Eigenschaften sind; wenn sie nicht in den Augen der anderen bestehen, kommen sie keiner Person oder Sache zu. »Sich selbst genug« zu sein vermag nur, wer sich selbst *nicht* genug ist. Sobald dies aber der Fall ist, kann sich der Narzissmus – wie die Naivität, und möglicherweise zusammen mit ihr – in eine erhebliche Produktivkraft verwandeln. Um mit seiner Selbstliebe mitzuhalten, vollbringt der geläuterte Narzisst Taten oder erschafft Werke, die auch anderen etwas geben, wodurch die Schattenseiten ihres Urhebers verblassen.

76. Selbstgenügsamkeit

Ein einsamer Mensch ist einer, der sich nicht geliebt und wenig geschätzt fühlt. Den Einsamen fehlt ein Zugang zu Menschen, in deren Gegenwart sie sich aufgehoben wissen, und zu Tätigkeiten, in deren Vollzug sie sich verausgaben können. Einsam zu sein bedeutet aber nicht notwendigerweise, häufig oder immer alleine zu sein. Oft fliehen die Einsamen in eine Geschäftigkeit oder Geselligkeit, in der sie sich dann um so einsamer fühlen. Auch in großer Runde, innerhalb der eigenen Familie oder in einer Partnerschaft kann man entsetzlich isoliert bleiben.

So sehr die Einsamkeit einen gravierenden Mangel im Dasein eines Menschen bedeutet, ein Laster ist sie nicht. Gewiss, sie mag auf eigenen Versäumnissen beruhen und insofern ganz oder teilweise selbstverschuldet sein, aber dies macht sie lediglich zu einer Folge charakterlicher Mängel und nicht selbst zu einem solchen. Der Boden dieses Unglücks, wenn er einmal erreicht ist, ist eine ethisch neutrale Zone. Mit der selbstgewählten Einsamkeit – dem Alleinseinkönnen – verhält es sich anders. Dies ist eine Gabe, die man zum eigenen Vorteil pflegen kann. Wer die Fähigkeit zum Alleinsein und eine gewisse Vorliebe für es hat, leidet keinen Mangel, sondern weiß mit sich in Muße und Arbeit zurande zu kommen. Wer sich selbst genug ist, wählt das Alleinsein, obwohl er auch anders könnte. Für bestimmte Perioden zieht er die eigenen Beschäftigungen der Gesellschaft der anderen vor. Solange er sich in dieser dennoch willkommen weiß, bleibt ihm Einsamkeit fremd.

77. Leutseligkeit

Die Leutseligen verstehen gar nicht, wie jemand einsam sein kann. Sie gehen umstandslos auf andere zu und sind umgänglich genug, um von ihnen nicht zurückgewiesen zu werden. Im sozialen Verkehr wissen sie Verbindlichkeit mit Unverbindlichkeit gewandt zu kombinieren. Sie bewegen sich in der Gesellschaft anderer wie Fische im Wasser. Sobald sie aber einmal auf dem Trockenen landen, stellt sich heraus, dass auch sie zu den Verzweifelten gehören, die zum Überleben auf die Droge einer fortwährenden Ablenkung von sich selbst angewiesen sind.

78. Freundschaft

»Wie, du willst also kein Tyrann sein?«, fragt Polos seinen Gesprächspartner Sokrates in Platons Dialog *Gorgias* mit höchstem Erstaunen. Jemand zu sein, der machen kann, was er will, den niemand hindern kann, seine Bedürfnisse zu befriedigen, der sich alles erlauben kann – in dieser Lage möchte doch eigentlich jeder sein. Nein, erwidert Sokrates: Niemand kann ernsthaft mit so einem tauschen wollen. Denn der Tyrann führt ein elendes Leben. Er muss allen misstrauen, da seine Position auf willkürlicher Machtausübung beruht. Nicht einmal auf sich selbst kann er sich verlassen, da er stets den Launen seiner Begierden ausgeliefert ist. Was aber am schwersten wiegt: Der Tyrann ist nicht fähig, jemandes Freund zu sein. »Weder mit einem anderen Menschen kann ein solcher befreundet sein noch mit Gott; denn er kann in keiner Gemeinschaft stehen, wo aber keine Gemeinschaft ist, da kann auch keine Freundschaft sein.«

Die Fähigkeit zur Freundschaft ist einer der Schlüssel zu einem gelingenden und gerechten Leben. Zwar geht dieses nicht in Verhältnissen der Freundschaft auf, ebenso wenig wie es von der Zahl der Freunde abhängt; ohne die Dimension der Freundschaft aber bleibt es den Menschen verschlossen. Ohne sie haben sie keinen Zugang zu Praktiken, in denen sich eigenes und fremdes Wohl gegenseitig durchdringen. Freunde teilen ihr Leben im Zeichen gegenseitiger Zuneigung und wechselseitigen Vertrauens. Das ist der ganze Zweck einer Freundschaft: mit einer, mit *dieser* Person zusammen zu sein und im Austausch zu stehen – einer Person, an der man hängt, die man mag und die einen selbst zu bereichern vermag.

Ein einseitiges oder gegenseitiges körperliches Verlangen, und auch ein Ausleben dieses Verlangens, kann durchaus ein Stadium von Freundschaften sein. Es wird jedoch bei einem Durchgangsstadium bleiben. Die stürmischeren Wogen der Hingabe spielen hier, wenn überhaupt, nur eine marginale Rolle. Dennoch hat fast jede Freundschaft eine erotische Komponente, und dies ganz unabhängig vom Geschlecht und der sexuellen Ausrichtung der Beteiligten. Freunde haben Gefallen aneinander. Dieses Gefallen betrifft aber nicht allein diese und jene Eigenschaften, die ja auch bei anderen Menschen zu finden sind. Es ist vielmehr ein Gefallen an der *Art* des Freundes: an der unverwechselbaren Kombination seiner Tugenden und eher lässlichen Laster sowie an dem unverwechselbaren *timing*, mit dem er sie an den Tag legt. Diese Art des Freundes ist nicht davon zu trennen, wie er uns leiblich erscheint. Wir fühlen uns in seiner Gegenwart auch deshalb wohl, weil er uns körperlich angenehm ist. Nicht nur die Chemie, auch die Physik muss stimmen. Nicht weil wir ihn für schön halten, haben wir jemanden zum Freund, sondern weil wir ihn zum Freund haben, halten wir ihn auf seine Weise für schön, wie immer die anderen sein Aussehen beurteilen mögen.

Wie die erotische Liebe ist Freundschaft selektiv. Wegen der besonderen Aufmerksamkeit und Zuwendung, die man einander gewährt, kann man nur mit einigen Menschen ernsthaft befreundet sein. Anders als viele Formen der erotischen Liebe aber stellt Freundschaft kein exklusives Verhältnis dar. Selbst wenn drei (oder einige wenige mehr) Menschen miteinander befreundet sind, lebt diese Freundschaft von den besonderen Beziehungen, die die einzelnen in der Gruppe untereinander verbinden. Man lebt dann in Freundschaft auch mit einigen der Freunde seiner Freunde. Die Freunde meiner Freunde aber müssen nicht auch meine Freunde sein; Freundschaft ist keine transitive Beziehung. Man kann – und soll – auch Freunde haben, die voneinander gar nichts wissen wollen, und selbst solche, die sich nicht ausstehen können. Verschiedene Freunde vermögen verschiedenen Seiten des eigenen Selbstseins eine intensivere Gestalt zu geben. Heterogene Freunde zu haben ist deshalb ein Wahrzeichen der Fähigkeit zur Freundschaft und zugleich eines wahrer Freunde, die generös genug sind, an ihren Freunden die Fähigkeit zu *anderen* Freundschaften zu schätzen.

Ein weiterer Unterschied zur erotischen Liebe liegt in der besonderen Wechselseitigkeit der Freundschaft. »Das Wohlwollen, das gegenseitig ist, nennt man Freundschaft«, sagt Aristoteles. Zwar ist auch die erotische Liebe auf Wechselseitigkeit ausgerichtet, aber weder ihr Bestehen noch ihre Intensität hängen von erfüllter Wechselseitigkeit ab. Man kann jemanden heimlich lieben, und auch eine eingestandene Liebe kann unerwidert bleiben. Die Freundschaft mit jemandem dagegen kann man zwar gegenüber anderen verheimlichen, nicht aber gegenüber dem Freund selbst. Befreundet können wir nur sein, wenn *wir uns* als Freunde betrachten. Wenn wir dies tun, betrachten und behandeln wir uns als gleichwertige und gleichberechtigte Partner. Wir schätzen einander und schätzen uns selbst in der Wertschätzung, die wir voneinander erfahren.

Zum Freund, sagt Aristoteles auch, verhält man sich »wie zu sich selbst; denn der Freund ist ein anderes Selbst.« In der Begegnung mit ihm begegnen wir uns. An seinen Eigenheiten entdecken wir unsere. Im Wohlwollen für ihn sorgen wir für unser eigenes Wohl. Nach Platon und Aristoteles besteht die Tugend der Freundschaft darum vor allem darin, im zwanglosen Austausch mit anderen ein zwangloses Verhältnis zu sich selbst zu gewinnen. Nur wer zur Freundschaft fähig ist, vermag »mit sich selbst befreundet« zu sein; nur wer fähig ist, jemandes Freund zu sein, vermag sich freimütig und verlässlich zu beliebigen anderen zu verhalten. Von der Fähigkeit zur Freundschaft hängt ein erhebliches Maß der Tugendfähigkeit eines Menschen ab.

Freunde glauben sich und glauben an sich; sie glauben an den Wert ihrer Freundschaft. Wie jeder Glaube an etwas aber ist auch dieser den inneren Gefährdungen der Leichtgläubigkeit und des Dogmatismus ausgesetzt. Falsche Freunde machen einen glauben, man hätte an ihnen einen Halt. Falsche Freundschaft führt in eine Gleichgültigkeit gegenüber vielem und am Ende allem, was außerhalb ihres Gesichtskreises liegt. Wie die erotische und die Elternliebe bleibt daher auch die Freundschaft eine riskante Tugend. Sie führt zu Bindungen, die diejenigen, die sie eingehen, immer auch gefährden können, wie es nicht anders sein kann, wenn jemand nicht nur etwas, sondern sich auf das Spiel seines Lebens setzt.

79. Nächstenliebe

»Liebe deinen Nächsten wie dich selbst«, lautet das christliche Liebesgebot. Wörtlich verstanden ist das nicht zu leisten. »Wie sich selbst« kann man andere nicht lieben, da man mit niemandem gerade so vertraut ist wie mit sich selbst und folglich an keinem gerade so zweifeln, mit ihm gerade so hadern und über ihn gerade so rätseln kann wie in Bezug auf sich. Im eigentlichen Sinn »lieben« kann man überdies nur wenige andere. Diejenigen, die uns die buchstäblich »Nächsten« sind, sind es eben darum, weil wir sie auf die eine oder andere Weise lieben. Erst recht kann solche Liebe nicht eingefordert werden – weder einem, einigen noch allen gegenüber. Wie viele Erwartungen, Verpflichtungen und also Forderungen aus der erotischen Liebe, der Elternliebe und der Freundschaft auch entspringen mögen, sie ergeben sich hier aus der unvertretbaren Zuneigung zu bestimmten anderen.

So ist jenes Gebot aber auch gar nicht gemeint. Gemeint ist nicht die personale Liebe in ihren eher leidenschaftlichen, verwandtschaftlichen oder freundschaftlichen

Formen. Gemeint ist ein grundlegendes Wohlwollen und Entgegenkommen anderen Menschen gegenüber, in dem sie alle *als Menschen* anerkannt werden, gleichgültig, wie sehr oder wie wenig sie uns gegenüber wohlwollend sein mögen. In diesem übertragenen Sinn sollen wir alle als unsere »Nächsten« behandeln, wie fern sie uns auch ansonsten stehen mögen. »Daher scheint mir dies eine bündige und wahre Definition der Tugend zu sein«, schreibt Augustinus in seinem Werk über den *Gottesstaat*: »Sie ist eine Ordnung der Liebe.«

Dieser Liebesbegriff zielt nicht auf eine persönliche, mehr oder minder exklusive Beziehung zu anderen, sondern auf einen unpersönlichen Respekt für ihr Personsein, der noch das persönliche Verhältnis zu ihnen durchwirkt. Diese Barmherzigkeit aber erfordert durchaus ein Mitgefühl für und ein Eingehen auf die besondere Art und Lage von anderen. Denn die Forderung lautet ja, alle Menschen in ihrer physischen und psychischen Integrität zu achten und zu beachten – und ihnen beizustehen, wo immer diese gefährdet ist. Dieser Universalismus im Herzen des christlichen Liebesgebots ist an keine konfessionelle Auslegung gebunden. Seine normative Kraft beruht auf der gegenüber religiösen wie irreligiösen Einstellungen neutralen Einsicht, dass es den anderen Menschen ebenso um gedeihliches Leben geht wie mir selbst. So sehr alle Einzelnen aus diesem Grund aufgerufen sind, Sorge für das Wohlergehen ihrer Mitmenschen zu tragen, als Einzelne bleiben sie hiervon immer auch überfordert. Daher enthält das Gebot der universellen Achtung im Kern die politische Forderung, sich gemeinschaftlich für eine gesellschaftliche Ordnung sowie eine Ordnung unter den Gesellschaften einzusetzen, in denen allen Menschen

das Recht auf ein Leben nach ihren Vorstellungen eingeräumt wird. Dies schließt die Aufforderung ein, die eigenen Vorstellungen von einem guten Leben so zu modifizieren und die eigenen Bestrebungen so einzuschränken,
dass auch den anderen der Spielraum eines für sie guten
Lebens bleibt.

Dennoch hat dieses generalisierte Wohlwollen eine
seiner Wurzeln in der Logik der personalen Liebe in einem engeren und sogar im engsten Sinn. Jede leidenschaftliche Liebe, dort, wo sie sich hält, und nicht, oder
nicht auf Dauer, in Gleichgültigkeit oder Hass umschlägt,
schafft Zonen der Indifferenz, in denen einer den anderen lässt, wie er ist. In ihnen öffnet sich eine veränderte
Form der Aufmerksamkeit: die eines gleichmütigen Ge-
fallens daran, wie der andere im Raum des eigenen Lebens erscheint. In diesem Abstand von der Leidenschaft,
der hier ein Abstand in der Leidenschaft ist, wird sichtbar, dass der Geliebte zugleich ein anderer ist als der, den
ich liebe: jemand, den ich mit einer leidenschaftslosen
Wachheit wahrnehmen kann. Dieses beruhigte, nicht von
Liebe oder Hass verzehrte Wohlwollen bereitet den Boden
der Moral. So sehr die leidenschaftliche Liebe diejenigen,
die von ihr erfasst sind, in Zustände der Blindheit und
des Wahns, der Schwäche und der Schutzlosigkeit führen kann, sie führt sie auch in Phasen einer unzensierten
Teilnahme an den Dingen des Lebens. Wo Liebe und Hass
eine Pause machen, wächst ein Interesse an den Leuten,
einfach weil sie Leute sind, die lieben und hassen können
wie wir selbst und die wir darum nehmen können, wie sie
nun einmal sind. Aus dem Innehalten in der Liebe ergibt
sich die Fähigkeit einer Achtung unbestimmt vieler. Noch
das Recht entspringt der Neutralität in der Liebe, aber es

169

macht sich unabhängig von ihren Schwankungen, oder versucht es, um ihren Schwankungen ein Daseinsrecht zu sichern.

80. Freiheit

Ein freier Mensch ist jemand, der alles in allem so lebt, wie er es aus eigenem Antrieb und eigener Überlegung will. Alles in allem: Er wird vieles so nehmen und manches so hinnehmen müssen, wie es nun einmal ist. Aus eigenem Antrieb: Er wird vor allem denjenigen seiner Leidenschaften folgen, an denen ihm vor allem liegt – mitsamt den Bindungen, die ihnen entspringen. Aus eigener Überlegung: Er wird seine Antriebe durch sein Überlegen und sein Überlegen durch seine Antriebe so formen, dass es seine Entscheidungen sind, die seine Lebensvollzüge eher gelingen oder scheitern lassen. Ein freier Mensch ist jemand, der sich von sich und den anderen auf die richtige Weise fesseln lässt.

Dazu ist es oft nötig, die Fesseln abzuwerfen, die man sich selbst oder die die Gesellschaft einem angelegt hat. Frei zu sein bedeutet, frei *von* inneren wie äußeren Beschränkungen zu sein, die einem an den entscheidenden Stellen keine Wahl lassen. Frei zu sein aber bedeutet auch, frei *für* bestimmte Anliegen und Vorhaben zu sein – und für die noch unbestimmten Fährnisse, die sich hieraus ergeben werden. Sich – so weit es geht – davon bestimmen zu lassen, wovon man bestimmt sein möchte, ohne sicher zu wissen, wie man davon bestimmt werden wird: so gewinnt man Freiheit. Ein freier Mensch ist jemand, der sich selbst zu binden und sich also mit der Ungewissheit der eigenen Existenz zu verbünden vermag.

Nur der Tyrann glaubt, er könne alle Fesseln abwerfen und dadurch die eigene Lage unter Kontrolle bekommen. Dummerweise muss er dazu alle anderen direkt oder indirekt in Fesseln legen, was einen Apparat erfordert, als dessen Gefangener er fortan lebt. Insofern wird man ihn kaum einen Menschen nennen wollen, der mit seiner Freiheit etwas Rechtes anzufangen weiß. Auch er aber handelt aus eigenem Antrieb und eigener Überlegung; auch er ist in seinem Handeln frei. Dass er arm dran ist, weil er sich die schönsten Früchte der Freiheit entgehen lässt, merkt er erst, wenn es längst zu spät ist. Dass er sich schuldig macht, weil er die anderen ihres Lebens und ihrer Freiheit beraubt, merkt er, wenn überhaupt, erst dann, wenn es ihm selbst an den Kragen geht. Zwar ist ein falscher Gebrauch der Freiheit kein Gebrauch wie jeder andere, aber es ist durchaus ein Gebrauch. Der Tyrann nimmt sich die Freiheit, nur auf eigene Rechnung zu handeln. Dass diese Rechnung nicht aufgehen kann, ändert nichts daran, dass es seine Rechnung ist, die er zu begleichen sucht. Dafür kann er etwas. Er hätte auch anders handeln können, hätte er nur auf andere seiner Antriebe und die Stimmen der von ihm Gepeinigten gehört. Hätte er nicht anders handeln können, dürfte niemand sein Verhalten böse nennen; niemand dürfte ihn zur Verantwortung ziehen. Selbst die Talente des Lasters sind solche der Freiheit.

81. Trotz

Manchmal beweisen wir unsere Freiheit in einem unbe-
gründeten Aufbegehren, einfach um unsere Freiheit zu
beweisen. Wogegen auch immer es sich richtet: Es richtet sich dagegen, was man vernünftigerweise tun sollte,
und zwar genau deswegen, weil man es *sollte*. Nicht einmal von guten Gründen wollen die Trotzigen sich bestimmen lassen; sie wollen ihren Willen haben, ganz
gleich, was für oder gegen ihn spricht. Die Trotzphasen
kleiner Kinder machen es vor. Sie sind eine für die Eltern enervierende Übung darin, gerade dort Widerstand
zu leisten, wo sie bereits spüren, dass aller Widerstand
vergebens ist. Auch Erwachsene geben dann und wann
das Rumpelstilzchen, wenn ihnen etwas genommen oder
nicht gegeben wird, worauf sie keinerlei Anrecht haben.
Sie wollen es trotzdem. Sie nehmen einen Kampf gegen
die Windmühlen auf. Sie tun es nicht, weil sie es nicht
besser wüssten, sondern gerade weil sie es besser wissen.
Der Zustand der Welt passt ihnen nicht in den Kram,
und das soll alle Welt wissen. Wenn der Anfall vorüber
ist, verkehrt sich die Freiheit der puren Verneinung wieder in eine Orientierung an Zwecken, die wenigstens
halbwegs bejahenswert sind. Nicht bei allen aber geht
der Anfall vorüber. Bei manchen ist er nur der Beginn
eines Siechtums, das sich den Anschein einer Genesung
gibt. Aus Trotz wird Sturheit, die sich für einen starken
Willen hält. Dabei wäre es gar nicht so falsch, gerade im
Widerstand gegen die Welt gelegentlich den kindlichen
Impulsen die Treue zu halten. Man muss nur den eigenen Unwillen in einen Willen überführen, der mit dem
Aberwitz der verkehrten Verhältnisse mithalten kann.

Ohne diese Verwandlung unserer Trotzphasen könnten wir nichts und niemandem trotzen.

82. Fatalismus

Wir dürfen uns den wahrhaft freien Menschen als einen Fatalisten vorstellen. Dieser schätzt seine eigenen Kräfte gering und damit schon einmal realistisch ein. Ob er an das Schicksal oder sonst eine höhere Fügung glaubt, tut wenig zur Sache. Ihm ist klar, dass wir unser Leben selbst bei größter Umsicht nicht in der Hand haben. Denn er weiß, dass Berechnungen und Pläne schön und gut, aber doch nicht alles sind – dass sie letztlich nur aufgehen, wenn sie nicht aufgehen. Er kennt die Paradoxie allen existentiellen Gelingens: Wer so leben will, wie er leben möchte, darf nicht so leben wollen, wie er es sich vorgestellt hat. Echter Erfolg und echte Erfüllung können sich nur als Überraschung einstellen: wenn einem etwas Ungeahntes gelingt oder mit einem etwas Unvorhersehbares geschieht, das man gleichwohl bejahen kann. Gerade die besten Bemühungen müssen glücken. Darauf ist der Fatalist eingestellt. Seine Hingabe gilt der Hinnahme.

Allerdings ist der Fatalist weder ein Dummkopf noch ein willenloses Geschöpf und schon gar nicht naiv. Dass seine Hingabe der Hinnahme gilt, bedeutet keineswegs, dass er alles und jedes hinzunehmen bereit ist; in seiner Duldsamkeit kann er höchst unduldsam sein. Seine Maxime lautet: Die Dinge *so weit als möglich* so zu nehmen, wie sie kommen. Er ist ein Spezialist für Gelegenheiten. Seine Erwartungen entspringen seinem Vermögen zu warten. Er vermag sich in das zu schicken, was sich nicht fügt, und doch das zu fügen, was von alleine nicht aufgehen will. Er glaubt nicht an die Verhältnisse, wie sie nun einmal sind, sondern an die Möglichkeiten, die sich in ihnen auftun werden. Er segelt gerne gegen den Wind. Dabei ist ihm übertriebener Optimismus ebenso fremd wie übertriebener Pessimismus. Er ist der geborene Realist: ein Spieler, der die Ruhe bewahrt, weil er weiß, dass selbst in den verfahrensten Situationen unverhoffte Chancen lauern. Daraus bezieht er seinen Gleichmut.

Dieser Gleichmut aber ist eine verführerische Tugend. Sie droht, alle Energie in Lethargie zu verwandeln und alle Erwartung in ein bloßes Warten. Man hat Fatalisten gesehen, die sich vor lauter Schicksalsergebenheit nicht mehr vom Fernseher weglocken lassen mochten. Diese halten die Resignation für einen *full time job*, wo doch deren Weisheit nur darin besteht, nicht jeder Laune des eigenen Willens nachzugeben. Wer sich derart, weil allem unterworfen, über alles erhaben glaubt, hat nichts verstanden. Er hat nicht verstanden, dass sich zwar die Hingabe vor allem um der Hinnahme willen lohnt, es aber der Hingabe bedarf, um die Hinnahme als lohnend erfahren zu können. Alles andere führt in die Indolenz. Die Freuden der Passivität entspringen denen der Aktivität – einer Aktivität allerdings, zu der die Bereitschaft gehört, sich zum eigenen Wohl von seinem Lebensplan ablenken lassen. Der wahre Fatalist zieht seine Nummer nicht durch. Man darf sich ihn als einen glücklichen Menschen vorstellen.

83. Fanatismus

Als rechtschaffene Fatalisten empfinden sich auch manche Fanatiker, nur weil sie sich in der Sache irgendeines Dogmas für rechtgläubig halten. Mehr als andere können sie für eine Mission begeistern, der sie auch dann ergeben bleiben, wenn vieles oder alles gegen sie spricht. Grübelei und Wankelmut sind ihnen fremd. Sobald sie aber zu allem entschlossen sind, verkehrt sich ihre Standhaftigkeit in ein veritables Laster. Ihre Leidensfähigkeit erweist sich als eine Form der – meist kollektiven und oft kollektiv organisierten – Selbstsucht. Im starren Glauben an ein Gut oder Gutes kämpfen sie auf Teufel komm raus für eine Sache, die ihnen zufällig behagt. Was sie betört, soll alle betören, nur weil es sie betört. Sie halten die eigene Linie für die einzige Linie. Sie fragen nicht, und sie fragen sich nicht, was für Beliebige gut und lohnend wäre. Sie erkennen nur ihr eigenes Belieben an. Sie stellen das eigene Heil über das der anderen. Fanatische Altruisten sind Egoisten im Schafspelz: Sie wollen ihre Mitmenschen oder gleich die ganze Menschheit mit ihrer Version des Glücks beglücken. Mehr noch als viele andere Laster ist Fanatismus eine Verbissenheit in die eigene Art. In ihm tobt sich eine irregeleitete Beharrlichkeit aus. Der Fanatiker zieht seine Nummer durch – und verfehlt dadurch jene wache Entschlossenheit, die durch das Für und Wider eigener und fremder Überlegung ansprechbar bleibt.

84. Glück

»Fortüne ist eine Charaktereigenschaft«, soll Napoleon einmal bemerkt haben. Mut, Entschlossenheit, Voraussicht, Ausdauer, Improvisationsvermögen können bei nahezu allen menschlichen Strategiespielen den Unterschied machen. Der günstige Zufall ist eben nicht immer eine Sache des Zufalls allein. So viel man dafür aber auch tun kann, letztlich gilt: Dusel muss man haben.

Dasselbe gilt für das Glück im existentiellen Sinn – schon deshalb, weil es vom glücklichen Zufall niemals völlig zu trennen ist. So sehr man daran arbeiten kann, dieses Glück kann man sich nicht erarbeiten. Man ist nicht »seines Glückes Schmied«. Phasen eines erfüllten Lebens müssen sich einstellen. Dies zeigt sich vor allem, wenn Personen ihr Leben in irgendeinem seiner Stadien rückblickend als erfüllt bewerten: Was ihr Glück ausmacht, erweist sich als ein unauflösliches Gewirr von Geben und Nehmen. Günstige Umstände, eigenes Bemühen, pure Zufälle, eigene Wagnisse, Zuspruch und Zutun vonseiten anderer, eigenes Unterlassen – all das trägt zu einem gelingenden Leben bei. Es hätte auch vieles danebengehen können. Existentielles Gelingen ist ein Gelingen nah am Scheitern, existentielles Scheitern ist oft ein Scheitern nah am Gelingen. Eben weil das so ist, sollte man sich so zu seinem Leben zu stellen versuchen, dass man fähig bleibt, sein Glück zu erkennen und zu ergreifen, wenn es einem in die Quere kommt.

Um eine solche Einstellung zu gewinnen, empfiehlt es sich, dem eigenen Glück auf halbem Weg entgegenzugehen. Dies geschieht am besten, indem man, soweit die äußere Welt es zulässt, Tätigkeiten nachgeht und Situationen aufsucht, die man als um ihrer selbst willen lohnend empfindet – und die es auch sind. Sie sind es, wenn sie uns etwas zu geben vermögen, das nicht wieder bloß ein Mittel für etwas anderes ist. Sinnvoll und darum erstrebenswert sind solche Lebenslagen, wenn sie nicht allein für mich, sondern auch für andere einen Wert haben – oder doch haben könnten. Was nur für mich einen Wert hat, hat überhaupt keinen Wert. Dass einer Situation oder Sache ein nicht-instrumenteller Wert zukommt, bedeutet, dass sie nicht nur für einen, sondern für unbestimmt viele ohne weiteres gut ist. Solche »Werte« genannten Daseinsmöglichkeiten aber, mit denen Menschen ihre Zeit einigermaßen erfüllend verbringen können, gibt es unüberschaubar viele. Nicht jede ist für jeden das Richtige oder überhaupt attraktiv. Welche Tätigkeiten in meinem Leben vor allem befriedigend sind – das zu entscheiden liegt an mir selbst, so hilfreich der Rat von anderen auch sein mag. Wichtig ist hier vor allem das eine: dass es nicht nur eines ist, worin ich Befriedigung suche. Einseitige Diät ist gerade in Glücksdingen wider die Natur. Welche Verhaltensweisen aber sind es, die der eigenen Lebensgestaltung in besonderem Maß zuträglich sind? Es sind diejenigen, die ihr eine Form geben, für ein gesteigertes Glück empfänglich und ihm würdig zu sein. Und welche sind das? Einfache Antwort: Es sind diejenigen, zu denen uns die menschlichen Tugenden animieren und an denen uns die menschlichen Laster den Spaß zu verderben versuchen.

So betrachtet, ist das eigene Wohlergehen immer auch eine Sache des Charakters. Dass es so ist, zeigt sich zumal am Beispiel von Menschen, denen der Erfolg im Leben zwar überaus gnädig war, die dies aber nicht verkraftet haben und darum der Arroganz, dem Hochmut, der Einbildung oder einer anderen Form des Größenwahns verfallen sind. »Ohne Tugend ist es nicht leicht, die Glücksgüter angemessen zu tragen«, bemerkt Aristoteles. (Paul Nizan sagt es drastischer: »Nicht jeder Abstieg vollzieht sich nach unten.«) Auch das Glück, für das man nichts oder nur wenig kann, bedarf des eigenen Zutuns. Man muss es anzunehmen und manchmal sogar zu ertragen wissen. Dies ist nur die Kehrseite jener Arbeit an sich selbst, durch die man sich für die Zugaben des Lebens empfänglich zu halten sucht. So zu leben, dass einem das Glück willkommen und dass man dem Glück willkommen wäre – das ist schon die elementare Form existentiellen Gelingens.

85. Mut

Mut kann sich eher in physischen oder in sozialen Konflikten beweisen und wird dann eher als »Tapferkeit« oder »Zivilcourage« gepriesen. Das Lob für beides gilt häufig nicht allein der besonderen psychischen Stärke einer Person, sondern zugleich dem Ziel, für das sie sich einsetzt. Diese Verbindung ist aber keineswegs notwendig. Denn Mut ist eine Tugend von irritierender ethischer Neutralität. Mutig sind Personen, die bereit sind, unter bestimmten Umständen ihr eigenes Wohl aufs Spiel zu setzen oder doch zu gefährden. Sie tun dies um einer Sache und also eines Guts willen, das nach ihrer Ansicht dieses Risiko verlangt und verdient. Die Mutigen setzen sich für ihre Ziele gegen oft erhebliche Widerstände ein. Die Qualität ihres Mutes besteht jedoch weitgehend unabhängig von der

Qualität der Ziele, die sie verfolgen. Egoisten und Altruisten, edle und unedle, gutwillige und verschlagene Menschen können gleichermaßen mutig sein. Soweit sie es sind, unterscheiden sie sich positiv von jenen Gestalten, die sich, wann immer es brenzlig wird, aus dem Staub oder unsichtbar zu machen versuchen. Verglichen mit der Feigheit eines Drückebergers ist die Kühnheit eines für die Gegenseite operierenden Geheimagenten ein bewundernswerter menschlicher Zug. Verglichen mit dem Kleinmut derer, die immer nur schwarzsehen, kann uns die Waghalsigkeit eines Bankrotteurs Respekt abverlangen. Mut zu haben und Mut zu zeigen ist selbst dann gut, wenn es nichts Gutes ist, wozu seine Ausübung führt.

Übermut, Tollkühnheit, Draufgängertum – den wirklich Mutigen ist dergleichen ebenso fremd wie Wankelmütigkeit, Ängstlichkeit und Unbesonnenheit. Umsicht und Vorsicht wissen sie gleichermaßen zu schätzen. Ihnen geht es nicht um die Lust an der Gefahr, sondern um die Durchsetzung der Sache, der sie sich verschrieben haben. Dafür nehmen sie gelegentlich sogar den Vorwurf der Feigheit in Kauf – wie Deserteure es tun, die sich dem Dienst für ein despotisches Regime entziehen. Der Mut zur Konsequenz ist ihnen wichtiger als der Beifall von welcher Seite auch immer. Es ist fast ein Wahrzeichen des Mutes, diesen nicht an die große Glocke zu hängen. Im Kino ist dies immer wieder ausgeleuchtet worden. In dem Film *Key Largo* von John Huston verzichtet der von Humphrey Bogart gespielte Kriegsveteran Frank McCloud darauf, gegenüber dem Mafiaboss Johnny Rocco den starken Mann zu markieren. Nur so gelingt es ihm, diesen und seine Helfer schließlich im Kampf zu besiegen. Auch wenn sich die von Bogart in vielen Filmen verkörperten Helden am Ende meist auf die Seite der und des Guten schlagen, zwielichtig sind sie gerade deshalb, weil ihre Entscheidungen auch anders hätten ausfallen können – wären da nicht die ebenso attraktiven wie gefährdeten Frauen, denen gegenüber sich auch ein desillusionierter Charakter zur ritterlichen Tat aufraffen kann.

Auf welcher Seite sie auch stehen mögen – frei von Angst sind gerade die Mutigsten nicht. In dem Film *Ronin* von John Frankenheimer wird ein von Robert de Niro gespielter Agent namens Sam vor einem waghalsigen Einsatz von einem draufgängerischen Mitstreiter verächtlich gefragt, ob er »Angst um seine Haut« habe. »Ja«, antwortet Sam, »sie ist überall um mich herum.« Gerade für den Tatmenschen gleicht die zugelassene und zugestandene Angst einem Schutzanzug, der ihn gegen ein voreiliges Agieren und den eigenen Übermut wappnet. Wer furchtlos handeln will, sollte Furcht kennen. Wer seine Angst beherrschen will, muss Angst haben. Menschen, die – auf welcher Bühne des Lebens auch immer – angstfrei sind, benötigen keinen Mut. In den meisten Lebenslagen aber ist es besser, das Frühwarnsystem der Angst aktiv und den eigenen Mut in Bereitschaft zu halten.

86. Zynismus

Zyniker sind Leute mit einem ungewöhnlichen Mut zur Wahrheit. Sie scheren sich nicht um politische, moralische und selbst ästhetische Korrektheit. Sie glauben nicht an die Werte, die von den Kanzeln und Bildschirmen herab gepredigt werden. Sie sind freie Geister, die sich nicht vorgeben lassen, was gerade angesagt ist. Sie lassen sich ihre persönlichen Vorlieben und Abneigungen nicht abkaufen. Die Fassaden der Macht und des Anstands sind ihnen suspekt. Sie misstrauen den hehren Idealen, die nur den Blick auf die im Dunklen stattfindenden Machenschaften vernebeln. Ihr Freimut schert sich nicht um den schönen Schein, weil sie nichts von einer beschönigenden Sicht der Dinge halten.

Die primäre Waffe des Zynikers ist das Wort. Mit seinen störenden Wahrheiten unterminiert er die großen Worte der Theorie und der Politik. Diese Subversion aber kann nur greifen, solange sich der Zyniker nicht auf die Seite der Mächtigen schlägt. Sobald er dies tut, werden sein despektierlicher Blick und sein sarkastisches Reden zu einem Ausdruck der Verachtung für alle, denen ein Zugang zu den Sonnenseiten des Lebens verwehrt geblieben ist. Dann wird der Zynismus zu einer Speerspitze der Ideologien, die er in seinen geistreichen Formen zersetzt. Der Mut zur unbotmäßigen Wahrheit verkehrt sich in einen Verrat an der Unbotmäßigkeit der Wahrheit.

87. Hochstapelei

Selbst der Mut zur Unwahrheit ist nicht durchweg zu verachten. Man stellt sich den Hochstapler gern als jemanden vor, der von Motiven der Gier getrieben wird, verbunden mit einem skrupellosen Drang nach Aufstieg, Reichtum und erschlichener Reputation. So oft dies der

Fall sein mag, damit allein ist seine Lebensform nicht zu erklären. In ihr ist eine heimliche Lust am Spiel am Werk, das bei strengster Beachtung der meisten sozialen Regeln doch seinen eigenen Regeln folgt. Hochstapler machen das Scheinhafte des gesellschaftlichen Verkehrs zu ihrer Operationsbasis und haben, solange es gutgeht, ein diebisches Vergnügen am Ernstnehmen der Täuschungen, die ihrer Umgebung zur Konvention geworden sind. Sie nutzen die Gutgläubigkeit der anderen zu ihrem eigenen Vorteil aus. Sie sind die wahren Trittbrettfahrer. Als Meister der Oberfläche bringen es manche unter ihnen zu einer erstaunlichen Kunstfertigkeit. Auf ihrem Brett reiten sie auf den Wellen der ohnehin vorhandenen Unaufrichtigkeit des gesellschaftlichen Verkehrs.

88. Angabe

»Angeber haben mehr vom Leben«, resümierten zwei Autoren dieser Tage den Ertrag ihrer evolutionsbiologischen Forschungen, freilich nicht ohne der Figur des »ehrlichen Angebers« einen gewissen Bonus zuzugestehen. Im Umfeld tierischer wie menschlicher Populationen, so die Annahme, fahren diejenigen die höchsten Reproduktions- und Reputationsgewinne ein, die den andern gegenüber ihre überlegene Fitness zu kommunizieren wissen. Die anderen müssen sich damit begnügen, wenigstens deren Anschein zur Darbietung zu bringen. »Sei – oder erscheine – gut und rede darüber«, wäre demnach innerhalb menschlicher Gemeinschaften eine Triebkraft aller

Zivilisierung. Selbst wenn dem so wäre, es würde nichts daran ändern, dass der Hang zur Angeberei unter Menschen auch da ein Laster darstellt, wo die, die ihm nachgeben, einen Grund haben, sich auf ihre Talente und Taten etwas einzubilden.

Angeber plustern sich auf, weil sie ansonsten wenig bis gar nichts vorzuweisen hätten. Sie fallen anderen ins Wort, ohne selbst etwas zu sagen zu haben, tun sich wichtig mit Erlebnissen und Anekdoten, die niemanden interessieren, und neigen bei jeder Gelegenheit zur Besserwisserei. Großspurig in Gestik und Kleidung, stellen sie sich gern als freigebig dar, bevorzugt bei Gelegenheiten, bei denen andere für die Kosten aufkommen müssen. Ihre Aufgeblasenheit erreicht einen Höhepunkt in der Schaumschlägerei. Wie bedeutende Künstler verstehen sie es, aus wenig viel zu machen, nur dass in ihrem Fall das viele wenig ist. Am ärgerlichsten aber verhalten sich ausgerechnet die »ehrlichen Angeber«, die sich großtun mit dem mehr oder weniger Großen, das sie tatsächlich vollbracht haben. Denn sie hätten es gar nicht nötig. Mit ihrem übersteigerten Geltungsdrang zerstören sie den Respekt, den wir ihnen eigentlich entgegenbringen möchten. Angeber haben weniger vom Leben, weil sie es darauf anlegen, sich unser Wohlwollen zu verscherzen.

89. Aufrichtigkeit

Die Tugend der Aufrichtigkeit strahlt beinahe überall in einem hellen Licht. Bei ehrlichen Menschen wissen wir, woran wir sind. Heuchelei und Lüge sind ihnen zuwider. Sie sagen, was sie denken, und denken, was sie sagen. Wir können ihnen vertrauen und darauf hoffen, dass sie uns vertrauen. Dieses Vertrauen freilich hängt davon ab, dass wir es mit Leuten zu tun haben, die auch sich selbst gegenüber aufrichtig sind: die ihre Kenntnisse und Kräfte richtig einzuschätzen vermögen, die um ihre Schwächen und Fehler wissen und die weder ihre Vergangenheit noch ihre Zukunft verklären. Auf diese Weise »in der Wahrheit zu leben« freilich ist eine hohe und in manchen Lebens- und erst recht politischen Lagen gefährliche Kunst. Sie verlangt es, auch dort mit den eigenen Ansichten nicht hinter dem Berg zu halten, wo es Überwindung kostet. Sie erfordert es, sich der Verlogenheit auf vielen Ebenen zu verweigern: nicht auf jeder Hochzeit zu tanzen, unbestechlich zu bleiben gegenüber Schmeichelei und lukrativeren Avancen und vor allem: sich nicht korrumpieren zu lassen durch Mächte, die einem den Eigensinn austreiben wollen. Aufrichtige Menschen machen es sich darum zur Gewohnheit, selbst bei unscheinbaren Gelegenheiten kein taktisches Verhältnis zur Wahrheit aufkommen zu lassen. »Der Wahrheitsliebende«, bemerkt Aristoteles, »wird auch dort die Wahrheit sagen, wo es keine Rolle spielt.«

Jedoch ist es nicht selten gerade moralisch geboten, die Wahrheit für sich zu behalten. Schließlich ist auch Verschwiegenheit eine Tugend. Nicht alles kann und darf zu jeder Zeit ausgesprochen werden. Wer nichts für sich behalten kann, wird nicht einmal die Gesetze der Höflichkeit einhalten können. Eine Person, die sich immer unverblümt äußert, die immer »geradeaus ist«, riskiert es, sich anderen gegenüber verletzend zu verhalten. Direktheit kann brutal sein. Die Geradlinigkeit eines Menschen sollte sich darum in Grenzen halten. Sie sollte überall dort die Bereitschaft zur Verstellung einschließen, wo es der Respekt gegenüber den Gefühlen anderer gebietet – jedenfalls solange diese unseren Respekt verdienen. In solcher Verstellung liegt keinerlei Lüge. Manchen Kranken enthält man die Wahrheit über ihren Zustand vor, weil man ihnen ihre Zuversicht nicht rauben will. Selbst Aufrichtigkeit will dosiert werden. Wer niemals etwas Unwahres sagt, sollte sich auf seine Wahrhaftigkeit nicht allzu viel einbilden. Nicht immer und überall währt ehrlich am längsten.

Aufrichtigkeit ist also nicht in jeder Hinsicht sozialverträglich. Eine »ehrliche Haut« wird sich bei Verhandlungen in erhebliche Schwierigkeiten bringen, und dies ganz unabhängig davon, wie schäbig oder edel das jeweils verfolgte Anliegen ist. Schließlich gehört es zur Regel von strategischen Interaktionen aller Art, dass man sich nicht – oder zumindest nicht jederzeit – in die Karten schauen lässt. Man gibt sich gegenseitig eine Lizenz zum Zurückhalten der Wahrheit. Dennoch spielt der Respekt vor der Wahrheit auch hier eine Rolle. Auch hier darf man die Tatsachen nicht nach Belieben verdrehen. Die blanke Lüge wird noch dort geächtet, wo man sich gegenseitig hinters Licht führen will. Doch selbst in Verhältnissen der Freundschaft und Liebe gilt, dass man sich nicht alles sagen und schon gar nicht alles sagen können muss. Zwar kann eine offene Lüge das Fundament einer Liebe zerstören; der Schwur aber, auch die geheimsten Gedanken miteinander zu teilen, hätte denselben Effekt. So sehr Liebenden daran liegt, keine schwerwiegenden Geheimnisse voreinander zu haben, so sehr muss ihnen daran liegen, füreinander ein Geheimnis bleiben. Eine authentische Person gibt nicht alles von sich zum Besten.

90. Selbsterkenntnis

Sich selbst gegenüber aufrichtig zu sein ist kein schlechter Weg zur Selbsterkenntnis, aber noch lange nicht ihr Ziel. Das wahrhaftige Rezitieren der eigenen Ansichten und Absichten verschafft niemandem Aufschluss über sich selbst. Man muss auch bedenken wollen, was es mit den eigenen Antrieben und Ambitionen auf sich hat – und ob sie es wert sind, dass man ihnen die Treue hält. Wer ich als Person bin, ist schließlich nicht davon zu trennen, wer ich sein kann und sein will. Wer hierüber Klarheit gewinnen möchte, darf nicht bloß in sich gehen wollen. Der Lehn- oder Beichtstuhl ist nicht der einzige und keineswegs der ideale Ort, an dem wir mit uns selbst bekannt werden können. Denn hierbei geht es gar nicht in erster Linie um ein theoretisches Verhalten. Wenn wir in der Erkundung unserer selbst verharren, bewegen wir uns auf einem geraden Weg in den Selbstbetrug. Wer meint, sich durch eine ständige innere Schau nahezukommen, wird bestenfalls ein blaues Wunder erleben. Die Wahrnehmungsfähigkeit eines Subjekts gefriert gleichsam unter der Anstrengung, seiner selbst in invasiven Operationen habhaft zu werden. Diese Erstarrung löst sich erst, wenn es gewahr wird, dass die eigene Intransparenz eine Bedingung aller Aufklärung über sich ist. Ohne das Geflecht – und teilweise Dickicht – leiblicher wie seelischer Regungen, ohne den Bodensatz vielfältig sedimentierter Erfahrungen und Erinnerungen kommt keine Erkenntnis und erst recht keine Selbsterkenntnis zustande. Sie bilden den Rückhalt der Haltungen, aus denen heraus wir uns handelnd bewegen und dann und wann in unserem Lebensvollzug innezuhalten vermögen. Wer sich völlig durchsichtig wäre, wüsste weder ein noch aus.

186

Hüten sollte man sich auch vor der Illusion der Selbstverwirklichung – vor dem Glauben, dass es nur einen inneren Kern des Selbst auszupacken gilt, um zu wissen, woran man mit sich ist. Diesen Nukleus nämlich gibt es nicht. Wer ich bin, ergibt sich allein daraus, wie ich mich zu den Möglichkeiten meines Lebens verhalten habe und verhalten will. Deshalb muss, wer zu sich selbst kommen will, bereit sein, aus sich herauszugehen. Nur wer fähig ist, sich tätig zu veräußern, im Dialog mit anderen, in der Hingabe an eine Sache, in den Verausgabungen der Liebe, wird ein einigermaßen realistisches Bild von sich empfangen. Nicht nur die anderen erkennen den Charakter einer Person an ihren Taten, auch diese selbst erkennt sich an ihnen – an denen, die ihr gelungen oder misslungen sind, an denen, durch die sie schuldig oder selig wurde, an den Gelegenheiten, die sie ergriffen oder versäumt hat, daran, wie sie Zumutungen aller Art begegnet ist und wie sie sich in Hochgefühl und Niedergeschlagenheit gegenwärtig war. Sich spürend und überlegend zu diesem Spektrum der eigenen Existenz zu verhalten, daraus erwächst die Kenntnis unserer selbst – und mit ihr die Fähigkeit, verändernd auf das eigene Selbstverständnis einzuwirken. Die erkennende Hinwendung zu sich selbst verlangt eine praktische Hinwendung zur Welt.

91. Vertrauen

Wir alle vertrauen darauf, dass die Natur selbst dort keine Sprünge macht, wo sie uns mit Krankheit, Tod und Verderben erschreckt. Es geht alles mit rechten Dingen zu, auch wenn es in die Katastrophe führt. So beunruhigend dies in vielen Fällen ist, so beruhigend ist es überall dort, wo die Eskapaden der Physik uns entgegenkommen. Die Blutung stillt, der Schmerz lässt nach, die Sonne oder eine andere Saat geht auf, und selbst die Elementarteilchen sind so frei, im Hochgeschwindigkeitsbeschleuniger ihre Tücken zu offenbaren. Im für uns Guten wie Schlechten ist auf den Gang der Natur Verlass – auch wenn wir oft nicht wissen, was es ist, worauf wir uns da verlassen können.

Solche Ungewissheit kennzeichnet auch die soziale Welt. Und doch ist hier alles anders. Denn zwar ist auch hier auf manches – und manchmal sogar auf vieles – Verlass, aber es bleibt stets erstaunlich, dass es überhaupt so ist. Fast alles, worauf hier Verlass ist, ist es nur in Graden: dass man sich ungefährdet in den Straßen der Städte bewegen kann, dass die Züge einigermaßen pünktlich fahren, die Institutionen nicht – oder nicht völlig – korrupt sind, dass der Warenverkehr nicht stockt, der Müll geleert und der Arbeitslohn ausgezahlt wird oder dass die Staatsschulden getilgt werden können. Wie gut es um diese und andere Belange einer Gesellschaft auch bestellt sei, die Möglichkeit einer Vertrauenskrise ist in allen ihrer Verhältnisse angelegt. Alles Vertrauen enthält ein Element der Wette, dass individuelle wie kollektive Akteure sich so verhalten werden, wie es nach Lage der Dinge erwartet werden kann. Dies gilt nicht nur im Guten, sondern auch im Schlechten. Es gibt Kritiker und andere Analysten, auf die wir uns deshalb verlassen können, weil sie mit ihren Urteilen zuverlässig danebenliegen. Dieses ironische Vertrauen freilich ist nur ein Sonderfall der relativen Zuversicht, die wir in die Berechenbarkeit unserer Mitmenschen haben. Gemessen an ihrem bisherigen Verhalten, nehmen wir an, ihr künftiges Verhalten einigermaßen sicher einschätzen zu können. Mehr ist in der Regel nicht drin. Ein »unbedingtes Vertrauen« kann man allenfalls in einzelne Personen haben, und auch da nur in bestimmte Züge ihres Charakters, von deren Solidität wir felsenfest überzeugt sind. Nichts und niemand – sei es eine Person, ein Gerät oder eine Institution – ist in jeder Hinsicht vertrauenswürdig.

Diese Fragilität ihrer Lebensverhältnisse aber kann der Bereitschaft der Menschen, einander bis zu einem gewissen Grad zu vertrauen, nur wenig anhaben. Denn in ihren Gemeinschaften sind sie jederzeit darauf angewiesen. Ohne Vertrauen könnten wir weder in Sicherheit noch in Freiheit leben. Man muss anderen vertrauen, um ihr Vertrauen zu gewinnen. Man muss ihr Vertrauen gewinnen, um ihnen vertrauen zu können. Man muss sich vertrauen können, damit die anderen einem vertrauen können. Man muss anderen vertrauen können, um Vertrauen zu sich selbst zu gewinnen. Diese Wechselseitigkeit des Vertrauens, auf dem noch das einseitige beruht, macht seine ganze Wirksamkeit aus. Es ist nicht von selbst da. Man muss es entgegenbringen, damit es einem entgegenkommt. Um Vertrauen zu haben, muss man Vertrauen schenken. Das Geschäftsmodell allen Vertrauens ist der Vorschuss. Man kann es sich erst verdienen, wenn man schon davon zehrt. Im sozialen Verhältnis leben wir alle auf Kredit.

Dieser Kredit beruht keineswegs auf bloßer Gefälligkeit. Was wie eine haltlose Verschwendung aussieht, erweist sich als eine alles in allem lohnende Investition in die Stabilität menschlicher Beziehungen, seien sie eher intimer oder anonymer Art. Soweit wir Vertrauen in Personen und Praktiken haben, gehen wir davon aus, dass nicht Übelwollen das herrschende Prinzip des jeweiligen Umgangs ist. Ohne diese Voreinstellung könnten wir das gemeinsame Handeln gleich bleiben lassen. In ihr liegt, dass wir es darauf ankommen lassen – und häufig darauf ankommen lassen *müssen* –, ob unser Vertrauen belohnt oder missbraucht wird. Lenins berüchtigte Maxime, Vertrauen sei gut, Kontrolle aber besser, stellt die Dinge auf den Kopf. Wer Kontrolle verlangt, will Garantien. Diese aber sind zwar von Fall zu Fall, niemals aber für alle Fälle zu geben. Müssten wir im gemeinschaftlichen Leben für alles garantieren, könnten wir für überhaupt nichts mehr garantieren.

Der Kredit des Vertrauens ist alles andere als eine Fiktion. Wir tun nicht nur so, als würden wir anderen vertrauen, wir tun es. Wäre es anders, könnten wir nicht mit gelegentlichem Erfolg (und manchmal sogar aus gutem Grund) nur so tun, als seien wir verlässlich oder glaubten an die Verlässlichkeit anderer. Etwas Vorsicht bei der Zusammenarbeit und dem Sichzusammentun mit anderen kann gleichwohl nichts schaden. Blindes Vertrauen zerstört die sozialen Bindungen nicht weniger als Arglist und Täuschung. Auch Vertrauensseligkeit oder falsche Vertraulichkeit gehen auf ihre Weise fahrlässig mit dem Gut der Verlässlichkeit um. Mit allzu viel Gutmütigkeit lädt man andere nur zu falschen Versprechungen ein. Weder ein übertriebener Glaube an die Großzügigkeit anderer noch ein übertriebenes Bemühen um ihr Zuvorkommen sind geeignet, die Kooperation unter Menschen zu fördern. Weil Geiz und Verschwendung den Vorrat an gesellschaftlichen und privaten Sicherheiten jederzeit bedrohen, werden die Wechsel des Vertrauens nicht ohne Vorbehalt ausgestellt. Der Vertrauensbonus kann wieder entzogen werden. Robustes Vertrauen ist auf die Antikörper der Skepsis angewiesen. Personen, denen man vertrauen kann, muss man die Kraft des Misstrauens zutrauen: die Fähigkeit, sich ein ungeschöntes Bild der Verhältnisse zu machen, in denen sie sich um Erfolg und Zuneigung bemühen. Weltvertrauen mit Weltmisstrauen zu kombinieren: diese Kunst der großen Religionen lehrt auch diejenigen, die keine haben, im Einklang mit der Ungewissheit zu leben.

92. Selbstvertrauen

Menschen, denen von früh an Vertrauen geschenkt wurde und die es darum zu schenken wissen, Menschen, die Anerkennung gefunden haben für das, was sie vermochten und vermögen, und darum mit der Anerkennung anderer nicht geizen müssen, sind mit Selbstvertrauen gesegnet. Sie können sich auf sich verlassen – und dürfen es doch nicht zu sehr. Sobald sie es mit der Gewissheit ihrer selbst übertreiben, sind Borniertheit, Arroganz und Verstiegenheit nicht weit. So beklagenswert diejenigen sind, die in ihren Selbstzweifeln zu versinken drohen, um diejenigen, die allen Selbstzweifel hinter sich gelassen haben, steht es kaum besser. Früher oder später rennen sie gegen die mit ihren tatsächlichen und eingebildeten Verdienstorden dekorierte seelische Wand. Erst die Verbindung von Zutrauen und Zweifel macht ein geglücktes Selbstverhältnis aus. Zutrauen in die eigenen Fähigkeiten, Misstrauen gegenüber den eigenen Leistungen: Das ist hier das rechte Maß. Je unerschütterlicher jenes Zutrauen ist, desto unbestechlicher sollte dieses Misstrauen werden. Ein starkes Selbstgefühl kann sich ein klares Urteil über die eigenen Schwächen erlauben.

93. Treue

Einer Sache, Person, Institution oder Idee kann man treu sein. Man sollte es aber nur, wenn man dabei sich selbst treu bleiben kann. Treue ist immer beides: ein Versprechen anderen und sich selbst gegenüber. Sich selbst gegenüber, weil man sich darauf festgelegt hat, sein Schicksal an das Gedeihen dieser Sache oder dieser Person zu binden; anderen gegenüber, weil man sich ihnen und ihren Anliegen verpflichtet weiß. Selbst einer Sache die Treue zu halten, die nicht mehr oder noch nicht die Sache anderer ist, setzt voraus, dass man mit vollem Herzen bei der Sache ist. Jemandem oder etwas treu zu sein bedeutet, sich auf eine doppelte Weise gebunden zu wissen und gebunden zu fühlen. Man setzt sein Leben – oder einen Teil seines Lebens – daran, sich einer bestimmten Person oder einem bestimmten Kollektiv, einer bestimmten Sache oder einer bestimmten Idee zu widmen. Um seiner selbst und eines anderen willen hält man an der eigenen Passion für das Objekt seiner Hingabe fest.

Diese Doppelseitigkeit von Treueverhältnissen wird daran deutlich, wie sehr man sich selbst verfehlt, wenn man es zu Formen einer falschen Treue kommen lässt. Auf die eine oder andere Weise führt diese stets in eine Abhängigkeit von Personen, Institutionen oder Ideologien, an denen einem nur noch liegt, weil man einmal in ihre Fänge geraten ist. Seelische Trägheit hält einen von einer Revision der eigenen Visionen ab. Aus blindem Gehorsam oder purer Gewohnheit bleibt man hinter seinen Möglichkeiten zurück. Man glaubt zu sich selbst zu stehen und steht längst neben sich. Treudoof oder treuherzig überlässt man sich einem Diktat der eigenen Vergangenheit. Mancher klammert sich an einen frühen Lebenshöhepunkt, ob als Politiker, Sportler, Dichter, Denker oder sonst ein Liebender, und will nicht sehen, dass diese Hochzeiten der eigenen Leidenschaft längst vorüber sind. Treuepunkte werden von Ladenketten vergeben; das Leben vergibt dergleichen Prämien nicht. Wer immer bei derselben Marke bleibt, nur weil er einmal einen Gefallen an ihr fand, hindert sich daran, sich auf etwas zu verlegen, das künftig seine Zuwendung verdient.

Auch eine unverfälschte Treue aber schließt eine Solidarität mit der eigenen Vergangenheit mit ein. Nicht einmal von seinen pubertären Idealen sollte man sich ohne Not verabschieden, auch wenn sie über die Zeit hinweg kaum ganz dieselben bleiben werden. Man muss bereit bleiben, sich weiterhin verwandeln zu lassen, um weiterhin bei sich selbst bleiben zu können. Jede neue Liebe, ob sie nun Personen oder Sachen gilt, bringt Veränderungen mit sich, die in einen Selbstverlust führen würden, wenn sie es uns nicht ermöglichen würde, unsere eigene Geschichte anders zu erzählen. Jede alte Liebe, die wir am Leben erhalten wollen, verlangt von uns die Bereitschaft, uns von ihr immer wieder neu in ihre Vergangenheit und Zukunft führen zu lassen. Hier wie überall ist Treue das Beharren auf einer Zusage, die einem weiterhin zusagt.

Was es mit dieser Loyalität auf sich hat, zeigt sich am

Verrat. Man kann jemanden verraten, ohne ihn dabei an jemanden zu verraten. Das ist der Fall, wo wir ein bindendes Versprechen gegenüber einer Person außer Kraft setzen und sie damit im Stich lassen, ohne sie deshalb an andere auszuliefern. Wo Letzteres geschieht, geben wir uns anvertraute Kenntnisse über eine Person entgegen ihrem Willen weiter. Unter extremen Umständen setzen wir damit ihr Leben aufs Spiel. Oft ist dies mit einem Verrat an gemeinsamen Idealen verbunden, und dies nicht allein in politischen Kämpfen. Wer ihn begeht, schwört dem Wert einer Sache ab, auf die er sich anderen und meist auch sich selbst gegenüber verpflichtet hatte. Diese willkürliche Aufkündigung und oft Umkehrung eines bestehenden Verhältnisses der Loyalität unterscheidet den Verrat von bloßer Treulosigkeit, die einfach in einem Nachlassen der Leidenschaft für eine Person oder Sache bestehen kann. Deshalb ist der »Liebesverrat« nicht immer ein Akt des Verrats, auch wenn er von einer der beiden Parteien so empfunden wird.

Ein einzelner Akt der Illoyalität macht jemanden noch nicht unbedingt zu einem illoyalen Charakter – zu einem Menschen, dem nicht nur *ich* nicht trauen, sondern dem *man* nicht trauen kann. Aber der Weg ist nicht weit. Es braucht nur wenige, und manchmal nur eine einzige solcher Handlungen, um die Verlässlichkeit eines Menschen zu diskreditieren. Wer seine Prinzipien und seine Anteilnahme nach Belieben aufkündigt oder wechselt, einfach so oder um eines kurzfristigen Vorteils willen, korrumpiert sich früher oder später selbst. Es dazu nicht kommen zu lassen – darum sollte man treu sein, wo immer man es mit der Treue zu sich selbst vereinbaren kann.

94. Gerechtigkeit

Es gibt eine anonyme Form des Verrats, die nicht auf das Verhalten Einzelner zurückgerechnet werden kann. Dafür weiß sie sich in großem Stil zu entfalten: als Ungerechtigkeit der Einrichtung gesellschaftlicher Verhältnisse im nationalen wie im internationalen Maßstab. Dieser Verrat ist keine Sache der Illoyalität, sondern eines Mangels an Solidarität. Verraten wird hier nicht das Vertrauen bestimmter, sondern beliebiger Menschen. Missachtet wird ihre Erwartung, im gesellschaftlichen Leben so viel zu zählen wie die anderen auch. Diese Missachtung manifestiert sich nicht allein in den Handlungen und Haltungen der jeweils privilegierten Personen oder Gruppen, obwohl sie sich ohne ihr Zutun weder verbreiten noch erhalten könnte. Sie liegt in der Verfassung eines gesellschaftlichen Zustands selbst – in einer einseitigen Verteilung von Macht und Wohlstand sowie in einem Rechtssystem, das diese zementiert. Solche Strukturen organisierter Ungleichheit können auf unterschiedliche Weise zustande kommen: durch Nachlässigkeit der Verwaltung, andauernde Korruption, ökonomische Ausbeutung, durch die Dominanz intoleranter Mehrheiten oder Minderheiten bis hin zur diktatorischen Willkür – oder durch mehrere dieser Faktoren zugleich. In unterschiedlichen Arten und Graden ungerecht sind derartige Verhältnisse, weil in ihnen viele Menschen von dem – wie immer relativen – gesellschaftlichen Wohlstand, dem Zugang zu Bildung sowie einer selbständigen Beteiligung am politischen Leben ausgeschlossen bleiben.

Ein Element des Verrats liegt hierin freilich nur unter der Voraussetzung, dass allen Menschen ein Recht auf diese Güter zukommt. Diese Voraussetzung aber, so folgenreich sie auch ist, und so schwer es ist, ihr im Leben der Menschen und Völker Geltung zu verschaffen – sie versteht sich eigentlich von selbst. Denn sie kann von niemandem ohne Selbstwiderspruch bestritten werden, der für sich selbst ein Leben in Freiheit und Würde erstrebt. Da hierin die minimale Verfassung eines gelingenden menschlichen Lebens liegt, wie glücklich oder unglücklich es auch ansonsten verlaufen mag, muss der Zugang zu dieser Lebensform allen Menschen eingeräumt werden, was immer sie unter den jeweiligen historischen Bedingungen für sich und die Ihren daraus zu machen vermögen. Insofern verweist die Grundnorm eines gerechten Zusammenlebens der Menschen auf die Grundform eines für sie guten Lebens. Diese Abhängigkeit besteht aber auch in umgekehrter Richtung. Denn ein gutes menschliches Leben außerhalb moralischer Bindungen – und somit außerhalb des Spielfeldes von Tugenden und Lastern – ist überhaupt nicht möglich.

Das übergreifende Ziel der politischen Gerechtigkeit liegt somit darin, allen Menschen ein Leben in Selbstbestimmung und Selbstachtung möglich zu machen. Bei dieser Ermöglichung aber handelt es sich nicht nur um eine ausgewogene Bereitstellung von materiellen Gütern oder einem entsprechenden Einkommen. Auch eine hierüber hinausgehende Förderung individueller Befähigungen erfüllt die Kriterien sozialer Gerechtigkeit alleine nicht. Bei ihrer Umsetzung nämlich geht es immer zugleich um eine angemessene Form der kollektiven Ausgestaltung des Zugangs zu diesen Grundgütern. Sosehr notwendige Bedingungen von Selbstbestimmung und Selbstachtung erteilt und verteilt werden können, diese selbst entziehen sich einer lediglich distributiven Verwaltung. Ihre Bewahrung ist nur im Rahmen eines allgemeinen Rechts auf Teilnahme an Prozessen der gesellschaftlichen Willensbildung möglich. Das Was und das Wie gehören zusammen; Verteilungsgerechtigkeit und Verfahrensgerechtigkeit bedingen einander. Nur wenn Gesellschaften Verfahren etablieren, in denen das Rechte und Gerechte selbst zur Verhandlung steht, können sie erwarten, dass sich ihre Mitglieder durch die Regeln, die sie sich geben, bei aller bleibenden Uneinigkeit gleichwohl anerkannt wissen. Keine Gerechtigkeit ohne Gewaltenteilung und Demokratie. Keine Gerechtigkeit ohne Gleichheit vor dem Gesetz, unabhängig von Herkunft und Geschlecht. Keine Gerechtigkeit ohne permanente Auseinandersetzung über ihre Reichweite und ihren konkreten Gehalt.

Vor Illusionen der Vollkommenheit sollte man sich daher hüten. Die Idee politischer Gerechtigkeit verweist nicht auf das überzeitliche Ideal einer rundum wohlgeordneten Weltgesellschaft. Dass keiner mehr hungern muss und niemand mehr gedemütigt wird, ist utopisch und Utopie genug. Eine Gesellschaft ohne Konflikt und Zerwürfnis ist dagegen weder denkbar noch ernsthaft erstrebenswert. Ultimative Gerechtigkeit nämlich wäre keine. Wären Menschenrecht und Menschwürde, wäre die Bedeutung von Selbstbestimmung und Selbstachtung keiner Auslegung und also keiner Kontroverse mehr zugänglich, wären sie nur zum Schein verwirklicht. Kein superlativer, sondern allein ein komparativer Begriff der Gerechtigkeit vermag die Richtung gesellschaftlicher Entwicklungen anzuzeigen. Das Beste ist, wenn es vergleichsweise besser geht: wenn der Fortschritt den Rückschritt, wenn die Tugend das Laster überwiegt.

197

Auch Staaten und ihre Institutionen können – insbesondere, aber keineswegs allein unter dem Aspekt der Gerechtigkeit – Ausdruck überpersonaler Tugenden oder Laster sein. Das bedeutet aber nicht, dass diese Vorzüge oder Nachteile unabhängig von den Tugenden und Lastern ihrer Akteure bestehen könnten; jedoch entstehen, erhalten und verändern sie sich oft unabhängig von den direkten Folgen des Handelns und der Haltung Einzelner. Der personalen Tugend der Gerechtigkeit nimmt dies nichts von ihrem Gewicht. Bereits in vorpolitischer Bedeutung kommt dem Begriff der Gerechtigkeit eine dreifache Bedeutung zu. Man kann einer Sache, anderen Personen und sich selbst gerecht oder nicht gerecht werden. Wer als Person gerecht sein will, wird auf Dauer keinen dieser Aspekte vernachlässigen dürfen. Der Versuch, einer Aufgabe gerecht zu werden, schließt die Bemühung ein, ihr auch im Urteil anderer zu entsprechen. Der Versuch, anderen gerecht zu werden, verlangt, ihre Anliegen nach den eigenen Standards ernst zu nehmen – und diese Standards immer wieder in Frage zu stellen. Der Versuch, in unterschiedlichen Lebenslagen sich selbst gerecht zu werden, ist nicht davon zu trennen, wie die anderen einen sehen und wie man sich im Spiegel der anderen sieht. Die persönliche Sorge um sich, wenn sie nicht in die Isolation führen soll, schließt eine Rücksicht auf andere von Anfang an mit ein. Sie endet auch nicht bei der Achtung und Beachtung nur einiger anderer, auch wenn es immer nur einige sein können, denen unsere besondere Fürsorge gilt. Gerechtigkeit ist keine Privatsache. Selbst im persönlichen Umkreis ist sie eine potentiell politische Kraft. Wer diese Tugend besitzt, ist bereit und hat den Mut, sich gegen Ungerechtigkeiten im Kleinen und Großen zu stellen – und dort, wo es sein muss, nach Maß der eigenen Möglichkeiten, ein öffentliches Beispiel des Widerstands zu geben.

Das Bemühen um Gerechtigkeit läuft dabei stets darauf hinaus, Gleiches gleich zu behandeln. Dieser Grundsatz hat seine Tücken. Das nämlich, was jeweils gleich behandelt werden soll, stellt durchaus Verschiedenes dar. Zumal in einem egalitären und demokratischen Verständnis operiert Gerechtigkeit im Namen der Verschiedenheit derer, denen sie zugutekommen soll. Jeder soll auf *gleiche* Weise in seinen *individuellen* Lebensmöglichkeiten respektiert werden. Darin liegt ja der Sinn von Gerechtigkeit. Sie will die Menschen einander nicht gleichmachen, sondern ihnen allen die Sicherheit geben, ihr Leben in Freiheit verbringen zu können – so, wie es ihnen nach ihrem Gutdünken richtig erscheint. Diesem Gutdünken aber werden zugleich Schranken gesetzt, um den Eigensinn nicht allein einiger, sondern aller zur Entfaltung kommen zu lassen. Deswegen versteht Kant das Recht als »Inbegriff der Bedingungen, unter denen die Willkür des einen mit der Willkür des anderen nach einem allgemeinen Gesetze der Freiheit vereinigt werden kann«.

Diese Vereinigung aber bleibt heikel. Denn Recht und Rechtsprechung, politische wie moralische Gerechtigkeit unterliegen der ständigen Gefahr, durch schematische Regeln oder eine schematische Auslegung noch so guter Gesetze und Grundsätze ihr Ziel zu verfehlen. Im institutionellen wie im individuellen Handeln muss das rechte Maß zwischen Sturheit und Laxheit immer wieder neu gefunden werden. Schon in der Erziehung unserer Kinder kann rigide Gleichbehandlung ebenso wie übertriebenes Laissez-faire ungerecht sein. Im wirklichen Leben lassen sich

Ungleichheiten nun einmal nicht so leicht kompensieren wie durch das Handicap im Golfspiel oder die Zusatzgewichte im Reitsport. Dennoch ist es der Sport, der eine beunruhigende Allegorie des prekären Gelingens menschlicher Rücksicht bereitstellt. In vielen Mannschaftssportarten schließt *fair play* das Risiko unfairer Handlungen ein. Wer ohne Reserve mit der für das Gelingen des Spiels gebotenen Leidenschaft spielt, nimmt eine gelegentliche Übertretung der Regeln in Kauf. So auch im Spiel der Moral. Wer es damit ernst meint, muss darauf verzichten, seine Hände wie Pontius Pilatus ein für alle Mal in Unschuld zu waschen. Aus der Angst, ungerecht zu sein, gehen viele Ungerechtigkeiten hervor.

95. Selbstgerechtigkeit

Menschen, die nicht wahrhaben wollen, wie brüchig der Boden ihres Denkens und Handelns ist, neigen zur Selbstgerechtigkeit. Sie lassen sich nichts sagen. In welcher Sache auch immer, sie bleiben bei ihrer Meinung, nur weil es die ihre ist. Für Einwände bleiben sie taub. Kritik an ihren Überzeugungen fassen sie als Anmaßung auf. Selbstkritik halten sie für eine unverzeihliche Schwäche. Sie meinen zu wissen, woran sie mit sich sind. Zumal in moralischen Dingen glauben sie sicher auf der Seite der und des Guten zu stehen. Allein damit haben sie einen ersten Schritt in den Abgrund des Bösen getan. Gerecht kann man nicht sein; man kann nur versuchen, es zu werden. Mit der Selbstgerechtigkeit fängt alle Ungerechtigkeit an.

96. Nachsicht

Schon in der alltäglichsten Verständigung kommen wir ohne Nachsicht nicht aus. Die mündliche Rede vollzieht sich in oft unvollständigen Sätzen und windschiefen Satzperioden. Viele dieser Mängel ergänzen wir stillschweigend, oft ohne sie überhaupt zu bemerken. Auch wenn uns die Unordnung des Redeflusses auffällt, gehen wir, solange wir halbwegs mitkommen, großzügig darüber hinweg, wie wir es auch von den anderen erwarten. Selbst beim Lesen verhält es sich häufig nicht anders. Nicht jeden Fehler im Satz und in der Logik von Texten nehmen wir zum Anlass größerer Klagen. Die Barmherzigkeit unter Menschen schließt die Zeichensetzung mit ein.

Wer überhaupt jemanden verstehen will, wie dunkel seine Äußerungen, wie verschlossen sein Wesen und wie verquer sein Verhalten auch sein mag, muss annehmen, dass es einen Sinn hat, wie er sich in seinen Worten und Taten gibt. Nicht dass man ihm deswegen überall zustimmen müsste – Gott bewahre. Aber selbst die entschiedenste Ablehnung seiner Ansichten und Absichten enthält das Zugeständnis, dass er sich nicht überall irrt. Andernfalls wären weder seine Absichten noch seine Ansichten als solche erkennbar. Wer in allem falsch läge, läge nirgendwo daneben. Ihm fehlte das Maß an Verständigkeit für die Dinge der Welt und des Lebens, die es sogar für die verrücktesten Meinungen und Machenschaften braucht. Wo aber ein gewisser Grad an Verständigkeit gegeben ist, kann es Verstehen geben. Diesem Verstehen ist selbst da, wo es mit Vorbehalt oder Abscheu verbunden ist, ein Element der Versöhnlichkeit beigemischt. Solange wir einen Menschen überhaupt verstehen wollen, sehen wir in ihm einen von uns – jemanden, der, auch wenn wir ihn verurteilen, von Antrieben bestimmt ist, die wir in anderen Kombinationen von uns her kennen.

In dieser Großmut der Nachsicht liegt aber auch eine Schwäche, nicht zuletzt dort, wo wir sie uns selbst gegenüber walten lassen. Nur zu leicht muss sie als Ausrede herhalten – für das Unterlassen von Widerstand, zu dem man sich nicht aufraffen kann, für das Erdulden von Zumutungen, die man sich nicht zurückzuweisen traut. Man ruht sich auf dem Lotterbett seiner Weichherzigkeit aus. Man schreibt sich die eigene Sanftmut zugute. Man macht sich vor, dass Strenge Schroffheit wäre, und erspart sich die Mühe, mit Nachdruck bei der Sache zu sein. Damit verspielt man den eigenen Einfluss auf andere, einschließlich jener Form der Macht über sie, die weitgehend ohne Machtmittel auskommt. Natürliche Autorität nämlich besteht darin, in einer für die anderen nicht völlig berechenbaren Balance nachgiebig und unbeugsam zu sein. Mit sich und den anderen Geduld zu haben ist nur lobenswert, wenn einem irgendwann einmal der Geduldsfaden reißt.

97. Geduld

Geduld ist eine Tugend der Unnachgiebigen. Sie verzichten darauf, ihre Vorhaben mit Starrsinn zu verfolgen. Sie haben Vertrauen darin, dass ihre Stunde noch kommen wird. Sie lassen sich Zeit – und verlieren doch ihr Ziel nicht aus den Augen. »In der Geduld liegt die Kraft«, lautet ihr Motto, und wer wollte das bestreiten. Doch Geduldigsein kostet auch Kraft. Allerlei Antriebe müssen gefiltert oder ganz zurückgehalten werden, was seinerseits erhebliche Energien verbraucht. Schon gar nicht ist es den Geduldigen gegeben, ihre Energien in plötzlicher Verausgabung zu verschwenden. Die Freunde von A. A. Milnes *Winnie the Pooh* lieben die Figur des Tigger, der einen lebhaften Kontrapunkt zu dem bedächtigen Bären, der altklugen Eule und dem melancholischen Esel bildet. Mit seinem Ungestüm wirft er alles über den Haufen. Solches Vorpreschen ist den Geduldigen fremd. Sie verachten das impulsive Handeln und übersehen dabei, dass es einen ebenso wie das bedächtige vor Schlimmerem zu bewahren vermag. Manchmal entscheidet ein einziger Augenblick über ein individuelles oder kollektives Schicksal. Dabei kann es gerade die Ungeduld sein, die den Funken zum Überspringen bringt. Ohne sie käme keine Empörung auf. Ohne sie fände keine Erhebung statt. Ohne sie wäre den Diktatoren dieser Welt ein ruhiger Lebensabend sicher. Engelsgeduld ist nicht für Menschen gemacht.

98. Ausdauer

Es gibt Tugenden, die eine Grundlage für den Erwerb und Erhalt vieler anderer legen. Eine von ihnen ist die Ausdauer. Sie unterstützt die Geduld, den Mut, die Tatkraft, den Fleiß, die Zielstrebigkeit, die Hartnäckigkeit, die Mäßigung, die Hoffnung und etliche andere mehr. Sie unterstützt sie dabei, nicht nachzulassen in dem, worauf sie uns richten. Aber die Ausdauer ist nicht nur ein Aufputschmittel für andere Tugenden. Sie stärkt uns den Rücken bei Tätigkeiten verschiedenster Art. Sie hält uns in ihrer Bewegung. Soll ein Buch geschrieben werden, ist es gut, jeden Tag am Ball zu bleiben. Soll der Garten umgegraben werden, muss die Kaffeepause auch einmal warten. Und so bei allen anderen Mittel- und Langstreckenläufen: Wer nicht dabeibleiben und dabei immer wieder einmal zulegen kann, sollte sich gar nicht erst auf die Bahn eines anspruchsvolleren Vorhabens begeben. Ausdauer hält uns bei der Stange. Eben deswegen aber bleibt sie indifferent gegenüber dem Sinn der Tätigkeiten oder auch Tugenden, mit denen sie mitzuhalten hilft. Sie weiß alleine nicht, wann es anzufangen und wann es aufzuhören gilt. Sie gibt auch dort noch ihre Durchhalteparolen aus, wo wir längst auf verlorenem Posten stehen oder uns auf dem Weg in Verderben und Verbrechen bewegen. Manche laufen mit Ausdauer ihrem Untergang entgegen.

99. Opportunismus

Ein Übermaß an Ausdauer und Geduld wird man den Opportunisten nicht vorwerfen können. Schon deswegen gelten sie als unlautere Gesellen. Aber sie fallen nicht allein durch einen Mangel an Disziplin oder Langmut auf, sondern vor allem durch ihre Bereitschaft, ihre vermeintlichen Grundsätze bei jeder Gelegenheit über Bord zu werfen. Sie wechseln ihre Überzeugungen wie ihr Hemd. Sie hängen ihr Fähnchen nach dem Wind. »Was interessiert mich mein Geschwätz von gestern«, lautet ihr Wahlspruch.

Drei Motive sind dabei vorherrschend: Feigheit, Gier und eine gewisse Lust an der Hochstapelei. Opportunisten scheuen sich, mit ihrer eigenen Meinung ans Licht zu treten. Sie sind auf Kosten ihrer Aufrichtigkeit auf eine Übervorteilung anderer aus. Sie gefallen sich darin, die anderen zu blenden, nur um selbst im besten Licht dastehen zu können. Welche Kombination dieser Motive die Opportunisten auch antreiben mag, eine erhebliche Wachsamkeit wird man ihnen nicht absprechen können. Sie hören das Gras wachsen. Sie haben Gespür für Entwicklungen, die noch gar nicht recht in Gang gekommen sind. In ihrem Sinn für Gelegenheiten stehen sie den Fatalisten nicht nach. Allzu oft aber machen sie von der Tugend ihrer Urteilskraft einen lasterhaften Gebrauch. Sie verfügen über eine gesunde Witterung für soziale Situationen, die sie für ihre ungesunden Winkelzüge zu nutzen wissen.

100. Ernsthaftigkeit

Man könnte ins Grübeln darüber geraten, wie es dazu kam, dass Generationen deutschsprachiger Eltern ihre männlichen Sprösslinge auf den Namen »Ernst« taufen konnten, wo doch beispielsweise »Fridolin« so viel fröhlicher geklungen hätte (wie es immerhin auch für »Ernestine« gilt). Wahrscheinlich hegten sie die Hoffnung, ihr Sohn würde dereinst Manns genug sein, sich dem Ernst des Lebens zu stellen. Oder sie waren davon beeindruckt, dass ihr Neugeborenes, wie es nicht selten vorkommt, so gefasst dreinschaute, als wüsste es schon, was alles auf es zukommen würde. Glücklicherweise aber hängt die Ernsthaftigkeit eines Menschen nicht allein von seinem Vornamen ab. Was sie ausmacht, lässt sich am leichtesten negativ sagen. Wer einen eher ernsten Charakter hat, ist der Sorglosigkeit und dem Leichtsinn abhold. Er lehnt es ab, mit gewichtigen Dingen Schindluder zu treiben. Weder in seinem Auto noch in seiner Seele wird er die Unordnung überhandnehmen lassen. Seine Ordnungsliebe grenzt manchmal an den Ordnungswahn. Er verfährt gründlich und gewissenhaft selbst dort, wo er gegen Recht und Gesetz verstößt. Aus seiner Sicht ist das Leben zu kurz, um es mit Spaß und Spiel zu vergeuden. In Scherz, Satire und Ironie vermag er keine tiefere Bedeutung zu erkennen.

Natürlich hat auch der ernste Mensch seine frohen und freudigen Momente, wie es sich schon aus physiologischen Gründen kaum vermeiden lässt. Eine durchweg heitere Lebenshaltung aber ist ihm suspekt. Sie erscheint ihm verantwortungslos. Man muss doch, wie er meint, zu seinen eigenen Entschlüssen stehen, anstatt wankelmütig mal auf diesen, mal auf jenen Pfaden zu wandeln. Auch wenn er damit nicht ganz falsch liegt, so verkennt er doch zweierlei. Erstens: Für niemanden gibt es nur den *einen* optimalen Lebensweg, was auch immer er sich vormachen mag. Zweitens: Jeder noch so gute Lebensweg kann nicht nur im Ernst bewältigt werden. Nur weil man wählen muss, muss man den Unernst nicht abwählen. Im Gegenteil. Ein übersteigerter existentieller Ernst verkennt, dass Pathos und Spottlust einander keineswegs ausschließen. Nur mit beiden kommt man dem Zickzack des Lebens bei. Sogar beim Philosophieren verhält es sich so. »Der Philosophie spotten, das ist wahrhaft philosophieren«, bemerkt Pascal. Erst wenn man begriffen hat, dass nicht alle begrifflichen

Rechnungen aufgehen, hat man den Glauben an die Philosophie gefunden. Oder, mit Adornos Formel: »Philosophie ist das Allerernsteste, aber so ernst auch wieder nicht.«

101. Redlichkeit

Man kann sich einen ernsthaften Buchhalter vorstellen, der seine Firma nach Strich und Faden betrügt. Ein redlicher würde dergleichen nie tun. Zumindest mit seinen beruflichen und persönlichen Pflichten meint er es ernst, selbst wenn er ansonsten immer einen Scherz auf den Lippen hat. Redlichen Menschen gehen Rechtschaffenheit und Unbestechlichkeit über alles. Sie verbinden eine hohe Aufrichtigkeit mit gehörigen Skrupeln, auch nur eine der Regeln des sozialen Verkehrs zu brechen. Sie zaudern dreimal, bevor sie quer über die Gleise gehen. Sie wollen und werden nicht aus der Reihe tanzen. Vor lauter Lauterkeit halten sie sich noch an die abwegigste Konvention. Ihr Ideal ist die Seriosität, wofür sie mit einem Mangel an Phantasie und Kreativität bezahlen.

102. Nüchternheit

Mag die Lage noch so ernst oder noch so berauschend sein, die Nüchternen behalten einen klaren Blick. Sie lassen sich nichts vormachen – und sie machen sich nichts vor. Sie lassen sich nicht mitreißen – weder von ihren eigenen Phantasien noch von denen der anderen. Euphorie und Panik sind ihnen fremd. Gegen Überschwang und Verzweiflung bringen sie einfach ein paar Fakten ins Spiel, wobei sie gelegentlich durch einen trockenen Humor zu gefallen wissen. Die Nüchternen verstehen sich als Anwälte des Wirklichen in einer Welt, die von den Gutwilligen wie den Böswilligen gleichermaßen getäuscht werden will. »Zurück auf den rauhen Boden!« – diese listige Aufforderung Wittgensteins haben sie mit vollem Ernst zu ihrem Lebensmotto erkoren. Erregbarkeit und Imagination halten sie für Sprungbretter in die Illusion. Sie geben sich so wenig ihren Launen hin, dass man meinen könnte, sie hätten keine. An ihrer Kühle kann man sich nicht wärmen. Mit ihrer spröden Art können sie richtige Stimmungstöter sein. Es gibt Menschen, die sind so beharrlich nüchtern, dass sie einfach nur langweilig sind.

103. Langeweile

Wir alle hassen den Zeitdruck, aber ganz ohne ihn ginge es uns auch nicht besser. »Sein Leben fühlen, sich vergnügen«, sagt deshalb Kant in einem Exkurs »von der langen Weile und dem Kurzweil« in seiner *Anthropologie in pragmatischer Hinsicht*, »ist also nichts anders als: sich kontinuierlich getrieben fühlen, aus dem gegenwärtigen Zustande herauszugehen (der also ein eben so oft wiederkommender Schmerz sein muß).« Das scheint Schopenhauers Bemerkung vorwegzunehmen, das menschliche Leben sei

von einem Pendelschlag zwischen Schmerz und Langeweile bestimmt. Kant jedoch entwirft ein gnädigeres Bild
der menschlichen Glückserwartung. Aus seiner Sicht ist
gerade das Vergnügen am eigenen Dasein an einen Stachel
des Schmerzes gebunden. Das positive Gefühl für die eigene Gegenwart lebt von der Aussicht auf ihre tätige Verwandlung. Zwar kehrt das Unbehagen an der gegenwärtigen Lage, wie befriedigend sie zunächst auch erscheinen
mag, stets von neuem zurück. Doch ebenso oft gibt es Anlass zu ihrer Überschreitung. Wir können uns nur dann
in einer zuträglichen Lage halten, wenn wir uns bemühen, ihre jeweiligen Umstände früher oder später zu verlassen. Nicht allein die Natur, auch die Kultur des Lebens
vollzieht sich in einem Rhythmus des Verweilens und Ver-
gehens, für dessen Schwingungen jeder selbst zu sorgen
hat. Bleibt diese Rhythmik aus, so kann das Ungenügen an
der Gegenwart, wie Kant sagt, »bis zu der Entschließung
wachsen, seinem Leben ein Ende zu machen, weil der üp-
pige Mensch den Genuß aller Art versucht hat, und keiner
für ihn mehr neu ist; wie man in Paris vom Lord Mor-
daunt sagte: ›die Engländer erhenken sich, um sich die
Zeit zu passieren‹.«

So weit muss es nicht kommen. Mit etwas Umsicht
kann man sich vor ödem Zeitvertreib durchaus hüten.
Man darf nur nicht den Aposteln der Leidensvermeidung
auf den Leim gehen. Dass Leidenschaft Leiden schafft –
auch so lässt sich Kants Einlassung verstehen –, spricht
überhaupt nicht gegen sie. Denn sie ist es, die uns in eine
Welt liebsamer und unliebsamer Überraschungen führt,
deren Wechselfälle kein vernünftiger Mensch wird missen wollen. Ihre Mühen und Freuden sind ein wirksames
Remedium gegen den Überdruss. Etwas oder jemanden

langweilig zu finden und also sich langweilen zu können, ist darum keine geringe Fähigkeit. Sie stellt uns einen Kompass zur Verfügung, der uns vor dem Eintritt in
Zonen und Zeiten eintöniger Tätigkeiten bewahrt. Auch
beim besten Willen ist schließlich niemand in der Lage,
an allem, wofür man sich interessieren könnte, tatsächlich Interesse zu nehmen. Wer aber auch alles interessant
fände, wäre so langweilig, dass er sich nicht einmal langweilen könnte. »Wir verzeihen oft denen, die uns langweilen, aber niemals denen, die wir langweilen«, bemerkt
La Rochefoucauld. Wir können und müssen damit leben,
nicht jederzeit von unterhaltsamen Menschen umgeben
zu sein, aber wir müssen uns darum nicht selbst verkümmern lassen. Eines immerhin spricht für die langweiligen
Zeitgenossen. Zwar sind sie relativ arm an anderen Tugenden, dafür aber auch an schlimmeren Lastern.

104. Zerstreutheit

Wer der Tatsache seiner Sterblichkeit nicht ständig eingedenk ist, wird sein Leben günstigenfalls mit nichtigen Zer-
streuungen verbringen: So haben es Philosophen, Theo-
logen und andere Therapeuten immer wieder gepredigt.
Wie die Sonne sollte man den Tod nicht anstarren, hat
La Rochefoucauld ihnen aus gutem Grund entgegnet. Es
würde einem nur schwarz vor den Augen. Menschen, die
mit freiem Blick durch das Leben gehen wollen, werden es
ohnehin nicht vermeiden können, der Endlichkeit ihres
wie allen Lebens bewusst zu bleiben, selbst in Gesellschaf-

ten, die alles daransetzen, den Tod nur als Medienereignis zum Vorschein kommen zu lassen. Dabei werden sie die Möglichkeiten der Zerstreuung nicht verachten dürfen, die ihre Kultur ihnen bereitstellt und ihre Neigungen ihnen empfehlen. Nur gelegentliche – und besser noch regelmäßige – Ablenkung verleiht ihnen die Kraft, das auszuhalten, was sie auszuhalten haben, und das zu vollbringen, was sie glauben, vollbringen zu können.

So gesehen, erscheint Zerstreuung als das gerade Gegenteil der Zerstreutheit. In Maßen genossen, bewahrt sie uns vor Übermüdung und Verzettelung. Man muss die eigenen Sorgen und Nöte, Verpflichtungen und Ambitionen auch einmal vergessen können, um es wieder mit ihnen aufnehmen zu können. Zerstreuten Personen ist dies nicht gegeben. Sie haben nicht nur ein schlechtes Gedächtnis für ihre Vorhaben und Termine, sondern auch sonst ein miserables Zeitmanagement, das sie ein ums andere Mal in die Bredouille bringt. Mit ihrer Schusseligkeit verderben sie die Ausführung selbst ihrer wichtigsten Anliegen. Oder sie verfallen in eine permanente Umtriebigkeit, bei der sie rasch den Überblick verlieren. Sie lassen sich von allem Möglichen ablenken und kommen daher nie zur Sache. Bis hin zum Selbstverlust können sie neben sich stehen.

Manchmal jedoch ist Zerstreutheit das Anzeichen einer durchaus ehrenwerten Besessenheit. Man denke an den sprichwörtlichen zerstreuten Professor, der seinen Kopf ständig in theoretischen Wolken hat. Die einschlägige Urszene liefert eine Anekdote über den hochgelehrten Thales von Milet. Wie ein Hanns Guck-in-die-Luft wandelte er gedankenverloren einher und übersah den Brunnen, der vor seinen Füßen lag. Er stürzte hinein – zum Gespött einer thrakischen Magd, die über so viel Achtlosigkeit nur lachen konnte. Gerade in einem zerstreuten Verhalten aber kann eine besondere Wahrnehmungsfähigkeit liegen. Walter Benjamin etwa glaubte in der Erfahrung des Films eine neue Art der Aufnahme von Kunstwerken entdeckt zu haben, die er »Rezeption in der Zerstreuung« nannte. Das war freilich irreführend, da die Künste die Menschen seit jeher mit ausgezeichneten Formen der Unterhaltung versorgt haben. Die Liaison zwischen Anspannung und Entspannung reicht außerdem weit über das Feld der Künste hinaus. Aufnahme und Abstoßung bedingen einander nahezu überall. Nicht nur das Organ des Herzens gehorcht der Gegenbewegung von Diastole und Systole. Auch der menschliche Geist ist in seiner Lebensfähigkeit an Polaritäten dieser Art gebunden. Ohne Ablenkung keine Versenkung; ohne Müdigkeit keine Wachheit; ohne Verträumtheit keine Konzentration; ohne Routine keine Ekstase; ohne Zerstreutheit keine Aufmerksamkeit.

105. Aufmerksamkeit

Dieser Grundspannung hat Benjamin in seinen *Denkbildern* eine schöne Betrachtung gewidmet. »Die erste aller Eigenschaften, sagt Goethe, ist die Aufmerksamkeit. Sie teilt jedoch den Vorrang mit der Gewohnheit, die ihr vom ersten Tage an das Feld bestreitet. Alle Aufmerksamkeit muß in Gewohnheit münden, wenn sie den Menschen nicht sprengen soll, alle Gewohnheit von Aufmerksamkeit verstört werden, wenn sie den Menschen nicht lähmen soll. Aufmerken und Gewöhnung, Anstoß nehmen und hinnehmen sind Wellenberg und Wellental im Meer der Seele.«

Die erste aller menschlichen Eigenschaften und also die wichtigste aller Tugenden, sagt Benjamin mit Goethe, ist die Aufmerksamkeit. Sie ist es, die aller Aufmerksamkeit wert ist, weil sie intellektuelle wie emotionale, individuelle wie soziale Sensibilität in unterschiedlichen Legierungen miteinander verbindet. Aber sie ist nicht die einzige und kann es nicht sein. Nicht nur ist sie eine unter anderen Tugenden, die ebenfalls – und ebenfalls vergeblich – um den Titel der einzigen konkurrieren. Auch sie bedarf eines Widerparts, wenn sie den Halt nicht verlieren soll. Sie bedarf des Rückhalts der Gewohnheit, die ihrer Wachheit das Feld »bestreitet« und doch zugleich bereitet. Schließlich sind alle Tugenden in Gewohnheiten des Reagierens und Agierens verankert, ohne die unser Handeln jede – und erst recht jede zuvorkommende – Fassung verlieren müsste. So gelesen, handelt Benjamins Beobachtung gar nicht von einer Tugend, sondern von vielen und vielleicht sogar allen. Sie handelt davon, was es heißt, für etwas, für andere und für sich selbst aufmerksam zu bleiben.

Dennoch ist Aufmerksamkeit auch eine besondere unter den Tugenden. Sie hält uns für vieles empfänglich. Sie lässt uns an diesem und jenem, wie Benjamin sagt, »Anstoß nehmen«. Ihr fällt auf, was ansonsten übersehen, sie stört sich daran, was ansonsten hingenommen wird. Sie stutzt und staunt darüber, was alles für selbstverständlich gehalten wird. Aber es ist nichts Bestimmtes, worauf ihr Augenmerk gerichtet ist. Denn sie ist von sich aus nicht gerichtet. Sie ist es nur von Fall zu Fall – je nachdem, was sie gerade der Achtung und Beachtung für wert hält. Eben deshalb verstört sie die Gewohnheit, löst ihre Sicherheiten auf und unterbricht den geregelten Gang der Dinge. Zugleich aber bedroht sie die Orientierungsfähigkeit des Menschen. Ihr ist nichts heilig, weil ihr alles heilig werden kann. So sehr die Gewohnheit den Menschen bis hin zu einem sozialen Tod »lähmen« kann, wenn nichts mehr seine Aufmerksamkeit zu fesseln vermag, so sehr kann die Aufmerksamkeit den Menschen »sprengen«, wenn das Verlangen, sich aber auch nichts entgehen und durchgehen zu lassen, ihn in den Wahnsinn treibt.

106. Bildung

Eine liberale Schule der Aufmerksamkeit liegt in der ästhetischen Bildung. Diese bereichert das menschliche Auffassungsvermögen vor allem dann, wenn man sich kein zu enges Bild von ihr macht. Ästhetische Bildung zeigt sich darin, nicht bloß für einen der ästhetischen Bereiche empfänglich zu sein. Bildungsbürger, für die das Ästhetische erst bei der Kunst anfängt und die sich dabei an einen festen Kanon klammern, kann man getrost ungebildet nennen. Sie haben den Status der älteren wie der neueren Kunst überhaupt nicht verstanden. Kunstwerke bündeln und potenzieren, verwandeln und verkehren viele der Energien, die auch in den anderen Bereichen des ästhetischen Vernehmens wirksam sind. Sie führen einen beständigen Dialog mit den Szenen und Landschaften der Natur und der Stadt, mit den Erfindungen der Wissenschaften sowie mit der alltäglichen Lebensgestaltung einschließlich der Kapriolen des Designs und der Mode. In vielen dieser Felder kann die ästhetische Aufmerksamkeit zugleich eine Intensivierung und eine Distanzierung der Teilnahme am Lebensvollzug bewirken. Sie intensiviert diese Teilnahme, indem sie ihren Subjekten eine ungezügelte Anschauung der Gegenwart ihres Daseins ermöglicht. Sie eröffnet einen potentiellen Abstand zu ihr, indem sie die Wahrnehmenden zum Verweilen in Zonen eines unbestimmbaren Spiels von Gestalten verleitet, durch das sie über ihr Verlangen nach einer Verfügung über die Welt hinausgetragen werden. Erst recht die Werke der Kunst vermögen die zentrifugalen wie die zentripetalen Kräfte der Kultur und des Lebens simultan zu bändigen und zu entfesseln. So oder so aber bleibt das ästhetische Bewusstsein in entscheidender Hinsicht unentschieden. Ein fester Standpunkt ist seine Sache nicht. Vielmehr hat es seinen bevorzugten Ort inmitten der Polaritäten, von denen die menschliche Lebensführung umgetrieben wird. Hier innezuhalten, sich dort aufzuhalten, es dort auszuhalten – dies macht den Segen und das Wagnis der ästhetischen Aufmerksamkeit aus.

Aus diesem Grund darf ästhetische Bildung nicht geradewegs als Krönung der allgemeinen Bildung aufgefasst werden, einmal angenommen, eine solche Krone sei überhaupt zu vergeben. Denn ihre Stärke liegt in einem Wissen um die Variabilität menschlicher Möglichkeiten, nicht hingegen in einer verlässlichen Einstellung zu ihnen. Die unvoreingenommene Erfahrung der Diversität menschlicher Stellungen zur Welt bleibt ihr Ausgangs- und Endpunkt. Gerade in dieser Erfahrung liegt ihr Beitrag zur menschlichen Charakterbildung. Denn Verständigkeit und Verständnis sind die eigentlichen Wahrzeichen der Bildung: eine Verständigkeit, die ihre Wurzel in einem Verständnis für menschliche Lebenslagen hat. Ihr zentrales Medium ist die Dialogbereitschaft. Hierzu gehört nicht allein das Vermögen, anderen zuzuhören und sich von ihnen etwas sagen zu lassen, sondern vor allem die Gabe, zusammen mit anderen die wechselseitigen Auffassungen zu variieren und zu transformieren. Wer in diesem Sinn Bildung hat, vermag von sich abzusehen, weil er die Perspektive anderer übernehmen und daher unter anderem sich aus ihrer Perspektive wahrnehmen kann. Ihn zeichnet ein emotionales wie intellektuelles Einfühlungsvermögen aus, das früher einmal auf den Namen der Herzensbildung hörte.

Mit der bloßen Anhäufung von Bildungsgütern ist es also nicht getan. In einer Akkumulation symbolischen Kapitals liegt der Wert der Bildung nicht. Wo sie als ein Besitz begriffen wird, den es gegenüber den tatsächlich oder vermeintlich Ungebildeten zu verteidigen gilt, sind Dünkel und Prätention nicht weit. Man hält sich für erlesen, nur weil man belesen ist. Man hält sich für kultiviert und gibt sich deshalb reserviert. »Einbildung ist auch eine Bildung«, sagt der Volksmund ironisch – und erinnert daran, dass Bildung ein Privileg darstellt, das nicht an irgendwelche Privilegien gebunden ist.

107. Beredsamkeit

Eine Mitgift der Bildung ist die Fähigkeit, sich mit einiger Gewandtheit in Wort und Schrift auszudrücken. Im Bündnis mit einem gewissen Esprit mag einem dies zu guter Gesellschaft verhelfen, im Bündnis mit strategischem Denken zu Einfluss und Macht, in Verbindung mit einem Ohr für die Musik der Sprache zu poetischem Ruhm. Allerdings setzt die menschliche Ausdruckslust und Ausdruckskunst keineswegs einen elaborierten sprachlichen Code voraus. Sie kann sich auf vielerlei Weise äußern, in Tanz und Gesang, Lachen und Weinen, Fluchen und Jubeln, Klatsch und Tratsch, Erzählung und Rechtfertigung, Predigt oder Klage. Diese und weitere Formen der Expressivität schließen in der mündlichen Äußerung stets eine leibliche Darbietung mit ein, die sich in Intonation, Gestik und Körperhaltung manifestiert. Da man in der Gegenwart anderer nicht nicht kommunizieren kann, ist selbst das Schweigen ein Modus der Rede. Auch ein einsilbiger Mensch kann auf seine Weise äußerst beredt sein. Menschen freilich, die eine »kommunikative Art« haben, machen einen weit großzügigeren Gebrauch von dem Orchester der menschlichen Ausdrucksformen. Sie sprechen an und sprechen aus, was sie jeweils bewegt, und behalten dabei ein offenes Ohr für andere. Sie lassen ihr Gegenüber wissen, dass es mit ihrer Anteilnahme rechnen kann. Sie finden Worte für ihre eigenen Freuden und Leiden, aber auch für die Demütigung und Entrechtung anderer. Sosehr dies eine erfreuliche Gabe darstellt, sie ist nicht allen gleichermaßen gegeben. Jeweils auf ihre Weise beredt zu sein ist eigentlich alles, was man unterschiedlichen Menschen wünschen – und was man von ihnen erwarten kann. Jeder nach seiner Art, muss hier die Maxime lauten – solange sein Selbstausdruck nicht zu einer Missachtung und Belästigung anderer führt.

Maulfaulheit, Verschlossenheit und Verstocktheit sind dabei nur die einen Spielarten des Lasters im Feld des kommunikativen Handelns. Die anderen bestehen in Formen der Geschwätzigkeit, die sich bis zur Logorrhöe steigern können. Eloquenz – oder was sich dafür hält – wird zu einem Fluch für die Menschheit, wenn sich Hohlheit und Klügelei in ihr ausleben. Die Phrasendrescher treiben ihr Unwesen in Wissenschaft und Politik. Auch im kleineren Kreis ist niemand vor selbstgefälligem Geschwafel sicher. Der *bullshitter* vermag stundenlang zu schwadronieren, ohne sich von Argument und Einsicht unterbrechen zu lassen. Manche reden bloß, um sich reden zu hören, weil sie glauben, wenigstens hierbei eine Bestätigung ihrer Existenz zu finden. Wer Geschmack nur am eigenen Gerede findet, hat einen Gipfel der Blasiertheit erreicht.

108. Geschmack

Kein schlechtes Anzeichen für das, woran uns ohne Vorbehalt liegt, sind ästhetische Reaktionen, mit denen wir einander in spontaner Regung zeigen, was uns gefällt und widerstrebt – und wie wir uns widerstreben und gefallen. Viele unserer Beweggründe haben eine ästhetische Dimension, an der sich unser Geschmack an den Dingen des Lebens zeigt. Das fängt schon bei der Lust am Essen und Trinken an. Vieles andere aber, das unsere Sinne weit weniger direkt berührt, kann uns ebenfalls unmittelbar affizieren – in Form eines Geschmacks für Gestaltungsarten, Lebenslagen und Lebensweisen, die ihre Attraktion auch dann behalten und oft vor allem dann entfalten können, wenn sie den unseren einigermaßen fern stehen. Ein Sichberühren- und -bewegenlassen durch fremde Daseinsformen lässt uns wenigstens imaginativ an ihnen partizipieren; ein Sichtragenlassen von dem Rhythmus der eigenen macht uns ihre besonderen Choreographien bewusst. Das Gefallen an gewohnten und an entlegenen Kulturen des Lebens gehört zusammen. Das Gleiche gilt für das Missfallen an ihnen, das nicht selten ein Indikator dafür ist, dass bestimmte Praktiken unseren sinnlichen und sittlichen Dispositionen zuwider sind.

Bei den ersten ästhetischen Reaktionen aber darf es im Handeln nicht durchweg bleiben. Sie müssen sich gegebenenfalls durch Gründe korrigieren oder überstimmen lassen, die der unmittelbaren Anmutung widersprechen. Schon bei unseren Urteilen über Produkte der Kunst und Küche verhält es sich so; ein genaueres Deuten und Kosten kann uns hier zu einer erweiterten Wahrnehmung verhelfen. Nicht viel anders steht es mit unseren Urteilen über soziale Praktiken, die uns zunächst widersinnig oder verwerflich vorkommen, und ebenso über solche, die uns spontan als fair oder nobel erscheinen. Das äußere Erscheinen darf hier nicht immer den Ausschlag geben. Personen, die zu einer Revision ihrer spontanen Eindrücke nicht bereit oder in der Lage sind, verhalten sich geschmäcklerisch. Für sie zählt nur, wovon sie sich angezogen fühlen. Sie lassen nur ihren eigenen Geschmack gelten. Dadurch betrügen sie sich und andere. Sie betrügen andere, weil sie in deren Eigensinn nur Unsinn zu erkennen vermögen. Sie betrügen sich selbst, weil sie sich vieles entgehen lassen, woraus sie Erfahrung und Einblick gewinnen könnten. Leute, die sich an ihrem persönlichen Geschmack festklammern, machen sich zu Gefangenen ihrer eigenen Subtilität. Sie meinen, ein stimmiges Leben zu führen, solange nur die Inneneinrichtung stimmt.

Ein unverbildeter Geschmack dagegen beweist sich in einer Empfänglichkeit für Korrespondenzen weit über die ästhetische Sphäre hinaus. Wer auf sie achtet, kennt sich im Unsicheren und Unwägbaren aus, dort, wo Berechnung und Ableitung allein zu nichts führen, dort, wo es darauf ankommt, sich vom beinahe Unmerklichen leiten zu lassen. Ein sicheres, aus Umsicht geborenes Urteil über heiklere Sachen – seien es Personen, Parteien, Theorien, Mächte, Kriege, Rosenkriege, Szenen der Natur oder Werke der Kunst – hat nur, wer ein Gespür für die Einmaligkeit von Konstellationen in diesen und anderen Feldern hat. Aller Geschmack ist ein Sinn für das Besondere – für die Individualität nicht allein von Situationen und Objekten, sondern auch von Personen. Die Achtlosigkeit unter den Menschen fängt bei dem Nachlassen der Aufmerksamkeit für ihre Eigenart an. La Rochefoucauld hat dies bemerkt, als er sagte: »Wenn unsere Tugend herabsinkt, sinkt auch unser Geschmack.« Die Umkehrung gilt auch: Unsere Tugend lässt nach, wenn unser Geschmack an den Dingen des Lebens erlahmt.

109. Spielfreude

Keinen Gefallen an der Oper oder der Malerei zu finden ist wahrlich keine Schande. Es bleibt ja noch genug anderes übrig. Überhaupt keinen Geschmack an den Künsten zu finden (nicht einmal an der Musik), läuft zwar auf eine erhebliche Einschränkung des Horizonts hinaus, lässt sich aber durchaus kompensieren. Es bleibt immerhin die Kochkunst übrig. Selbst wer diese verschmäht, kann sich an den Schönheiten der Natur oder von Städten berauschen. Richtig eng würde es erst, wenn eine Person gar keine Freude an der Varietät seiner Lebensumgebungen und somit an einer Variation ihrer selbst mehr fände. Sie hätte nicht länger ein Faible für Spiele jedweder Art. Sie wäre nicht in der Lage, eine Leidenschaft für den Abstand von ihren Leidenschaften zu entwickeln. Sie wäre außerstande, sich zeitweilig von den dauernden Bindungen ihres Lebens zu befreien.

Pascal sah das anders. Für ihn war der Hang des Menschen zu Spaß und Spiel ein Zeichen des Elends einer gottvergessenen Lebensführung. »Derart unglücklich ist also der Mensch, daß er sich bekümmert, ohne irgendeinen Grund zu haben, und allein durch die Anlage seines Gemüts; und so billig ist er, daß, obgleich es tausend echte Gründe des Kummers gibt, das geringste, ein Billard oder Ball, den er schlägt, genügen, um sich zu zerstreuen.« Und knapper noch: »Die Menschen beschäftigen sich damit, hinter einem Ball oder einem Hasen herzujagen; das ist sogar das Vergnügen der Könige.« Die Menschen gleich welchen Rangs, meint Pascal, verlangt es beständig nach Ablenkung, weil sie weder wissen noch wissen wollen, wie es eigentlich mit ihnen steht. Sie wählen die Flucht in Formen eines sinnlosen Zeitvertreibs, anstatt sich mit den Rätseln ihres endlichen Daseins zu konfrontieren.

Eine hellsichtige Entgegnung auf diesen Eskapismusvorwurf findet sich bei Kant. Unverkennbar an die eigene Lebenspraxis denkend, stellt er sich in seiner *Anthropologie* die Frage: »Warum ist das Spiel (vornehmlich um Geld) so anziehend, und, wenn es nicht gar zu eigennützig ist, die beste Zerstreuung und Erholung nach einer langen Anstrengung der Gedanken; denn durch Nichts-Tun erholt man sich nur langsam?« Seine Antwort lautet: »Weil es der Zustand eines unablässig wechselnden Fürchtens und Hoffens ist.« Weit davon entfernt, eine bloße Ausflucht vor den Unwägbarkeiten des menschlichen Lebens zu sein, meint Kant, ist das Spielen eine besondere Form, es mit ihnen aufzunehmen. »Wodurch sind Schauspiele (es mögen Trauer- oder Lustspiele sein) so anlockend? Weil in allen gewisse Schwierigkeiten – Ängstlichkeit und Verlegenheit, zwischen Hoffnung und Freude – eintreten und so das Spiel einander widriger Affekten beim Schlusse des Stücks dem Zuschauer Beförderung des Lebens ist, indem es ihn innerlich in Motion versetzt hat.« Auch das Theater, aber keineswegs nur es, bringt den Prozess »eines unablässigen wechselnden Fürchtens und Hoffens« in Gang, wie Kants Formel für die – sei es rezeptive, sei es ausführende – Teilnahme an Praktiken des Spielens lautet. Kant hat dabei jederzeit im Auge, dass dieses Wechselspiel – und nicht selten: dieses Ineinander – positiver und negativer Erwartungen eine Grundspannung des menschlichen Lebens *überhaupt* darstellt. Jedoch liegt für ihn der Witz spielender Beschäftigungen gerade darin, dass diejenigen, die sich ihnen überlassen, für die Dauer ihres Vollzugs einen Abstand gegenüber dem Ernst ihrer übrigen Lebensangelegenheiten gewinnen. Die Bedeutung des Spielens ergibt sich für Kant aus einer um ihrer selbst willen durchlebten leiblichen und/oder seelischen »Motion«: aus einem ambivalenten Bewegtsein, das gerade in seiner Ambivalenz genossen werden kann.

Ob in den Künsten oder im Sport, ob es nach festen oder nur ungefähren Regeln erfolgt – im Spielen geht es nicht primär um etwas, das erspielt wird, sondern primär um die Anregung des Spiels selbst. Es ist ein nicht durchgehend festgelegtes Handeln, das von der Ungewissheit seiner Verläufe lebt. Es ist ein involvierendes Handeln; es besteht in einer Verausgabung an die Situation des Handelns. Es ist schließlich ein zeitlich begrenztes Handeln; es steht in einem Kontrast zu der Kontinuität des übrigen Lebens. Wie immer und was immer wir spielen – wir spielen, wenn und weil wir bewegt sein wollen um dieses Bewegtseins willen. Dabei wird stets um Gegenwart gespielt. Wir wollen uns in der Situation des Spielens auf eine besondere Weise gegenwärtig sein. Wir wollen im oder beim Geschehen des Spiels oder der Spielhandlung sein – so, dass wir alles andere dabei vergessen können. Wir wollen in einer Situation sein, die nicht über sich hinausweist, aber doch unabsehbare Gestalten erzeugt. Wir wollen in den Möglichkeiten einer außergewöhnlichen Gegenwart verweilen.

Nicht alle halten es dort lange aus. Es gibt Eltern, die beim Brettspiel mit ihren Kindern innerlich auf die Uhr schauen und hoffen, es möge bald ausgestanden sein. Die Anspannung, die das Spiel ihren Kleinen – und wenn diese größer werden, auch ihnen selbst – abverlangt, finden sie nur anstrengend. Anderen Erwachsenen ist das spielende Tun fremd geworden, weil es ihnen unproduktiv erscheint.

Es kommt für sie nichts dabei heraus. Deswegen neigen sie, wenn sie sich denn an Spielen beteiligen, zu einer Instrumentalisierung des Spiels. Es wird dann vorwiegend um Ruhm und Ehre, vor allem aber um Geld gespielt. Nicht das Spiel selbst zählt dann mehr, sondern nur noch, ob es sich auszahlt. Dann ist die Spielsucht nicht mehr weit; das Rollen der Kugel beim Roulette wird zum Grundbass des Lebens. Doch die Verlockungen des Spielens können auch ohne alle Aussicht auf materiellen Gewinn absolut gesetzt werden. Dies geschieht, wenn die Gegenwart des Spiels als einzig lohnende Wirklichkeit des Lebens erfahren wird – wenn die Verwandlungen, die hier geschehen, als aussichtsreicher erscheinen als alles, was sich außerhalb seiner künstlichen Grenzen ereignen kann.

Die Agitation des Spielens läuft leer, wenn das Spielen nur noch um sich selbst kreist. Nicht länger eröffnet es dann die Zeit eines freien Spiels der menschlichen Fähigkeiten. Nicht länger versetzt es seine Teilnehmer in eine Bewegung, die sie auch in anderen Bereichen in Schwung versetzen kann. Spielerisches Handeln nämlich ist keineswegs auf spielendes Handeln beschränkt. In der Verfertigung von Gedanken im Reden und Schreiben kann das Spiel mit Worten die Tür zu Eleganz und Einsicht öffnen. Bei der Bewältigung nahezu jeder unübersichtlichen Situation kommt es auf ein rasches Eingreifen oder Umdenken an, das den Modulationen des Spielhandelns gar nicht so unähnlich ist. Spielfreude, die eigentlich zu nichts Weiterem gut ist, ist durchaus für vieles Weitere gut. Sie enthält eine Beigabe, die auch der rationalste Mensch nicht wird verachten wollen: Improvisationstalent.

110. Rationalität

Rational sind Personen, die sich in ihrem Denken und Handeln an Gründen orientieren. Irrational sind Personen – aus demselben Grund. Nur sind es schlechte Gründe, von denen sie sich leiten lassen. Schon die bloße Fähigkeit eines Menschen, zu denken und zu handeln, setzt eine gewisse Empfänglichkeit für Gründe voraus. Andernfalls könnten wir nicht erkennen, warum er diese oder jene Überzeugung hat und auf diese oder jene Weise handelt. Diese Gründe freilich können abwegig sein. Aber nur wenn wir annehmen, dass sie die Ursachen für das wie immer befremdliche Verhalten einer Person darstellen, können wir ihr Tun und Lassen überhaupt als Handeln verstehen. Nur solange wir davon ausgehen können, dass ihre Überzeugungen in ihrem Verhalten eine ausschlaggebende Rolle spielen, werden wir sie für zurechnungsfähig halten. Zurechnungsfähig zu sein aber bedeutet noch lange nicht, vernünftig zu sein. Dies trifft nur auf Personen zu, die in der Regel einen vernünftigen Gebrauch ihrer rationalen Fähigkeiten machen. Sie werden von Fall zu Fall überlegen, was als hinreichender Grund für ihre Ansichten und Absichten zählt – und werden versuchen, mit ihren Einsichten Schritt zu halten.

Mit Gründen aber ist es so eine Sache. Es gibt unüberschaubar viele; sie sprechen für unüberschaubar vieles; sie stehen in unüberschaubar vielen Beziehungen zu anderen. Deshalb sind rationale Wesen Teilnehmer in einem Spiel des Gebens und Entgegennehmens von Gründen, das keiner der Mitspieler je vollständig kontrollieren kann. Wer Irrationalität gänzlich vermeiden wollte, dürfte sich auf Rationalität gar nicht einlassen. Nicht dass wir die

225

Wahl hätten. Die Praxis der Übernahme, Kritik und Revision rationaler Festlegungen gehört zur Biosphäre jeder menschlichen Kultur. Der kognitive Haushalt von Personen ist in einem beständigen Umbau begriffen, der allein durch die Eingliederung und Abstoßung von Urteilen erfolgen kann. Wenn es gutgeht, erfolgt ein solcher Umbau nach halbwegs einsichtigen Kriterien. Diese Struktur der Aufnahme und des Austauschs von Gründen stellt das Fundament einer Lebensform dar, deren Mitglieder sich aus einem verzweigten Wissen über Gott und die Welt in der Welt zurechtfinden müssen. Zu einem derartigen Wissen gehört dasjenige um die Grenzen unseren und allen Wissens – und damit die Gewissheit, dass auch unsere vorerst letzten Gründe immer vorläufige Gründe sind, die sich früher oder später als einseitig, ungültig oder gegenstandslos erweisen können.

Man stellt sich Gründe gern als reine Gedankendinge vor, die in einer eigenen Seinssphäre hausen. Das Gegenteil ist richtig. Sie lagern und lauern an allen Ecken und Enden der bekannten wie der noch unbekannten Wirklichkeit. Gründe sind von dieser Welt. Sie sind Zustände oder Ereignisse, deren Kenntnis und Erkenntnis für Handelnde zum Rückhalt dafür werden, dies zu glauben und jenes zu wollen. Zu diesen Zuständen gehören auch die menschlichen Leidenschaften. Sie bewegen uns in diese oder jene Richtung, in die wir ihnen, solange wir bei Sinnen sind, nicht jederzeit werden folgen wollen. Es wäre aber ein ganz falsches Bild eines vernünftigen Menschen, ihn von früh bis spät damit beschäftigt zu sehen, seine Leidenschaften im Zaum zu halten. Denn ohne ihre Bewegung aufzunehmen, gegebenenfalls umzuleiten und falls nötig zu transformieren, könnte nicht einmal ihre Zähmung gelingen.

Wer nicht mit einigen seiner Leidenschaften mitzugehen wagt, wird früher oder später in Teilnahmslosigkeit verfallen. Ob aus Liebe zu einer Person oder Wissenschaft, ob aus Neugier auf ferne Regionen, ob aus Empörung über Unrecht und Erniedrigung, ob aus Verlangen nach Macht und Erfolg: Die Parteinahme für unsere leitenden Leidenschaften bedeutet immer, sich von den eigenen Passionen ins Ungewisse und also möglicherweise in die Irre führen zu lassen. Nur ein irrationaler Mensch aber kann dieses Wagnis um jeden Preis vermeiden wollen. Dies liefe auf den bizarren Versuch einer Vermeidung von Lebenserfahrung hinaus, die – wie fast jede prägende Erfahrung – immer auch eine Erfahrung des Scheiterns ist. Um Versuch und Irrtum kommt niemand herum. Niemand, der überhaupt etwas aus eigenem Antrieb und eigener Überlegung will, kann wollen, sich jederzeit auf sicherem Gleis zu bewegen. Die Fähigkeit, guten Glaubens in die Irre zu gehen, ist Teil unseres rationalen Vermögens, das uns immerhin davon abhalten kann, in großem Stil auf Abwege zu geraten.

Es gehört darum zu den ersten Missionen der menschlichen Vernunft, unsere Leidenschaften so am Leben zu erhalten, dass sie einander und uns selbst nicht zerstören. Eine zweite aber ist nicht weniger wichtig. Sie besteht darin, sich selbst und den anderen einigermaßen verständlich zu bleiben. Wer vergisst oder verleugnet, dass *seine* Vernunft nur *eine* sein kann, die er mit anderen teilt, entwertet die Kraft der eigenen Gründe, da er glaubt, sie von den Einsprüchen anderer ausnehmen zu können. Damit aber nimmt er sich von den anderen aus, was es ihm unmöglich macht, sich ihnen offen zuzuwenden – und ihm das Recht nimmt, offene Zuwendung von anderen zu erwarten. Ein Sichtaubstellen gegenüber den Gründen zumal des Mitgefühls ist die unvermeidliche Folge. Wer nicht darauf achtet, was unter Menschen zählt, verhält sich lieblos zu anderen wie zu sich selbst.

Eros und Logos sind also keine Antipoden. Die Tugend des Vernünftigseins beruht auf einer wachen Hinwendung zur Welt, ohne Angst vor Erkenntnis und Verpflichtung. Zur ihr gehört die Kunst, sich auch dort nicht vereinnahmen zu lassen und also mündig zu bleiben, wo man mit ganzem Herzen mit von der Partie des Lebens ist. Kant jedenfalls hat es so gesehen: »Die wichtigste Revolution in dem Innern des Menschen ist: ›der Ausgang aus seiner selbstverschuldeten Unmündigkeit‹. Statt dessen, daß bis dahin andere für ihn dachten und er bloß nachahmte, oder am Gängelbande sich leiten ließ, wagt er es jetzt, mit eigenen Füßen auf dem Boden der Erfahrung, wenngleich noch wackelnd, fortzuschreiten.«

111. Gelassenheit

Wer sich daran gewöhnen kann, dann und wann – und genau genommen immer – auf wackligen Füßen zu stehen; wer gelernt hat, dass Fehltritte unvermeidlich, wenn auch nach Möglichkeit zu vermeiden sind; wer damit leben kann, weder über sich selbst verfügen zu können noch über andere verfügen zu dürfen; wer begriffen hat, dass alles Tun die Kehrseite des Lassens hat; wer die Vergeblichkeit des menschlichen Bemühens kennt, ohne es darum vergeblich zu finden; wer sich in der Schuld anderer weiß, ohne andauernd über sich selbst Gericht zu halten: Einem solchen Menschen kommt ein erhebliches Maß an Gelassenheit zu. Wer diese Tugend besitzt, kann vieles bejahen, womit die anderen nur hadern können. Gelassenheit hat, wer Gefallen an der eigenen Endlichkeit findet.

Dieser Haltung entspringt ein hohes Maß an Souveränität. Die Gelassenen machen weder sich noch die anderen verrückt. Nichts scheint ihnen etwas anhaben zu können, und wenn doch, so bewahren sie trotzdem die Ruhe. Ihre Ausgeglichenheit hat mit Trägheit oder Kälte wenig, dafür umso mehr mit Entschiedenheit und Empathie gemein. Bedenklich wird es nur, wenn sie sich einbilden, ihnen sei aber auch gar nichts Menschliches fremd. Dann verlieren sie die Fähigkeit, sich vom Glanz und Elend menschlicher Schicksale verstören zu lassen. Solange sie dies vermeiden, gehen sie mit einer bewundernswerten Mühelosigkeit durchs Leben. Die Gelassenen scheinen alles Belastende ihres Daseins abgeworfen zu haben, obwohl das eigentlich gar nicht sein kann. Sie scheinen von einer Zuversicht getragen zu werden, für die es keinerlei zureichende Gründe gibt. Ihren Handlungen eignet eine Lässigkeit und Leichthändigkeit noch dort, wo sie das Resultat erheblicher Anstrengungen sind. Sie lassen ihren Willen in einer Weise geschehen, die fast schon wieder an Leichtsinn grenzt.

Das Programmheft

Jede einigermaßen lebendige Bühnenaufführung spricht für sich selbst. Sie ist weder durch ein anderes Schauspiel ersetzbar noch in Worte übersetzbar. Dennoch sind Programmhefte ein guter Brauch. Sie geben Anregungen zu einer Deutung der Deutung, die die Inszenierung ihren zentralen Motiven verliehen hat. Auch – und vielleicht erst recht – bei einer philosophischen Revue, die ja ohnehin nur aus Worten besteht, lohnt sich ein erläuternder Rückblick – oder, je nach Gebrauch, Vorausblick – auf die Konstellation der kurzen Kapitel, aus denen sie besteht. Schließlich sind diese Stücke bereits von Spurenelementen einer ethischen Theorie durchzogen, die einer genaueren Analyse zugänglich sind. Dem Genre eines Programmhefts entsprechend soll dies hier durch eine Zusammenstellung von Stichworten geschehen, die wieder etwas Ordnung in das Chaos der Show zu bringen versuchen.

Ein erhebliches Durcheinander präsentiert die Abfolge der 111 Nummern einmal deshalb, weil sie Tugenden und Laster in einer oft intransparenten Verquickung zeigt. Ferner ebnet sie die herkömmliche Hierarchie von Tugenden wie Lastern weitgehend ein. Darüber hinaus wirft sie Arten und Aspekte tugend- und lasterhafter Eigenschaften von Personen zusammen, von denen man meinen könnte, dass sie säuberlich getrennt gehören. Eher aus Gewohnheit oder aus Überlegung entspringende, eher individualethische und sozialethische Tugenden und Laster, solche, die eher bestimmte Fähigkeiten repräsentieren, und solche, die eher in Gefühlen, Stimmungen und Tempera-

menten ihre Basis haben, und selbst solche, die ästhetische Eigenschaften betreffen – dies alles geht in der Revue
kunterbunt durcheinander. Dieses Verfahren aber hat Me-
thode. Der Wirbel der Szenen stellt der Frage nach dem
Sein der Tugend die Anschauung ihres Erscheinens im
menschlichen Lebenswandel voran. Diese Therapie ver-
abreicht starke Medikamente, die eine Serie von Beipack-
zetteln erforderlich machen. Für Risiken und Nebenwirkungen fragen Sie ihren Arzt oder Kritiker.

I. Tugenden und Laster

Der Hauptteil dieses Buchs kann wie eine Regietheater-
Inszenierung der *Nikomachischen Ethik* des Aristoteles gelesen werden. In seinen besten Momenten gelingt dem
Regietheater eine freie Anverwandlung und dadurch stau-
nenswerte Aktualisierung der klassischen Vorlagen, die
es auf die Bühne bringt. Aristoteles behandelt in seiner
Ethik eine Fülle von Tugenden und Lastern, denen er subtile vergleichende Betrachtungen widmet. Viele der Tugenden, sagt schon Aristoteles, sind heikle Balancen, die
nur mit Mühe gehalten werden können. Wer hier nicht
abstürzen will, muss in seinem Handeln eine Mitte zwischen denjenigen Lastern anzupeilen versuchen, die einem Zuviel oder Zuwenig des jeweils angemessenen Strebens entspringen. Dieser Gedanke bildet das Leitmotiv
auch der exzessiven Besichtigung von Tugenden und Lastern im Reigen der Revue. Es wird jedoch in mehrfacher
Hinsicht radikalisiert. Zum einen wird die Lehre von der

fragilen Mitte der Tugend auch auf die »Verstandestugenden« übertragen, die bei Aristoteles von ihr ausgenommen sind. Zum andern wird sie zu der Auffassung einer inneren Ambivalenz der Tugenden selbst erweitert. Und schließlich werden auch die Laster als ambivalente Kräfte der praktischen Orientierung des Menschen interpretiert. Diese Abweichungen stehen in einem direkten Widerspruch zum Wortlaut der *Nikomachischen Ethik*. »Es gibt weder eine Mitte bei Übermaß und Mangel noch Übermaß und Mangel bei der Mitte«, heißt es dort. Im Blick allein auf die Laster fügt Aristoteles hinzu: »Man kann also in diesem Bereich niemals das Richtige treffen, sondern immer nur fehlgehen.« So haben es viele Autoren der philosophischen Tradition gesehen: Tugenden und Laster sind strikt konträre Einstellungen im menschlichen Verhalten; mit diesen verfehlen, mit jenen hingegen erreichen wir die gebotene Orientierung am Guten.

Die Erkundungen dieses Buchs führen zu einem anderen Befund. Jedem menschlichen Vorzug, so legen sie nahe, wohnt eine Tendenz zur Abirrung vom Pfad der Tugend, fast jedem Laster ein Impuls zum Abbiegen auf ihn inne. Überspitzt gesagt: Tugenden sind Laster, die ihr Schlimmstes nicht ausleben; Laster sind Tugenden, die ihr Bestes versäumen. Man muss die Verwandtschaftsbeziehungen zwischen Tugenden und Lastern erkennen, wenn man den Konflikt zwischen ihnen verstehen will. Diese Maxime läuft jedoch nicht darauf hinaus, die Unterscheidung von Tugenden und Lastern zu Fall zu bringen. Im Gegenteil. Es kommt darauf an, ihr ohne Scheuklappen gerecht zu werden. Es bedarf der Sondierung eines großen Spektrums von Tugenden und Lastern, um den Wert oder Unwert überhaupt einer dieser Qualitäten zu bestimmen;

es bedarf einer Beachtung zahlloser kleiner Kontraste, um den Grundkontrast zwischen Tugend und Laster richtig zu zeichnen. In dieser Lenkung der Aufmerksamkeit liegt die zentrale Botschaft des Karussells von Charakteren, das die Revue in Bewegung bringt. Es will sichtbar machen, dass die Valenz der menschlichen Tugenden ihrer Ambivalenz entspringt; dass sie ihr Gutes nur in gegenseitiger Abgrenzung und Unterstützung gewinnen; dass für die Balance eines guten und gerechten Lebens die latenten Energien auch der meisten vermeintlichen und tatsächlichen Laster nicht verachtet werden dürfen; dass sich das Laster seinerseits oft die Antriebe der Tugenden zunutze macht; dass im unvermeidlich schwankenden Durchhalten jener Balance das ganze Gelingen und in ihrem Verfehlen das bitterste Scheitern eines menschlichen Lebens besteht.

Diese Andeutungen lassen schon erkennen, worin letztlich das Kriterium der Unterscheidung von Tugenden und Lastern liegt. Es ist wenig spektakulär. Tugenden respektieren und fördern, Laster hingegen verletzen und behindern die Selbstachtung und Selbstbestimmung der Menschen. Tugenden sind gut, Laster hingegen schlecht für ein gutes menschliches Leben und Zusammenleben. Daran ändert die Neubeschreibung der Wechselwirkung von Tugenden und Lastern nichts. Sie ändert lediglich etwas an dem Bewusstsein des besonderen *thrills* der Ausrichtung am Guten. Moral – oder genereller: eine gegenüber den anderen und sich selbst rücksichtsvolle Lebensführung – realisiert sich in der Beherzigung einer Vielzahl vielfach miteinander verbundener Tugenden; Unmoral – oder allgemeiner: eine gegenüber den anderen und auch sich selbst rücksichtslose Lebensführung – realisiert sich in einer Vielzahl vielfach miteinander verbundener Laster.

236

II. Der Begriff der Tugend

»Tugenden und Laster«, hat es im Prolog geheißen, »sind menschliche Vorzüge oder Nachteile, für die man wenigstens teilweise etwas kann. Sie sind charaktergebundene Eigenschaften von Personen, die sich im Guten wie im Schlechten in ihren Handlungen und Haltungen manifestieren.«

Diese Bestimmung formuliert ein sehr weites Verständnis von Tugenden und Lastern, das aber trotzdem seine Grenzen hat. Eine hilfreiche Daumenregel lautet: Als Tugenden oder Laster können alle jene Eigenschaften gelten, mit denen Züge des Charakters einer Person hervorgehoben werden. Wenn man eine Person als geizig, gierig, großzügig oder gerecht bezeichnet, sagt man ebenso etwas über ihren Charakter aus, wie wenn man von ihr sagt, dass sie zu Freundschaft, Zufriedenheit, Schadenfreude oder Grausamkeit fähig ist. Solche Zuschreibungen sind stets mit Wertungen verbunden. Personen werden Qualitäten zugeschrieben, die sie *als Menschen* in einem (eher) positiven oder negativen Licht erscheinen lassen.

Freilich haben Personen viele Eigenschaften, die ethisch schon deshalb irrelevant sind, weil sie gar keinen Wertbezug mit sich führen. Körpergröße, Augenfarbe, Alter und Abstammung eines Menschen sagen nichts über seine Vortrefflichkeit aus. Aber auch viele Eigenschaften, die durchaus eine Wertung enthalten können, wie etwa der Umstand, dass jemand gelenkig, gehbehindert oder gerade mal gut oder schlecht gelaunt ist, geben allein keine Auskunft über den Charakter des Betreffenden. Stärkere Wertungen dagegen sind häufig mit der Bewertung von Personen in der Ausübung ihrer sozialen Rollen verbunden. Ein guter oder schlechter Koch, Fußballspieler oder Schriftsteller zu sein ist für sich genommen jedoch ebenfalls keine tugendrelevante Eigenschaft. Gute oder schlechte Vertreter dieser Zünfte sind als solche keine besseren oder schlechteren Menschen als diejenigen, die sich auf anderen Feldern betätigen. Trotzdem hat die bessere oder schlechtere Ausübung einer sozialen Rolle immer etwas mit einigen der Tugenden oder Laster der betreffenden Personen zu tun. Einem guten Koch wird man unter anderem Geschmack, einem guten Fußballspieler unter anderem Willensstärke, einem guten Schriftsteller unter anderem Phantasie zubilligen müssen – Eigenschaften, die wir an Menschen ganz unabhängig von ihrem Eingebundensein in bestimmte Rollen zu schätzen vermögen.

Auch für eine große Zahl der ethisch neutralen Werteigenschaften gilt, dass man für sie wenigstens teilweise etwas kann. Ohne eigene Anstrengung und Überlegung werden weder Köche noch Fußballspieler, noch Schriftsteller etwas Gescheites zustande bringen. Andererseits gibt es positive Eigenschaften wie die körperliche Ansehnlichkeit eines Menschen oder die Gabe eines absoluten Gehörs, an denen ihre Besitzer ganz unschuldig sind. Dennoch liegt es an ihnen, was sie aus diesen Anlagen machen.

Im Bereich der Tugenden und Laster verhält es sich in einer entscheidenden Hinsicht anders. Hier *bestehen* die menschlichen Vorzüge und Nachteile darin, was man aus seinen individuellen Anlagen macht. Hier kann sich niemand auf seine Natur herausreden. So unterschiedlich diese bei verschiedenen Personen auch ist, so sehr sie den Erwerb bestimmter Tugenden oder Laster eher begünstigt als den anderer, nicht sie allein ist ausschlaggebend für den Charakter eines Menschen. Besondere Anlagen, sagt

Aristoteles, haben wir »von Natur aus, gut und schlecht aber werden wir nicht von Natur aus«. Ob jemand als Mensch gut oder schlecht ist, ergibt sich aus der Bildung seines Charakters, für die jeder Mensch bis zu einem gewissen Grad selbst verantwortlich ist. Aristoteles verdeutlicht dies am Beispiel der Affekte. Jeder Mensch hat aufgrund seiner physischen und psychischen Beschaffenheit einen unterschiedlichen und unterschiedlich starken Hang zu verschiedenen Affektlagen. Aber nicht er gibt den Ausschlag über die Art und den Grad seiner Tugend. »Nicht aufgrund unserer Affekte werden wir gelobt oder getadelt (denn man lobt nicht den, der Furcht oder Zorn empfindet, und tadelt nicht den, der überhaupt erzürnt ist, sondern den, der das auf eine bestimmte Weise ist).« Sich nicht nur einmal, sondern immer wieder *auf eine bestimmte Weise* zu den eigenen Anlagen und Talenten zu verhalten: das macht die Qualität der menschlichen Lebensführung aus. Nur wenn es – zumindest auch – an ihnen liegt, wie sie sich zu ihrem Bestimmtsein durch Natur und Herkunft verhalten, hat es Sinn, den Charakter von Menschen kritisch zu bewerten.

Tugenden wie Laster sind darum als menschliche Dispositionen zu verstehen, sich in jeweiligen Situationen auf eine bestimmte – eher gute oder schlechte – Weise zu verhalten. Sie stellen eine habituelle Vorbereitung auf bekannte wie noch unbekannte Lebenslagen dar. Sie manifestieren sich in den Arten des Handelns von Personen. Sie verkörpern eingeübte Muster der Antwort auf Anforderungen und Herausforderungen, die sich in jeweiligen Situationen ergeben. Sie sind affektiv, kognitiv und volitiv konfigurierte Haltungen des Menschen, die ihn in seiner Lebensführung über längere Zeit hinweg prägen. So sehr diese Gewohnheiten des Strebens durch Erziehung, Übung und Erfahrung erworben wurden, so sehr können sie durch weitere Erfahrung, Übung und Besinnung verändert werden – angestoßen nicht zuletzt von Erlebnissen des Scheiterns oder Versagens sowie durch Kritik von Seiten Dritter. Die Tugenden einer Person bedürfen einer lebenslangen Wartung. Da es niemals nur die erste oder zweite Natur ist, die einer Person die Maßgaben ihres Handelns liefert, sondern stets die Kultur ihrer individuellen Sorge um andere und sich selbst, liegt es immer auch an ihr, wie sie sich in ihrem Tun und Lassen gibt.

Wenn Tugenden eingeübte Fähigkeiten des angemessenen Agierens und Reagierens sind, so folgt, dass Laster ein habitualisiertes Defizit an Befähigung und Bereitschaft darstellen, das jeweils Richtige zu tun. Unfähig zum Handeln jedoch, also aus jeweils bestimmten Einstellungen heraus absichtsvoll zu agieren und zu reagieren, sind Menschen mit schlechtem Charakter keineswegs. Wäre es so, könnten sie für ihr Handeln nicht zur Rechenschaft gezogen werden. Solange ihre Fehlleistungen nicht Ausdruck eines gravierenden pathologischen Unvermögens und daher nicht länger Zeichen eines Lasters sind, gelten sie im vollen Sinn als zurechnungsfähig. Deswegen sagen wir ja auch, ein Mensch sei zu äußerster Grausamkeit, Arroganz, Selbstgerechtigkeit oder Geschmacklosigkeit *fähig*. Das Versagen, das darin liegt, beruht auf einem Mangel an Umsicht und Rücksicht, Mitgefühl und Sensibilität sowie an vielen weiteren Tugenden. Woran sich zeigt: Die besonderen Fähigkeiten des Menschen schließen besondere Unfähigkeiten mit ein.

Mit den Fähigkeiten, um die es hier geht, hat es eine besondere Bewandtnis. Im negativen Fall wird dies be-

240

sonders deutlich. Eine Person, die sich auf die eine oder andere Weise unmöglich benimmt, ist nicht nur *unfähig*, sondern auch *unwillig*, sich anständig zu verhalten. Umgekehrt sind mehr oder weniger vortreffliche Personen nicht nur fähig, sondern auch bereit, dem zu entsprechen, was sich unter Menschen gehört. Tugenden wie Laster sind spezifische Legierungen des Könnens und Wollens. Das macht ihre Eigenart aus.

III. Tugend und Handlung

Einer der schärfsten Kritiker einer Tugendethik nach antikem Vorbild ist Immanuel Kant. »Es ist überall nichts in der Welt, ja überhaupt auch außerhalb derselben zu denken möglich, was ohne Einschränkung für gut könnte gehalten werden, als allein ein guter Wille« – so beginnt der erste Abschnitt seiner *Grundlegung zur Metaphysik der Sitten*. In dem Fehlen einer klaren Bestimmung des Grundsatzes, von dem sich ein solcher Wille leiten lässt, sieht Kant den blinden Fleck einer jeden Tugendethik. Alle vermeintlichen Vorzüge des menschlichen Charakters, meint er, bleiben durch und durch zweideutig, solange sich das Bestreben, das sie verkörpern, nicht an einer unabhängigen Richtschnur des Guten orientiert. »Verstand, Witz, Urteilskraft, und wie die Talente des Geistes sonst heißen mögen, oder Mut, Entschlossenheit, Beharrlichkeit im Vorsatze, als Eigenschaften des Temperaments, sind ohne Zweifel in mancher Absicht gut und wünschenswert; aber sie können auch äußerst böse und schädlich werden, wenn der Wille, der von diesen Naturgaben Gebrauch machen soll und dessen eigentümliche Beschaffenheit darum Charakter heißt, nicht gut ist.«

In einer Hinsicht ist dieser Vorbehalt unfair. Kant fasst die »Talente« und »Temperamente«, die sich in Tugenden manifestieren, in dieser Passage als »Naturgaben« auf, die sie nach der Analyse des Aristoteles gerade nicht sind. In einer anderen Hinsicht aber macht Kant eine weitreichende Beobachtung. Die menschlichen Tugenden, so »gut und wünschenswert« sie auch sein mögen, sind für sich genommen niemals eindeutig gut. Wie immer es mit Kants Einwand steht, dass Moral primär eine Sache von Prinzipien und nicht von charaktergebundenen Haltungen ist – zunächst gilt es seine Diagnose zu prüfen, dass alle einzelnen Tugenden einen ambivalenten Charakter haben.

Die Phänomenologie der Tugenden in diesem Buch hat Kants Diagnose bestätigt. Sie hat sie außerdem erweitert, da es sich gezeigt hat, dass sogar vielen vermeintlichen und tatsächlichen Lastern eine innere Ambivalenz zugesprochen werden muss. Hierauf lief die Versuchsanordnung der gesamten Revue hinaus. »Jede vermeintliche Tugend und fast jede vermeintliche Untugend«, so hieß es im Prolog, »wird so lange vorgeführt, bis ihre Zweideutigkeit sichtbar wird.«

Der Nachweis, den dieses Experiment zu führen versucht, betrifft nicht die Mehrdeutigkeit oder Vagheit unserer *Begriffe* von Tugenden und Lastern. Sie betrifft eine Unwucht der mit ihnen verbundenen *Einstellungen*. Das bedeutet zugleich, dass die Recherchen der Revue nicht zu dem Ergebnis einer grundsätzlichen Ambivalenz einzelner menschlicher *Handlungen* oder *Tätigkeiten* füh-

242

ren. Eine solche These wäre absurd. Sie würde alle Katzen im Feld der Ethik grau werden lassen. Häufig können einzelne Handlungen wie auch Handlungsweisen einer Person eindeutig als ethisch gut oder schlecht bewertet werden. Entsprechend können sie gepriesen oder verdammt werden – als gerecht, mutig, taktvoll, klug oder als ungerecht, feige, taktlos oder dumm. Nicht immer aber fällt unsere Bewertung eindeutig aus. Manchmal erweist sich ein taktvolles Verhalten zugleich als feige oder ein mutiges Vorgehen zugleich als unbedacht. Dann zeigen die entsprechenden Handlungen eine normative Ambivalenz, von denen viele andere frei sind. Selbst moralisch zweideutige Handlungen aber sind nicht immer Ausdruck eines charakterlichen Mangels aufseiten der Handelnden; sie können einer objektiven Schwierigkeit der jeweiligen Situation geschuldet sein. Weder ein direkter Rückschluss von einer einzelnen Handlung auf den Charakter der handelnden Person noch der umgekehrte von einer Person auf ihr künftiges Handeln ist ohne weiteres zulässig. Aus der Bewertung des Charakters eines Menschen als eitel, redlich oder sensibel folgt nicht, dass er sich in seinem Tun und Lassen *jederzeit* als eitel, redlich oder sensibel erweisen wird. Aus ihr folgt lediglich, dass wir von ihm *in der Regel* ein entsprechendes Verhalten erwarten können oder müssen. Eine Ausnahme allerdings gibt es: Eine bösartige Tat ist immer die Tat eines bösartigen Menschen. Im Unterschied zu anderen Formen des verwerflichen Handelns ist sie die Handlung eines Menschen, der ohne weiteres bereit ist, sich mit voller Absicht beleidigend, verletzend und grausam zu verhalten. Generell aber gilt: Handlungen *können* ethisch ambivalent sein, Tugenden wie Laster hingegen *sind* es.

IV. Die Ambivalenz der Tugenden

Der Ort dieser Ambivalenz liegt in den jeweiligen Verhaltens*dispositionen* eines Menschen. Ambivalent sind diese, da sie die Handelnden im Fall der Tugenden auf eine günstige *oder auch ungünstige* und im Fall der Laster auf eine ungünstige *oder auch günstige* Weise in gegebene Situationen hineinführen können. Tugenden wie Laster sind Dispositionen zu handeln, und das bedeutet: unter häufig kontingenten und komplexen Umständen einen in eigener oder fremder Sache angemessenen oder unangemessenen Kurs zu wählen. In der Komplexität und Kontingenz jeweiliger Situationen kann sich das ethische Potential dieser Dispositionen auf die eine oder andere Weise entfalten. Trotz tugendhafter Einstellungen kann es zu Verirrung und Verfehlung, trotz lasterhafter Einstellungen zu Einkehr und Gelingen kommen.

Jedoch ist es nicht die Unwägbarkeit vieler Handlungssituationen, die in erster Linie für die Ambivalenz von Tugenden wie Lastern verantwortlich ist. Wäre es so, läge die beobachtete Ambivalenz gar nicht in den Tugenden oder Lastern der betreffenden Akteure, sondern lediglich an den häufig unabsehbaren oder unbeabsichtigten *Konsequenzen* ihres vorsätzlichen Handelns. Die Handelnden könnten gewissermaßen nichts dafür, wenn ihnen etwas entgegen ihrer Grundhaltung zum Guten oder Schlechten gerät. So verhält es sich aber nicht. Die Ambivalenz tugendrelevanter Dispositionen nämlich liegt in der durch Übung und Erfahrung konfigurierten *Intentionalität* des von ihnen gesteuerten Verhaltens. Jede einzelne Tugend und jedes einzelne Laster stellt eine Vor-Einstellung zu typischen Anforderungen des Handelns dar, die durch sie bewältigt werden sollen. Diese Vor-Einstellungen aber sind strukturell *einseitige* Orientierungen, die manchmal – im Fall der Tugenden – zu abseitigen Verhaltensweisen verleiten oder – im Fall der Laster – zu überraschend geradlinigen Aktionen führen können. Tugenden wie Laster stellen einen Kontingenzschutz gegenüber den Unwägbarkeiten des Handelns dar, der seinerseits Kontingenzen erzeugt: ethisch gute oder schlechte Handlungen, mit denen die Handelnden von dem Fokus ihrer jeweiligen Einstellungen abweichen.

Diese Ambivalenzen können recht unterschiedliche Züge annehmen. Deshalb kommen dem Begriff der »Ambivalenz« im Blick auf die liederliche Liste der Revue durchaus unterschiedliche Bedeutungen zu.

i. Viele der in der Revue besichtigten Tugenden können nach dem aristotelischen Modell einer Mitte zwischen einem Zuviel und einem Zuwenig analysiert werden. Schamhaftigkeit oder Pünktlichkeit können ebenso wie Mut oder Mäßigung von einer einerseits übertriebenen und andererseits untertriebenen Ausbildung der entsprechenden Haltungen abgegrenzt werden. Ein Paradebeispiel für diese Form der Ambivalenz ist auch die Neugier: Übermaß und Mangel zerstören gleichermaßen ihre soziale wie kognitive Kraft. Nur wenige der Laster hingegen – wie etwa Leichtsinn, Trotz, Willensschwäche oder Trägheit – lassen sich auf diese Weise verstehen. Soweit es sich hierbei um Laster handelt, halten sie eine ungute Mitte zwischen voneinander abweichenden Tugenden: der Leichtsinn zwischen Nonchalance und Ernsthaftigkeit, der Trotz zwischen Nachgiebigkeit und Widerstandsfähigkeit, die Willensschwäche zwischen Wandlungsfähigkeit und Willensstärke, die Trägheit zwischen Friedfertigkeit und

Bedächtigkeit. Selbst der Geiz, der ein weit gravierenderes Laster darstellt, hält eine Mitte zwischen Sparsamkeit und Freigebigkeit oder Großzügigkeit – eine fatale Mitte freilich, die der Geizige für den Inbegriff seiner Tugend hält. Auch in den Fällen aber, für die das Verfahren des Aristoteles geeignet ist, darf es nicht schematisch angewandt werden. Nicht immer ist es nur eine Spielart des Übermaßes oder Mangels, zwischen denen eine Tugend oder auch ein Laster steht. Viele von ihnen weisen Familienähnlichkeiten zu mehreren – und fast alle von ihnen zu unübersehbar vielen – Tugenden wie Lastern auf.

ii.　Bei einer erheblichen Anzahl tugendrelevanter Eigenschaften ist es gar nicht so klar, ob es sich eher um eine Tugend oder eher um ein Laster handelt. Schon bei Leichtsinn und Trägheit verhält es sich so, aber auch etwa bei Naivität, Leutseligkeit, Selbstliebe oder Koketterie. Sie tragen das Mal ihrer Ambivalenz gleichsam auf der Stirn. Personen, denen diese Eigenschaften zukommen, stehen nicht allein in der Gefahr, in ihrem Handeln nach der einen oder anderen negativen Seite hin abzugleiten; sie haben nicht allein die Chance, ihren bedenklichen Einstellungen die eine oder andere positive Seite abzugewinnen. Diese ihrer Charakterzüge haben vielmehr eine *von vornherein* zweideutige Verfassung, die sie zuverlässig zu einem mal eher erfreulichen, mal eher unerfreulichen Verhalten veranlassen wird. Diese Tugenden, so könnte man sagen, sind eindeutig zweideutig, was aber nichts an der wenigstens heimlichen Zweideutigkeit aller Tugenden ändert.

iii.　Was im Handeln einer Person mit schillernden Charakterzügen den Ausschlag gibt, hängt wesentlich von den übrigen Tugenden und Lastern ab, die sie aufzuweisen hat. Schließlich geben Tugenden wie Laster einander

246

wechselseitig Kontur. Sie können ihre jeweilige Grundtendenz verstärken oder abschwächen. So steht es aber nicht nur im Verhältnis von Tugenden im Kontrast zu Lastern, sondern gerade auch in den Beziehungen von Tugenden zu Tugenden und Lastern zu Lastern. Nicht selten sind die einen wie die anderen durch Verhältnisse der Konkurrenz oder des Konflikts miteinander verbunden. Sie können sich auch gegenseitig behindern. Die Freundlichkeit eines Menschen kann seine Bereitschaft zur Empörung, seine Demut seinen Mut, seine Leidenschaft seine Besonnenheit hemmen – und umgekehrt auch. Der Fanatismus eines Menschen kann seinem Kleinmut, seine Pedanterie seiner Maßlosigkeit, sein Opportunismus seinem Ressentiment widerstreiten – und umgekehrt auch. Prekäre Beziehungen herrschen hier beinahe überall.

iv. Die meisten der eindeutigeren Laster sind nicht in derselben Weise ambivalent wie die eindeutigeren unter den Tugenden. Diese verkörpern unterschiedliche Formen der Berücksichtigung und Beförderung der Möglichkeit sowohl des eigenen guten Lebens als auch desjenigen anderer; jene verkörpern unterschiedliche Formen eines Mangels an Anteilnahme und Rücksicht. Dennoch wohnen den allermeisten Lastern wenigstens latente Energien inne, die von Fall zu Fall zum Guten ausschlagen können: sei es in einzelnen Handlungen, mit denen Personen von ihrem verderblichen Habitus abweichen, sei es in Gestalt von zunächst und zumeist unterdrückten Motiven, die gelegentlich zu einer ethischen Konversion führen können. Darin liegt eine weitere Art der Unwucht innerhalb der ethischen Dispositionen des Menschen, die vor allem für die schlimmeren der Laster kennzeichnend ist (obwohl Abirrung und Abfall natürlich auch in umgekehrter

Richtung möglich sind). Anders als die Tugend der Unbefangenheit beispielsweise ist die Unverschämtheit ein ernsthaftes Laster, das gelegentlich dennoch einem halbwegs erträglichen Übermut, einer tolerablen Direktheit und sogar einer erfrischenden Aufsässigkeit nahekommen kann. Anders als der Fatalismus beispielsweise ist der Fanatismus ein schwerwiegendes Laster, in dem trotzdem ein Funke der Beharrlichkeit glimmt, der auch humanere Leidenschaften entzünden könnte. Anders als die Neugier beispielsweise ist die Gier ein gravierendes Laster, das dennoch dann und wann in eine freiere Form der Lust umschlagen kann. Selbst die schwersten Laster haben ein zum tugendhaften Verhalten hin tendierendes Potential, das in seltenen Fällen, zum Erstaunen oft aller Beteiligten, zum Vorschein kommen kann.

v. Alle – bis auf eines. Ein Laster nämlich gibt es, das von jeder moralischen Ambivalenz frei ist: die Grausamkeit. Zwar können grausame Handlungen auch Menschen unterlaufen, die als Personen keineswegs grausam sind. Wer es aber ist, ist jedenfalls in dieser Hinsicht ohne jede Zweideutigkeit schlecht. Ein grausamer Mensch wird daher auch das Potential vieler seiner weiteren Laster nicht zum Guten wenden können – und wollen. Deswegen stellt Grausamkeit einen Inbegriff der menschlichen Bösartigkeit dar. Ihr fehlt das charakteristische – wenigstens potentielle – Drehmoment aller anderen Laster und Tugenden. Insofern ist der Titel dieses Buchs ein wenig irreführend. Denn es sind genaugenommen 110 Tugenden und 111 Laster, die in den Zwischentiteln der Revue aufgeführt werden.

Zwar nicht was die Laster, aber doch was die Tugenden betrifft, hat schon Aristoteles mit klaren Worten auf den oft mäandrierenden Grenzverlauf zwischen Moral und Unmoral hingewiesen. Nicht die Grenze zwischen ihnen wird dabei in Zweifel gezogen, sondern die Möglichkeit, sich jederzeit mit Sicherheit auf der richtigen Seite zu wissen. »Wer wenig vom guten Handeln abweicht«, so sagt er, »wird nicht getadelt, ob er nun in Richtung auf das Weniger oder in Richtung auf das Mehr abweicht. Wer hingegen stark abweicht, wird getadelt; denn er bleibt nicht unbemerkt.« Aristoteles weist eine allzu rigoristische Auffassung ethischen Handelns zurück. Stattdessen plädiert er für ein menschliches Maß bei seiner Bewertung. Mit großem Nachdruck betont er zudem die Kontextsensitivität einer gelingenden Aktualisierung der Tugenden. »Wie weit und wie viel man abweichen muss, um tadelnswert zu sein, lässt sich schwer durch Überlegung bestimmen, wie auch alles Übrige, was in den Bereich des Wahrnehmbaren gehört. Solches hängt von den einzelnen Umständen ab, und das Urteil liegt hier in der Wahrnehmung.« Immer kommt es darauf an, einer jeweils besonderen Situation gerecht zu werden, was eine erhebliche Aufnahmefähigkeit für deren Eigenart verlangt. Entscheidend für den Status der Tugenden aber ist der direkt anschließende Satz: »So viel aber ist deutlich, dass die mittlere Disposition überall lobenswert ist, dass wir aber manchmal in Richtung auf das Übermaß, manchmal in Richtung auf den Mangel abweichen müssen. So nämlich werden wir am leichtesten das Mittlere und das gute Handeln treffen.«

Dass wir in unserer Orientierung am Guten von diesem unvermeidlich immer einmal wieder »abweichen *müssen*«: das ist die Lehre, die der Aufführung des Beziehungsdramas von Tugenden und Lastern in diesem Buch als zentrale Regieanweisung gedient hat. Selbst ein Handeln im weitgehenden Einklang mit der Tugend, sagt Aristoteles, setzt die Kenntnis von und die Erfahrung mit dem Laster voraus – auch und gerade im eigenen Lebenswandel. Man muss diese moderate Ambivalenzthese nur ein wenig realistischer und also radikaler fassen, um auch der Ambivalenz von Lastern sowie der untergründigen Affinität von Tugenden und Lastern ins Auge zu sehen.

V. Die Pluralität der Tugenden

Tugenden und Laster sind schwankende Haltungen, die sich im Zuge des Handelns gelegentlich ins Gegenteil verkehren können. Dies trifft nicht nur auf die einzelnen Tugenden oder Laster zu, sondern ebenso auf ihr Verhältnis untereinander. Tugenden und Laster sind darum heikle Balancen auch in einer zweiten Bedeutung: Sie geben und nehmen einander gegenseitig Halt. Pascal hat hierfür ein schönes Bild gefunden: »Nicht aus eigener Kraft halten wir uns in der Tugend, sondern dadurch, daß sich entgegengesetzte Laster das Gleichgewicht halten, ähnlich, wie man, wenn der Wind aus entgegengesetzten Richtungen bläst, aufrecht bleibt: nehmt eins dieser Laster fort, so verfallen wir dem anderen.«

Von den Stürmen des Lebens sind Handelnde dabei sowohl von außen wie von innen erfasst. Externe Umstände und interne Antriebe liegen in ihrer Bemühung um einen aufrechten Gang nicht selten in einem undurchsichtigen Kampf miteinander. Ein solches Dasein vollzieht sich in

250

dem beständigen Versuch einer Adjustierung vieler Tugenden und einer Abschwächung oder Überwindung einer Vielzahl von Lastern. Keine einzige Tugend kann die Stützung eines standhaften Lebens alleine vollbringen, kein Laster allein kann es zum Einsturz bringen. »Man gibt zu, daß keine Eigenschaft entweder absolut tadelns- oder absolut lobenswert ist. Es handelt sich immer um Abstufungen«, sagt deshalb David Hume in seiner *Untersuchung über die Prinzipien der Moral*. Diese Relativität aller einzelnen Tugenden und fast aller Laster macht eine Kultivierung vieler von ihnen nötig. Nur so ist eine irrelative Orientierung an einem individuell und gemeinschaftlich guten Leben möglich.

Dem verästelten Netzwerk-Charakter sowohl der Tugenden als auch der Laster ist die Revue nachgegangen. Die Botschaft dieses Buchs liegt dabei nicht so sehr in der Interpretation der einzelnen Tugenden und Laster, über die man sich in vielen Aspekten wird streiten können. Sie liegt vor allem in einer Demonstration ihrer vielfältigen Verschränkung. Tugenden wie Laster sind Herdenwesen; sie können nur in großer Gesellschaft gedeihen. Dieser ihrer Natur muss ihre Untersuchung gerecht werden.

Der Zusammenhang, in dem Tugenden und Laster stehen, hat die Form eines offenen Ganzen. Er bildet ein figurenreiches Mobile, das von keinem Blickpunkt aus überschaut werden kann. Ein fixes und fixierbares Ganzes kann es hier nicht geben, da die Relationen, aus denen seine Komponenten ihren Stellenwert erhalten, nur aus ihrer Verweisung aufeinander bestehen. Diese Beziehungen lassen sich ausschließlich von innen, in der Verfolgung der Interdependenzen und Interaktionen von Tugenden wie Lastern erforschen. Jede Unterscheidung, die wir zwischen ihnen treffen, lässt grundsätzlich weitere Unterscheidungen zu. Auch die umfangreiche Besetzungsliste am Ende dieses Buchs gibt nur einen Ausschnitt der vielen Nuancen guter, weniger guter und schlechter menschlicher Charakterzüge wieder. Die praktische wie die theoretische Kenntnis dieser Elemente ist eine Kenntnis dessen, wie sie zueinander stehen – inwieweit sie einander enthalten, einander ausschließen, aneinander anschließen und einander stützen. Tugenden und Laster zu besitzen und sich auf ihre Differenzen zu verstehen bedeutet, ihren Wert im Kontrast zu vielen anderen einschätzen zu können – innerhalb eines Horizonts, in dem immer einiges ins Licht gerückt werden kann, aber niemals alles. Die Beziehungen, die Tugenden zu anderen Tugenden und Lastern, ebenso wie diejenigen, die Laster zu anderen Lastern und Tugenden unterhalten, reichen – nach einer berühmten Wendung Kants in seiner *Kritik der reinen Vernunft* – nicht *ad infinitum*, sondern lediglich *ad indefinitum*. Um eine Tugend oder ein Laster zu haben und zu aktualisieren, muss man nicht *unendlich*, aber *unbestimmt* viele von ihnen zu aktualisieren vermögen.

VI. Die Einheit der Tugend

Der Singular des Begriffs der Tugend ist von seinem Plural her zu verstehen. Doch es kommt darauf an, wie dies geschieht. In seinem Dialog *Protagoras* hat Platon den Sokrates die Einheit der Tugend ebenfalls aus einer Diskussion über ihre Vielheit entwickeln lassen. Wer wirklich klug, tapfer, besonnen, gerecht *oder* fromm wäre, so behauptet Sokrates dort, könnte nicht anders als klug, tapfer, besonnen, gerecht *und* fromm sein. Wer eine dieser Tugenden hätte, hätte sie alle. Tugend ist darum für Sokrates wesentlich ein Singular. Die verschiedenen Tugenden sind für ihn lediglich Facetten *einer* Fähigkeit: der von echter praktischer Einsicht geleiteten und darum von Zweifel, Schwäche und Versagen unberührten Orientierung am Rechten und Gerechten.

Der Reigen der Revue zerstört dieses Bild. Er führt den Gedanken ad absurdum, es sei möglich, im Besitz »aller« Tugenden zu sein. Es gibt einfach zu viele – so viele, das sich die Rede von »allen« als leer erweist. Die moderate Ambivalenzthese des Aristoteles und erst recht ihre verschärfte Version weisen zudem darauf hin, dass es ein rutschfestes Sichbewegen auf dem Feld der Tugenden und Laster weder gibt noch geben kann. Eherne Einsichten und Absichten der Art, wie Sokrates sie imaginiert, sind für Sterbliche weder erreichbar noch überhaupt wünschbar. Ein tugendhafter Mensch hat nicht keine Schwächen, sondern ist tugendhaft trotz seiner Schwächen. Wieder ist es Pascal, der ein drastisches Gegenbild entwirft: »Der Mensch ist weder Engel noch Tier, und das Unglück will, daß, wer den Engel will, das Tier macht« – wobei es nicht einmal klar ist, inwiefern es tatsächlich ein »Unglück« ist, dass die menschlichen Tiere keine reinen Vernunftwesen sind.

Die radikale Deutung der Koexistenz und Konkurrenz unter Tugenden wie Lastern führt somit zu einem moderaten Verständnis ihrer Einheit. Es lässt sich folgendermaßen umreißen: (Eine) Tugend zu haben heißt, unbestimmt viele Tugenden und Laster zu haben. (Ein) Laster zu haben heißt, unbestimmt viele Laster und Tugenden zu haben. Ein mehr oder weniger guter Mensch zu sein bedeutet, mehr oder weniger viele tugend- und lasterhafte Charakterzüge in sich zu vereinen. Ein guter Mensch ist eine Person, bei der die Tugenden die Laster eindeutig überwiegen. Vor allem in dem Bereich der zentralen Tugenden vermag sie ihren diversen Lastern Einhalt zu gebieten – und sie vermag sogar noch ihren Lastern Reflexe der Tugend zu entlocken.

Die Einheit der Tugend-im-Singular, darauf läuft diese Skizze hinaus, ist nicht nur eine Einheit ohne definites Ganzes, sie ist auch eine Einheit ohne Optimum. Ein vollständig tugendhafter Mensch wäre überhaupt keine handelnde Person der Art, wie wir sie aus Geschichte und Gegenwart kennen. Auch der »Heilige«, den Moralphilosophen gerne als ein Idealbild menschlicher Lebensführung angepriesen haben, ist weder eine einleuchtende noch eine vorbildliche Figur. Wer sich sicher wäre, immer das Richtige zu tun, keinen Zweifel an seinen Standards hätte und nie mit sich uneins wäre, müsste sich aus allen ernsthaften Lebenslagen heraushalten, dürfte also am besten gar nichts tun, was dann freilich auch nicht in Ordnung wäre. Ein derartiges Leitbild ist nicht einmal als regulative Idee zu gebrauchen. Die Annäherung an eine Illusion wäre schließlich selbst eine Illusion. Übersteigerte und darum falsche Ideale können nur zu nihilistischen Konsequenzen führen.

Demgegenüber enthalten die Betrachtungen dieses Buchs eine durchaus frohe Botschaft: Es geht im Gedeihen von Individuen und Gemeinschaften auch ohne einen alles überbietenden Superlativ. *Das* richtige Leben, *den* guten Menschen gibt es so wenig wie *die* gute Gesellschaft. Trotzdem lohnt es sich, das relativ Beste aus den jeweiligen biographischen und historischen Möglichkeiten zu machen. Nicht nur die Theorie der Tugenden und Laster muss komparativ verfahren, auch in der Praxis haben wir es immer mit Vergleichsgrößen zu tun. Jeder noch so gute Mensch ist ein vergleichsweise guter Mensch.

VII. Die Individualität der Tugend

Lässt man die Endlosschleife der Revue Revue passieren, so kann es freilich aussichtslos erscheinen, menschliches Gutsein überhaupt zu erreichen. Selbst wenn wir wüssten, was unter »allen« Tugenden zu verstehen wäre – niemand könnte sie alle im gleichen Maß aufweisen. Der Durchgang durch eine große Varietät von Tugenden und Lastern hat jedoch gezeigt, dass der Gedanke eines solchen Optimums widersinnig ist. Im Blick auf das Laster bemerkt Aristoteles einmal: »Allerdings finden sich nicht alle Aspekte zusammen bei ein und demselben Menschen. Das wäre ja unmöglich.« Niemand ist so schlecht, dass er alles Schlechte in sich vereinen könnte. Unmöglich, wie Aristoteles sagt, ist dies schon deshalb, weil vollendete Lasterhaftigkeit gar nicht länger als Pervertierung der Tugend erkennbar wäre. Sie stünde so sehr außerhalb der menschlichen Umgangsformen, dass sie als ein menschlicher Habitus überhaupt nicht mehr verständlich wäre. Analoges lässt sich über eine vollendete Tugend sagen. Sie stünde so sehr außerhalb des menschenmöglichen Fühlens, dass sie unsereinem nur unheimlich sein könnte. Vollendete Lasterhaftigkeit und vollendete Tugendhaftigkeit sind selbst in Literatur und Kino eher unattraktive Fiktionen, denen in der wirklichen Welt nichts zu entsprechen vermag.

Wir dürfen uns die schlechten und erst recht die guten Menschen nicht als einförmige Gestalten vorstellen. Dies ist eine Folge nicht allein der Ambivalenz von Lastern wie Tugenden, sondern auch der Individualität der Personen, in deren Verhalten sich das Wechselspiel charakterlicher Vorzüge und Nachteile manifestiert. Zumal die Vortrefflichkeit einer Person besteht darin, eine Fülle menschlicher Qualitäten auf ihre je eigene Weise miteinander zu verbinden. Tugend zu haben bedeutet, eine unverwechselbare Art der Kombination von Tugenden zu haben.

Diese individuelle Eigenart fängt schon bei der buchstäblichen Verkörperung von Tugenden und Lastern an. Personen, denen zentrale Formen der Umsicht und Rücksicht in Fleisch und Blut übergegangen sind, werden bestimmte Verhaltensweisen bis in somatische Reaktionen hinein willkommen oder zuwider sein. Allein in ihrem gestischen und mimischen Ausdrucksrepertoire wird sich dies auf eine jeweils besondere Weise zeigen. Viele Tugenden sind in ihrer Ausführung eng mit der leiblichen Existenz des Menschen verbunden. Ob Anmut, Ausgeglichenheit, Freundlichkeit, Schamgefühl, Humor, Bescheidenheit oder Demut, ganz zu schweigen von Schönheit und Stil: Wie sich diese Tugenden in den Gepflogenheiten einer Person realisieren, hängt wesentlich von ihrer physischen Erscheinung ab. Von Geistern ohne Leib wäre gar nicht zu sagen, was ihre Tugend ist.

Auch in weiteren Hinsichten stehen einzelne Menschen anders zu ihren Stärken und Schwächen als alle anderen. Ihre Anlagen und Affinitäten verlangen nach einer jeweils besonderen Art der Balance bei dem Versuch, sich nicht aus der Bahn einer achtenswerten Lebensführung werfen zu lassen. Ein Mensch, der von Haus aus eher zu Feigheit und Kleinmut neigt, wird anders um eine couragierte Haltung zu ringen haben als einer, der einen gewissen Hang zur Tollkühnheit hat. Und so bei allen Tugenden. Die Distanzen, die unterschiedliche Menschen zu den Abgründen ihres Charakters zu halten haben, sind niemals genau dieselben. Erst recht findet das Ensemble von Tugenden und Lastern bei jedem Menschen eine unterschiedliche Ausprägung. Alle, ob sie sich eher recht oder schlecht durch ihr Leben schlagen, geben ein anderes Beispiel menschlichen Gelingens und Scheiterns. Dies gilt nicht allein für das Dasein einzelner Menschen, sondern ebenso für die Verfassung historischer Kulturen. Auch in ihnen haben unterschiedliche Tugenden unterschiedliche Konjunkturen. Auch in ihnen werden bestimmte Konstellationen von Tugenden auf besondere Weise prämiert und bestimmte Gruppen von Lastern auf besondere Weise verdammt. Man denke nur an die wechselvolle Karriere der Neugier, die bei Augustinus oder Martin Heidegger als ein Schandmal der Gottes- oder Seinsvergessenheit firmiert, bei Francis Bacon oder Hans Blumenberg dagegen als ein Wahrzeichen menschlicher Selbstbehauptung gefeiert wird. In der normativen Eigenart historischer Kulturen oder Epochen wiederholt sich auf einer abstrakteren Ebene die Individualität jeder gelebten Moral. Selbst aber, wenn alle Menschen – unwahrscheinlich genug – eines Tages dieselben normativen Grundüberzeugungen teilten und also dieselbe moralische Kultur hätten, hätten sie doch alle eine andere, nämlich ihre jeweils persönliche Moral.

VIII. Kardinaltugenden

Dieses Paradox bedarf der Erklärung. Traditionellerweise wird sie von einer Theorie kardinaler Tugenden gegeben. Dies sind Grundeinstellungen, die man unbedingt erwerben muss, wenn man überhaupt als ein einigermaßen guter Mensch erkennbar sein will. *Alle* Menschen sollten ihnen auf *ihre* Weise zu entsprechen versuchen. Für die antike Ethik waren vor allem vier Tugenden zentral: Weisheit, Besonnenheit, Mut und Gerechtigkeit. Die christliche Tradition fügte drei weitere hinzu, inspiriert durch den Hymnus an die Liebe des Apostels Paulus in seinem ersten Brief an die Korinther, der mit dem Satz endet: »Nun aber bleibt Glaube, Hoffnung, Liebe, diese drei; aber die Liebe ist die größte unter ihnen.« Die Hierarchie, die Paulus selbst unter den leitenden Tugenden einführt, lässt zum einen nochmals die historische Gewichtung deutlich werden, wie sie in allen überlieferten Tugendkatalogen zum Ausdruck kommt. Sie weist zum anderen auf eine generelle Funktion der kardinalen Tugenden hin. Es ist ihre Aufgabe, einen Kern menschlichen Gutseins zu markieren, an dem sich die vielen weiteren Tugenden ausrichten können. Kardinale Tugenden sorgen für eine Abstufung und damit zugleich für eine Ordnung unter den Tugenden. Entsprechendes gilt für die Laster. Als kardinale Laster gelten diejenigen praktischen Einstellungen, von denen man sich im Namen des Guten unbedingt fernhalten muss. In der christlichen Überlieferung sind sie als die sieben Todsünden – Hochmut, Geiz, Wollust, Zorn, Völlerei, Neid und Faulheit – bekannt. Der Ausdruck »Todsünde« ist freilich irreführend, da Sünden in erster Linie Handlungen sind, mit denen zentrale Gebote der Moral verletzt werden. Die hauptsächlichen Laster hingegen sind Charaktereigenschaften, die eine Person dauerhaft zu schädlichen und schändlichen Handlungen disponieren.

Nicht wenige der Aspekte des Charakters von Personen, die in unterschiedlichen Zeiten als kardinale Laster galten (unter anderem den Zorn, die Faulheit und die Wollust), hat die Revue deutlich rehabilitiert. Und sie hat – mit der einen Ausnahme der Grausamkeit – in allen Lastern und Tugenden (einschließlich der traditionellen Kardinaltugenden) unterschiedliche Tendenzen der Ambivalenz aufgedeckt, die sie weniger eindeutig als menschliche Vorzüge oder Nachteile qualifizieren, als dies üblicherweise geschieht. Dies ändert aber nichts daran, dass einige Tugenden – und die entsprechenden Laster – zentraler sind als andere. Die herkömmlichen Kardinaltugenden, an welchen Katalog man auch denkt, sind gewiss primäre Tugenden im Vergleich etwa zu Pünktlichkeit, Albernheit oder Spielfreude. Eine aus heutiger Sicht revidierte Liste vorrangiger Tugenden könnte etwa Gerechtigkeit, Klugheit, Mut, Besonnenheit, Mitgefühl, Aufmerksamkeit, Aufrichtigkeit, Bescheidenheit, Gelassenheit, Großzügigkeit, Nachsicht, Selbstachtung, Toleranz, die Fähigkeit zu Freundschaft und Liebe und einige weitere enthalten. Die Mission der Revue liegt freilich nicht darin, einen neuen Kanon zu etablieren. An welchem einigermaßen plausiblen Tugendkanon sich Individuen und Kollektive auch orientieren mögen, wichtig ist es, sich Klarheit über den Status solcher Bestenlisten zu verschaffen. Wie ist die Hierarchie unter den Tugenden zu verstehen? Wie verhalten sich Zentrum und Peripherie in der Kommune der Tugenden und Laster zueinander?

Die grundsätzliche Antwort lautet: Die sogenannten Kardinaltugenden stellen besondere *Kristallisationen* dessen dar, was es heißt, in ethischer Bedeutung »gut« – ein guter Mensch, eine achtens- und schätzenswerte Person – zu sein.

Der Ausdruck »Kristallisation« hat hier erstens eine *explikative* Bedeutung. An bestimmten Tugenden lässt sich der Sinn der Tugend besonders gut erläutern. In den Kardinaltugenden verdichtet sich die Pluralität und Ambivalenz aller Tugenden – weswegen gerade diese komplexen Fälle in der Theorie der Tugenden und Laster von paradigmatischer Bedeutung sind. Ausgehend von jeder dieser Tugenden (und der entsprechenden Laster) lässt sich ein Einblick in das Gewicht und die Stellung zahlloser anderer gewinnen.

Wichtiger noch ist das Verständnis von Kardinaltugenden als »Kristallisationen« menschlichen Gutseins in einem zweiten, *normativen* Sinn. Ihnen kommt ein deutlicher Vorrang gegenüber den meisten anderen zu. Ohne sie ist es unmöglich, ein guter Mensch zu sein. Daher müssen sie im Namen des Rechten und Gerechten ausnahmslos beachtet werden. Wie immer einzelne Individuen und Kulturen unter diesen für sie zentralen Tugenden wiederum gewichten werden: Kardinaltugenden sind diejenigen Tugenden, deren Ausbildung und Erhaltung man *beliebigen* Personen gegenüber *einfordern* kann.

Keineswegs alle tugendrelevanten Verhaltensweisen kann man in dieser Weise einklagen. »Sei mal freundlich!«, »Versuch's mal mit Charme!« oder selbst »Mach dich mal schön!« – bei bestimmten Gelegenheiten und gegenüber bestimmten Personen können dies durchaus sinnvolle Aufforderungen sein. Als Vorhaltungen angesichts beliebiger Situationen und beliebiger Subjekte jedoch wären sie einigermaßen absurd. Aber auch viele der entsprechenden Einstellungen – wie Fleiß, Genauigkeit, Anmut, Konzentration, Frömmigkeit oder Leichthändigkeit – kann und muss man nicht unbedingt von allen Menschen erwarten. Denn nicht jeder oder jede ist gerade für eine dieser Gaben besonders prädestiniert. Anders dagegen steht es mit Tugenden, deren Kultivierung sowohl in der Macht aller handlungsfähigen Menschen liegt als auch für die Moral unter ihnen unverzichtbar sind. Diese Eigenschaften macht sie zu ernsthaften Kandidaten für eine Liste kardinaler Tugenden. In Frage kommen hier nur solche menschlichen Vorzüge, für die man nicht nur »wenigstens teilweise« etwas kann, sondern solche, für die man *etwas* kann – etwas, um das sich alle in ihrer Lebensführung bemühen *sollten*.

Auch hier aber gibt es nochmals einen Unterschied zwischen Tugenden, die man allen gegenüber einfordern *kann*, und solchen, die man allen gegenüber im Namen eines erträglichen Zusammenlebens unter den Menschen einfordern *muss*. Die Letzteren stellen einen Kernbestand des menschlichen Anstands dar. Sie fungieren wie ein Filter, der bestimmt, um welche weiteren Tugenden man sich bemühen muss, um die zentralen zu stützen und zu stärken, und damit zugleich: von welchen mehr oder weniger zentralen Lastern man sich vor allem fernhalten sollte. Ausnahmslos von allen Menschen, soweit sie überhaupt moralfähig sind, darf man beispielsweise verlangen – und muss ihnen zugestehen, dass sie es von einem selbst erwarten –, dass sie sich gerecht, aufrichtig, wohlwollend oder besonnen verhalten, dass sie Aufmerksamkeit, Mitgefühl und Verantwortung zeigen, ihren Verstand gebrauchen sowie Selbstachtung und Selbstdistanz aufbringen können. Die kardinalen Tugenden sind nicht allein eingespielte Fähigkeiten, auf eine entsprechende Weise zu agieren und zu reagieren. Sie stellen darüber hinaus Verdichtungen eines Könnens dar, an dem auch viele anders gelagerte Tugenden partizipieren.

Vor diesem Hintergrund enthält der radikale Gedanke der Einheit der Tugend, wie er sich bei Platon und in abgeschwächter Form bei Aristoteles findet, einen wichtigen Hinweis auch für ein modernes Verständnis. Zwar wäre es wiederum wenig sinnvoll, von »allen« *Kardinal*tugenden zu sprechen, da diese von anderen, kaum weniger zentralen nicht eindeutig abzugrenzen sind. Jede noch so umsichtige Auswahl kardinaler Tugenden und Laster nimmt eine Vereinfachung vor. Eben das aber ist ihre Aufgabe: ein paradigmatisches Bündel von Tugenden und ihrer Verfehlung auszuzeichnen, die zusammen eine in allen Lebenssituationen erforderliche Grundhaltung umreißen. Wie Sokrates bei Platon durchaus richtig sieht, verweisen die so hervorgehobenen Tugenden in einem besonderen Maß aufeinander. Diese wechselseitige Abhängigkeit kardinaler Tugenden steht ihrerseits paradigmatisch für die Interdependenz einerseits solcher Tugenden, die vorwiegend das eigene Wohlergehen fördern, und andererseits solcher, die vorwiegend die Rücksicht auf das Wohlergehen anderer leiten. Man kann dies das Gesetz der Unteilbarkeit der Tugenden nennen. Individual- und sozialethische Tugenden sind nicht separierbar. Sosehr die einen eher das Gelingen des jeweils eigenen Lebens begünstigen und die anderen eher der Entfaltung der anderen Raum geben, erst beide Varianten menschlicher Vortrefflichkeit zusammen machen ein gutes Leben aus – und nur zusammen können sie sich entfalten. Die Ausbildung der einen verlangt eine Ausbildung und Kultivierung der anderen.

Schon an den antiken Kardinaltugenden lässt sich dies erkennen. Klugheit, verstanden als Lebensklugheit, ist niemals nur eine Sache des Eigeninteresses; gepaart mit Einfühlungsvermögen und Nachsicht eröffnet sie eine Welt des gedeihlichen Miteinanders mit anderen. Besonnenheit, verstanden als umsichtige Moderation der eigenen Antriebe sowie des eigenen Wirklichkeits- und Möglichkeitssinns, ist niemals nur eine Tugend der persönlichen Lebensgestaltung; sie ist unverzichtbar auch für einen zurückhaltenden und entgegenkommenden Umgang mit anderen. Mut kann man in eigenen wie in gemeinsamen Angelegenheiten beweisen; wer es in den einen nicht vermag, wird es auch in den anderen nicht vermögen. Gerechtigkeit, Mitgefühl, Großzügigkeit und alle anderen vorrangig sozialen Tugenden sind ihrerseits von einem gewissen Maß an Klugheit, Besonnenheit und Mut sowie von etlichen anderen Tugenden wie Aufgeschlossenheit, Aufmerksamkeit, Ernsthaftigkeit, Phantasie, Ausdauer, Gelassenheit oder Bildung abhängig, die sich einer Unterscheidung zwischen individual- und sozialethischen Vorzügen mehr oder weniger deutlich verweigern. Auch und gerade sie aber können das eigene Lebensglück auf vielfache Weise bereichern. An der Verfassung der kardinalen Tugenden bestätigt sich daher nochmals der Holismus des Reigens der Tugenden. Wer die kardinalen beweisen will, muss viele andere beweisen. Tugendhaft – als Mensch oder Person gut – ist, wer eine Vielzahl von Tugenden hat: solche, die *eher* der Rücksicht auf andere wie solche, die *eher* der Selbstsorge günstig sind.

IX. Das Beispiel der Gerechtigkeit

In dem fünften, der Gerechtigkeit gewidmeten Buch der *Nikomachischen Ethik* unterscheidet Aristoteles zwischen »Gerechtigkeit« in einem speziellen und in einem allgemeinen Sinn. »Der Wirkungsbereich beider ist das Handeln im Bezug auf den anderen Menschen. Die eine jedoch hat zu tun mit Ehre, Geld und Selbsterhaltung [...]; die andere ist mit *allem* befasst, was zum Handlungsbereich eines guten Menschen gehört.« Gerechtigkeit wird hier von Aristoteles einerseits als eine unter anderen Tugenden und somit als ein gewichtiger *Teil* der Tugend verstanden. Dieser partiellen Tugend widmet Aristoteles eine differenzierte Analyse. Andererseits jedoch wird die Gerechtigkeit von Aristoteles als ein *Inbegriff* der Tugend aufgefasst. In dieser allgemeinen Bedeutung gilt sie ihm als diejenige Tugend, in der die dem Menschen erreichbare Vortrefflichkeit kulminiert.

Zunächst aber spricht Aristoteles nur von *allen sozialen* Tugenden, die sich in einer Einstellung umfassender Gerechtigkeit miteinander vereinigt finden. »Diese Form der Gerechtigkeit ist also die vollkommene Gutheit des Charakters, jedoch nicht absolut gesehen, sondern in Bezug auf den anderen Menschen.« Diese Bestimmung zeichnet die Gerechtigkeit in allgemeiner Bedeutung als die Kardinaltugend allein des Umgangs der Menschen untereinander aus. Doch Aristoteles fährt fort: »Deswegen gilt die Gerechtigkeit häufig als die wichtigste der Tugenden, und weder der Abendstern noch der Morgenstern ist so wunderbar. Auch im Sprichwort heißt es ›In der Gerechtigkeit ist jede Tugend enthalten‹. Und sie gilt am meisten als vollkommene charakterliche Tugend, weil sie die Ausübung der vollkommenen Gutheit ist.« Wenn aber in der umfassenden Gerechtigkeit tatsächlich »jede« Tugend enthalten ist, so wird die Beschränkung ihrer Reichweite allein auf die sozialen Tugenden hinfällig. Diese Erweiterung nimmt Aristoteles im nächsten Satz noch einmal ausdrücklich vor: »Vollkommen aber ist sie, weil der, der sie besitzt, die Tugenden auch in Bezug auf den anderen Menschen gebrauchen kann, und nicht nur für sich selbst.«

»Nicht nur für sich selbst«: Mit dieser Wendung macht Aristoteles deutlich, dass die Einheit der Tugenden die Trennung von Selbstsorge und Fürsorge übergreift. Den anderen *und* sich selbst ohne Einschränkung gerecht zu werden, einschließlich der Aufgaben, die sich in beiden Hinsichten stellen, das ist – oder wäre – der Gipfel der Tugend. In ähnlich allgemeiner Bedeutung spricht Platon von der »gerechten Seele« als dem optimalen Selbstverhältnis des Menschen. Um dieses zu erreichen, bedarf es der Ausbildung und Koordination einer Vielzahl von Tugenden, die nur ein vollkommen gerechter Mensch miteinander versöhnen könnte. Auch wenn die Betrachtungen dieses Buchs starke Zweifel an der Möglichkeit und Wünschbarkeit eines vollkommenen Gutseins gesät haben, das alle Ambivalenzen aus sich herausgewaschen hätte, so ist doch die Prämierung einer der Tugenden als Wahrzeichen ihres Zusammenhangs keineswegs abwegig. Direkt oder indirekt nämlich verweist diese Auszeichnung auf das dynamische Verhältnis der vielen Tugenden und Laster, die miteinander in einem regen Austausch stehen. Auch wer eine Tugend über alle anderen stellt, muss deren divergierende und nicht selten heterogene Kräfte in Rechnung stellen.

Allerdings hat der Lobpreis allerhöchster Tugenden

stets etwas Willkürliches. Dies zeigt sich daran, dass keineswegs allein die Gerechtigkeit als Inbegriff des menschlichen Gutseins geadelt werden kann – und geadelt worden ist. Im 127. Stück seiner *Minima Moralia* lässt Adorno für einen Augenblick die Klugheit als Leitstern der Moral aufleuchten. Die Dummheit, heißt es dort, »findet mit dem moralisch Defekten, dem Mangel an Autonomie und Verantwortung regelmäßig sich zusammen, während so viel zutrifft am Sokratischen Rationalismus, daß man einen ernsthaft klugen Menschen, dessen Gedanken auf Gegenstände gerichtet sind und nicht formalistisch in sich kreisen, kaum je als Bösen sich vorstellen kann. Denn die Motivation des Bösen, blinde Befangenheit in der Zufälligkeit des Eigenen, tendiert dazu, im Medium des Gedankens zu zergehen.« Entscheidend für diese Überlegung ist das Porträt eines nicht nur irgendwie, sondern »ernsthaft« klugen Menschen. Nicht zufällig erinnert es nochmals an die übertriebene These des Sokrates, wer wirklich eine der wichtigsten Tugenden hätte, hätte sie in vollem Maß alle. Man darf die Überlegungen von Sokrates, Aristoteles und Adorno aber gar nicht als Aussagen über einzelne Tugenden lesen. Denn sie zielen auf die Einheit der Tugend und ihres Grundabstands zu vielen der schlimmeren Laster. Als *einzelne* Tugenden verstanden dagegen sind und bleiben Klugheit und Gerechtigkeit ebenso sehr von Ambivalenzen behaftet wie die anderen Kandidaten für den Titel von Kardinaltugenden auch.

X. Die Universalität der Tugend

Wenn Aristoteles die Gerechtigkeit, Paulus die Liebe, Goethe die Aufmerksamkeit und Adorno die Klugheit (oder am Ende seiner Vorlesung über *Probleme der Moralphilosophie* die Bescheidenheit) zur ersten aller Tugenden erheben, so bekräftigen sie je auf ihre Weise zugleich die enge Verbindung zwischen Wohlergehen und Wohlwollen, wie sie vor allem von der antiken Ethik hergestellt wurde. Es ist diese Annahme der Identität eines guten und eines moralisch guten Lebens, die Kant energisch kritisiert hat. Es müsse befremden, schreibt er in seiner *Kritik der praktischen Vernunft*, dass »die Philosophen, alter sowohl, als neuer Zeiten, die Glückseligkeit mit der Tugend in ganz geziemender Proportion schon in diesem Leben (in der Sinnenwelt) haben finden, oder sich ihrer bewußt zu sein haben überreden können. Denn Epikur sowohl, als die Stoiker, erhoben die Glückseligkeit, die aus dem Bewußtsein der Tugend im Leben erspringe, über alles.« Kant wirft ihnen vor, »daß sie Tugend und Glückseligkeit nicht als zwei verschiedene Elemente des höchsten Guts gelten ließen, mithin die Einheit des Prinzips nach der Regel der Identität suchten«. Gegen die »Einheit« von Glück und Moral immerhin hat Kant nichts einzuwenden; sie stellt auch für ihn ein notwendiges Ziel aller ethischen Orientierung dar. Jedoch hält er eine Realisierung dieser Einheit innerhalb des endlichen Lebens der Menschen – »in der Sinnenwelt« – für illusionär. Deshalb besteht er auf einem strikten Vorrang der Moral gegenüber dem Streben nach individuellem Glück. Auch nach seinem Verständnis gebietet die Moral natürlich nicht, »man solle die Ansprüche auf Glückseligkeit aufgeben, sondern nur, sobald von

Pflicht die Rede ist, darauf gar nicht Rücksicht nehmen. Es kann sogar in gewissem Betracht Pflicht sein, für seine Glückseligkeit zu sorgen; teils weil sie (wozu Geschicklichkeit, Gesundheit, Reichtum gehört) Mittel zu Erfüllung einer Pflicht enthält, teils weil der Mangel derselben (z. B. Armut) Versuchungen enthält, die Pflicht zu übertreten. Nur, seine Glückseligkeit zu befördern, kann unmittelbar niemals Pflicht, noch weniger ein Prinzip aller Pflicht sein.«

Hier wird erneut das Leitmotiv der kantischen Ethik deutlich: Die menschlichen Tugenden stehen noch da im Dienst der Erfüllung der moralischen Pflicht, wo sie das eigene Wohlergehen fördern. Darum, sagt Kant, muss man »bedauern, daß die Scharfsinnigkeit dieser Männer« – gemeint sind wiederum die Epikureer und die Stoiker – »unglücklich angewandt war, zwischen äußerst ungleichartigen Begriffen, dem der Glückseligkeit und dem der Tugend, Identität zu ergrübeln«. Dieses höflich geäußerte Bedauern darf nicht darüber hinwegtäuschen, wie sehr Kant jene »Regel der Identität« zwischen den Prinzipien des Glücks und der Moral gegen den Strich ging. Verächtlich heißt es einmal: »Die Ehrwürdigkeit der Pflicht hat nichts mit Lebensgenuß zu schaffen.« Entsprechend schroff fällt die Gegenthese aus: »Das gerade Widerspiel des Prinzips der Sittlichkeit ist: wenn das der eigenen Glückseligkeit zum Bestimmungsgrunde des Willens gemacht wird.«

Eine plausible Tugendethik kann es daher für Kant allein auf der Basis einer strengen Moralphilosophie geben, die es nur mit einer *einzigen* Grundqualität zu tun hat: dem guten Willen. Es ist, so meint er, überhaupt nicht eine Gruppe wie immer zentraler Tugenden, sondern etwas sehr viel Grundlegenderes, das die Richtschnur einer angemessenen individuellen Lebensführung bildet – und damit über den guten oder schlechten Charakter eines Menschen entscheidet. Es sind nicht die Tugenden, die der Moral die Richtung geben, sondern es ist der gegenüber allen Vorstellungen von individuellem Glück und Gelingen autonome Grundsatz der Moral, an dem sich die einzelnen Tugenden ausrichten müssen. Der in Kants *Grundlegung zur Metaphysik der Sitten* vorgestellte kategorische Imperativ spricht diesen Grundsatz aus: »Handle nur nach derjenigen Maxime, durch die du zugleich wollen kannst, daß sie ein allgemeines Gesetz werde.«

Auffällig an diesem Satz ist zunächst der Begriff der Maxime. Unter Maximen versteht Kant mehr oder weniger eingespielte subjektive Vorsätze im Handeln, etwa den, dass man Versprechen nur halten soll, wenn es einem in den Kram passt. Der Begriff der Maxime steht dabei dem tugendrelevanter Einstellungen nahe, mit denen sich Personen in die jeweiligen Situationen ihres Handelns begeben. Moralisch aber, so hält der kategorische Imperativ fest, sind nur diejenigen Maximen zulässig, von denen man rationalerweise – ohne Inkonsistenz und Selbstwiderspruch – wollen kann, dass sie ein allgemeines, von allen vernünftigen Wesen befolgtes Gesetz werden können. Eine laxe Einstellung zum Geben von Versprechen beispielsweise scheitert an diesem Test, weil ein systematischer Missbrauch des Vertrauens anderer Personen die Verlässlichkeit der sozialen Welt insgesamt zerstören müsste.

Trotzdem ist Kants Rede von einem »allgemeinen Gesetz«, mit dem das moralische Handeln im Einklang zu stehen hat, einigermaßen rätselhaft. Es kann nicht einfach gemeint sein, dass eine entsprechende Verhaltensweise all-

gemein praktikabel wäre; es gibt viele solcher Verhaltensweisen, die mit Moral gar nichts zu tun haben. Es kann
auch nicht gemeint sein, dass ein solches Gesetz allgemeiner Zustimmung sicher wäre; viele unsinnige bis grausame Gesetze haben im Lauf der Geschichte Zustimmung
gefunden. Es kann nur gemeint sein, dass alle Menschen
diesem Gesetz zustimmen *müssten*, wenn sie nur bei Sinnen wären. Doch dafür müssen sie einen starken Grund
haben, der nicht wieder bloß in der *Allgemeinheit* des Ge-
setzes liegen kann. Was in der zitierten Formulierung des
kategorischen Imperativs fehlt oder doch verdeckt bleibt,
ist eine Bestimmung der entscheidenden *Hinsicht* der moralischen Rücksicht. Was ist es, das durch das moralische
Gesetz generell unter Schutz gestellt wird? Im Namen welchen Guts beansprucht es universelle Geltung?

Dieses Gut kann nur in der *eudaimonia*, also der Grund-
verfassung eines gelingenden menschlichen Lebens, liegen,
der die antike Analyse der Tugenden durchweg gewidmet
ist. Aristoteles nimmt an, dass es ein Telos des menschlichen Lebens gibt, das seinen spezifischen Anlagen entspringt. Dieses liegt, frei übersetzt, in der Befähigung zu
einem Leben in Selbstbestimmung und Selbstachtung.
Mit guten Gründen geht Aristoteles davon aus, dass dieser
Art des Lebens für menschliche Individuen ein objektiver
Vorzug zukommt. Sie macht den Kern eines guten Lebens
aus, wie sehr oder wie wenig erfüllend seine Umstände
ansonsten auch sein mögen. Von einem permanenten Zu-
ckerschlecken ist dabei nicht die Rede. Schließlich ist ein
in Freiheit gelingendes Leben keine lückenlose Aufeinan-
derfolge von Glücksaugenblicken und schon gar nicht der
Zustand einer permanenten »Glückseligkeit«, den Kant
mit völligem Recht in eine jenseitige Sphäre verweist. Die-

270

ses maximale Glück – von dem man sich ohnehin fragen muss, ob es für unsereinen überhaupt wünschenswert wäre – könnte die existentielle und ethische Orientierung nur in die Irre leiten. Das vergleichsweise minimale, jedoch alles andere als bescheidene Gelingen dagegen, das in einem in Selbstbestimmung und Selbstachtung vollzogenen Leben enthalten ist, hat nicht allein den Vorteil, dass es in der Dauer eines endlichen Daseins durchaus erreichbar ist. Es bildet zudem den entscheidenden Bezugspunkt sowohl der individuellen Lebensgestaltung als auch der moralischen Rücksicht auf andere. Schon im eigenen Interesse sollte man auf diese Weise zu leben versuchen, da sie die günstigste, vergleichsweise kontrast- und farbenreichste, allerdings auch die am meisten herausfordernde Form eines menschlichen Lebens darstellt (wovon die Stücke der Revue ein Lied zu singen wissen). Wenn dies aber – im Zeichen einer modernen, vorbehaltlos universalistischen Anthropologie – für alle Menschen gilt, so muss die Möglichkeit eines in Selbstachtung und Selbstbestimmung geführten Lebens ihnen allen gegenüber eingeräumt werden. Es gibt keinen Grund, andere von den elementaren Bedingungen des Wohlergehens auszuschließen, die man für sich selbst mit gutem Grund in Anspruch nimmt. Als Menschen sind wir es einander schuldig, einander als Menschen zu behandeln.

Die maßgebende Hinsicht der moralischen Achtung sowie der Rechtfertigung der entsprechenden Normen liegt darum in der wechselseitigen Gewährung eines Spielraums für ein gelingendes Leben. Wie vor allem die Kapitel über *Würde, Selbstachtung, Toleranz, Freiheit, Gerechtigkeit* und *Rationalität* der Revue vorgeführt haben, ist Moral eine Institution der sozialen Gewährleistung der

Erreichbarkeit eines guten Lebens, nicht allein für mich und dich, sondern für beliebige andere und daher in der Konsequenz für alle. Moralische Achtung und Anerkennung gilt der sozialen *Möglichkeit* eines gelingenden Lebens (die zudem einer rechtlichen und politischen Rahmung bedarf). Um die stets fragile *Wirklichkeit* eines nach ihren Vorstellungen guten Lebens müssen sich freilich diejenigen selbst sorgen, die im günstigen Fall unter diesem Schutz stehen. Dies wird ihnen jedoch nur glücken können, wenn sie das Verhältnis wechselseitiger moralischer Anerkennung selbst als eine tragende Dimension eines für sie guten Lebens wahrzunehmen vermögen – als eine, die ihnen den Weg in eine Welt der Verlässlichkeit und des Vertrauens ebnet, in der Solidarität, Freundschaft und Liebe wenigstens in Reichweite sind. Ohne diese Erfahrung kann echte moralische Motivation überhaupt nicht entstehen. Nur als ein zentrales Medium des individuellen guten Lebens stellt die Moral tragfähige Beweggründe der Rücksicht auf das Wohlergehen aller bereit.

Bei Kant findet sich eine andere Formulierung des kategorischen Imperativs, die dieser Lesart immerhin nahekommt. »Handle so, daß du die Menschheit, sowohl in deiner Person, als in der Person eines jeden andern, jederzeit zugleich als Zweck, niemals bloß als Mittel brauchest.« In der Rede von einem »Zweck« der Menschheit und folglich der Individuen, die ihr angehören, schwingt unüberhörbar eine Annahme über die beste Verfassung eines menschlichen Lebens mit. »Die vernünftige Natur«, heißt es in derselben Passage, »existiert als Zweck an sich selbst. So stellt sich notwendig der Mensch sein eignes Dasein vor.« Nach eigener Veranlagung und eigenem Geschmack, eigener Überlegung und in eigener Verantwortung das eigene Schicksal wenn auch nicht bestimmen, so doch mitbestimmen zu können – das ist die Art des Lebens, zu der wir als Personen fähig sind. Was aber bedeutet es dann, die anderen Menschen »als Personen« zu respektieren und von ihnen einen entsprechenden Respekt zu verlangen? Es bedeutet, ihnen die Möglichkeit eines für Personen *guten* Lebens offenzuhalten. Anders als Kant es hat sehen wollen, ist ein Begriff des guten Lebens in denjenigen des moralisch richtigen Handelns von vornherein eingebaut. Wer von der Verfassung eines gelingenden Lebens nicht sprechen will, muss von den Möglichkeiten eines gerechten Lebens schweigen.

Auf Aristoteles hat sich Kant in seiner Kritik der Tugendethik nicht bezogen. Sobald man aber sieht, dass ein allgemeiner Begriff rechten und gerechten Handelns mit Notwendigkeit auf einen ebenso allgemeinen Begriff des guten Lebens verweist, stellt sich das Verhältnis von antiker und moderner Ethik anders dar, als Kant es nachgezeichnet hat. Die gängige Opposition zwischen einer »teleologischen« – an einem inneren *Ziel* der menschlichen Lebensführung orientierten – und einer »deontologischen« – von uneingeschränkten *Rechten und Pflichten* des Menschen ausgehenden – Ethik löst sich auf. Denn diese beiden Momente gehören zusammen. Das »Prinzip der Sittlichkeit« und das Telos eines gelingenden Daseins verweisen aufeinander. Diese wechselseitige Abhängigkeit besteht einerseits zwischen den *Begriffen* des individuellen Guten und des sozial Gerechten, die allein zusammen erläutern können, was »Orientierung am Guten« in der individuellen wie der kollektiven Praxis tatsächlich heißt. Diese Abhängigkeit aber hat andererseits eine höchst *praktische* Bedeutung. Denn die Steuerungsfunktion der Tugenden besteht darin, zwischen den Dimensionen der Selbstsorge und der Rücksicht auf andere zu vermitteln. Die Perspektive der Tugend gibt dem Handeln von Personen eine Form, die es ihnen alles in allem erlaubt, den anderen und sich selbst gleichermaßen gerecht zu werden. In ihr manifestiert sich eine praktische Einsicht, auf die sich Aristoteles und Kant durchaus hätten einigen können: dass man die eigene Selbstachtung am besten dadurch schützt, dass man die der anderen schützt.

»Die Grundnorm eines gerechten Zusammenlebens der Menschen«, hat es darum in dem Stück über *Gerechtigkeit* in der Revue geheißen, verweist »auf die Grundform eines guten menschlichen Lebens.« Dem »Vorrang der Moral« gegenüber der Willkür von Neigungen und Interessen, auf den Kant so viel Wert gelegt hat, tut dies keinen Abbruch. Denn man kann dem Gebot der allgemeinen Rücksicht auf andere nicht folgen, ohne auf sich selbst Rücksicht zu nehmen – und umgekehrt. Das heißt nicht, dass beides geradewegs dasselbe wäre. Die Achtung und Beachtung der Würde der anderen Menschen verlangt eine Regulierung und Limitierung des eigenen Strebens, die nicht selten einen Verzicht auf die Erfüllung eigener Wünsche nötig macht. Die Bewahrung der eigenen Leidenschaften aber unterliegt ebenso oft einer Dynamik der Überschreitung, die ein gesteigertes Eingehen auf die Interessen anderer möglich werden lässt. Jede halbwegs günstige Form des eigenen Lebens partizipiert in vielfacher Weise an den Fähigkeiten und der Anteilnahme von anderen – und befördert die Solidarität mit ihnen. Im Namen der eigenen Selbstachtung und Selbstbestimmung hat daher jeder einen objektiven Grund, sich auf die Unbegrenztheit moralischer Bindungen einzulassen und diese nicht nach Belieben aufzukündigen. Ein reflexiver Eudämonismus führt von innen heraus zu einem ethischen Universalismus.

XI. Der Sinn der Tugend

Wenn der zuletzt inszenierte Dialog zwischen Aristoteles und Kant zu einer plausiblen Deutung geführt hat, ist der Begriff der Tugend ein Zentralbegriff gerade für ein universalistisches Moralverständnis. Jedoch ist es der Befund einer (fast) durchgehenden Ambivalenz von Tugenden wie Lastern, der auch die antike Auffassung einer weitgehenden Identität von Glück und Moral modifiziert. Deren bleibende Wahrheit liegt aber darin, dass man Freiheit und Selbstachtung nicht *für sich* gewinnen kann, ohne sie beliebigen *anderen* zu gewähren. Deswegen sind Freiheit und Selbstachtung sowohl zentrale Tugenden der je individuellen Lebensführung als auch die zentralen Hinsichten des Respekts gegenüber den grundlegenden Lebensmöglichkeiten von anderen. Sie sind Eckpfeiler eines guten wie eines moralisch guten Lebens zugleich. Die Orientierung an ihnen verlangt nach einer Balance all der heiklen Balancen, in denen sich ein gelingendes Leben zu halten versucht. Menschlicher Anstand bedeutet, die Balance zu wahren zwischen den Ansprüchen an sich selbst und denen der Welt an einen.

In diesem Bemühen liegt der Sinn der Tugend. Ihre Aufgabe besteht in einer praktischen Auslegung – und wenn nötig Korrektur – der Verhältnisse des individuellen Guten und des sozial Gerechten. Ihre ganze Kunst gilt einer wenn auch spannungsreichen Vereinbarkeit beider Komponenten. In seiner universalistischen Deutung vollzieht das tugendgerechte Handeln eine alltägliche Applikation allgemeiner Prinzipien und Normen der Rücksicht auf Grundmöglichkeiten eines guten menschlichen Lebens und Zusammenlebens. Die Tugend setzt diese in charaktergebundene Haltungen und die ihnen entsprechenden Handlungen um. Eine philosophische Theorie der Tugend ist daher letztlich nichts anderes als eine – wie Aristoteles sagt, »umrisshafte« – Erläuterung der Anforderungen, die eine aufrechte Lebensführung leiten.

Das Gesetz der Unteilbarkeit der Tugenden bleibt dabei durchweg in Kraft. Die charakterlichen Vorzüge und auch Nachteile, die eher dem eigenen Wohlergehen oder eher dem der anderen förderlich oder hinderlich sind, arbeiten auf vielfache Weise Hand in Hand. In beiden Hinsichten stellt das Ensemble der Tugenden niemals nur ein *Mittel* zum Erreichen des Guten dar. Soweit die Menschen mit ihm Schritt zu halten vermögen, bildet es vielmehr die günstigste *Form* ihrer Lebensführung im Ganzen. Die vielen Tugenden und ihre labile Einheit sind dazu da, das eigene Gute im Auge zu behalten, ohne das Wohl der anderen aus dem Blick zu verlieren; sie sollen uns dahin leiten, die Missachtung unserer selbst und der anderen nicht überhandnehmen zu lassen. Der Unsinn, Widersinn und die schlimmeren Abarten des Lasters dagegen halten uns von diesem Telos ab.

Das aber ist kein Ziel wie jedes andere. Was man sich auch vornehmen mag, die Tugenden geben der Verfolgung dieser Vorhaben eine Form, die selbst ein Zweck ist, einer aber, der sich allein im Zug der Verfolgung vieler anderer Zwecke erfüllt. Man kann hier nicht ans Ziel kommen, sondern sich nur – leidlich, schwankend, schlingernd – auf Kurs halten, solange man die Kraft hat, überhaupt einen Kurs zu halten. Wenn dieses Ziel erreicht ist, hat man alles erreicht, möglicherweise ohne etwas ansonsten Bemerkenswertes im Leben »erreicht« zu haben. Moral eröffnet die Möglichkeit, in der Welt zu scheitern, ohne vor ihr zu scheitern.

Es gibt Reisen, bei denen man sich wünscht, sie möchten nie aufhören, weil anzukommen hieße, sich wieder in festen Bahnen zu bewegen. Eine zu Lebzeiten derer, die sie unternehmen, nie endende Reise, die immer neue Ziele ansteuert und immer andere Strecken nimmt – dieses überaus günstige Angebot macht allein die Agentur der Tugend.

Epilog

Ohne ein erhebliches Maß an Selbstgenügsamkeit kann man ein Buch wie dieses nicht schreiben. Ohne eine Prise Leutseligkeit aber geht es auch nicht. Hier wie überall kann man Unabhängigkeit nur in der Abhängigkeit von anderen gewinnen. Ich habe vielen zu danken, die sich die Zeit genommen haben, verschiedene Teile und Fassungen des Buchs mit mir zu diskutieren. Vor allem Thomas Assheuer, Eva Backhaus, Eva Buddeberg, Stefan Deines, Petra Eggers, Markus Gabriel, Stefan Gosepath, Helena Esther Grass, Hans Ulrich Gumbrecht, Wilfried Hinsch, Thomas Hoffmann, Angela Keppler, Jasper Liptow, Georg Lohmann, Carlos Pereda, Arnd Pollmann, Frederike Popp, Sebastian Rödl, Alexander Roesler, Martin Saar, Ben Seel, Thorsten Sindermann, Mario Wenning, Thomas Wörtche und Rolf Zimmermann haben mich mit Einwänden und Anregungen reichlich beschenkt. Besonderer Dank gebührt Rainer Forst (meinem Lieblingskantianer) sowie Achim Vesper für die inspirierende Zusammenarbeit im Rahmen eines Projekts über »Quellen moralischer Normativität« innerhalb des Exzellenzclusters »Die Herausbildung normativer Ordnungen« an der Johann Wolfgang Goethe-Universität Frankfurt am Main.

Die Zitate aus der *Nikomachischen Ethik* des Aristoteles stammen durchweg aus der vorzüglichen Neuübersetzung von Ursula Wolf (Reinbek 2006), von deren Kommentaren ich auch dort profitiert habe, wo ich eine andere Lesart bevorzuge. Auf die Sprünge geholfen haben mir auch die Teilnehmerinnen und Teilnehmer einer Vorlesung, die ich im Wintersemester 2009/2010 zu den Motiven der Revue gehalten habe. In bester Erinnerung habe ich schließlich ein Gespräch mit Maeve Cooke im Sommer 2008, anlässlich eines Abendessens zu Ehren von Albrecht Wellmers 75. Geburtstag. Ich erzählte ihr von meinen Plänen für dieses Buch und erwähnte mit einigem Stolz, ich hätte bereits eine Liste von über 50 Tugenden und Lastern, die ich dort traktieren würde. »Da müsste es aber mehr als 500 geben«, erwiderte Maeve spontan – wie recht sie doch hatte.

Besetzungsliste

Die Liste enthält alle die – 555 – Tugenden und Laster, die in der Revue behandelt oder berührt werden.

Aberglaube, Abgebrühtheit, Abgeklärtheit, Ablenkung, Abneigung, Achtlosigkeit, Affektiertheit, Akribie, Albernheit, Altklugheit, Anerkennung, Angabe, Ängstlichkeit, Anmaßung, Anmut, Anpassungsfähigkeit, Anteilnahme, Anzüglichkeit, Arglist, Arglosigkeit, Argwohn, Arroganz, Askese, Aufdringlichkeit, Auffassungsgabe, Aufgeblasenheit, Aufgeschlossenheit, Aufmerksamkeit, Aufmüpfigkeit, Aufrichtigkeit, Aufsässigkeit, Augenmaß, Ausdauer, Ausgeglichenheit, Ausgelassenheit, Ausschweifung, Authentizität, Autorität, Balance, Banalität, Banausentum, Barmherzigkeit, Bedächtigkeit, Begabung, Begeisterungsfähigkeit, Beharrlichkeit, Beherrschtheit, Beleidigung, Beobachtungsgabe, Bequemlichkeit, Berechenbarkeit, Bescheidenheit, Beschränktheit, Besessenheit, Besonnenheit, Betrug, Betulichkeit, Bigotterie, Bildung, Billigkeit, Blasiertheit, Blasphemie, Blindheit, Blödheit, Borniertheit, Bosheit, Brutalität, Charme, Chuzpe, Cleverness, Contenance, Coolness, Dämlichkeit, Dankbarkeit, Demut, Dialogfähigkeit, Direktheit, Diskretion, Distanz, Disziplin, Dogmatismus, Dreistigkeit, Drögheit, Duldsamkeit, Dummheit, Dumpfheit, Dünkel, Durchblick, Durchsetzungsvermögen, Echtheit, Edelmut, Egoismus, Ehrfurcht, Ehrgefühl, Ehrgeiz, Ehrlichkeit, Ehrsucht, Eifer, Eifersucht, Eigendünkel, Eigensinn, Einbildung, Einfalt, Einfühlungsvermögen, Einsilbigkeit, Eitelkeit, Eleganz,

Eloquenz, Elternliebe, Empfänglichkeit, Empfindlichkeit, Empörung, Energie, Engstirnigkeit, Enthaltsamkeit, Enthusiasmus, Entsagung, Entschlossenheit, Entspanntheit, Ergebenheit, Erinnerungsvermögen, Ernsthaftigkeit, Erregbarkeit, Esprit, Extrovertiertheit, Fahrlässigkeit, Fairness, Falschheit, Fanatismus, Fatalismus, Faulheit, Feigheit, Feingefühl, Fiesheit, Findigkeit, Flatterhaftigkeit, Flegelhaftigkeit, Fleiß, Flexibilität, Format, Fortüne, Frechheit, Freigebigkeit, Freiheit, Freimut, Freizügigkeit, Freundlichkeit, Friedfertigkeit, Frivolität, Frohsinn, Frömmigkeit, Furchtsamkeit, Fürsorge, Garstigkeit, Geduld, Gehässigkeit, Gehorsam, Geilheit, Geiz, Gelassenheit, Genauigkeit, Genie, Gepflegtheit, Geradlinigkeit, Gerechtigkeit, Gerissenheit, Geschicklichkeit, Geschmack, Geschmacklosigkeit, Geschmeidigkeit, Geschwätzigkeit, Gespür, Gewandtheit, Gewieftheit, Gewissen, Gewissenhaftigkeit, Gewitztheit, Gewohnheit, Gier, Glaube, Gleichgültigkeit, Gleichmut, Glück, Grausamkeit, Grazie, Griesgrämigkeit, Grobheit, Groll, Größenwahn, Großherzigkeit, Großspurigkeit, Großzügigkeit, Grübelei, Gründlichkeit, Gutgläubigkeit, Gutmütigkeit, Habgier, Halbherzigkeit, Härte, Hartherzigkeit, Hartnäckigkeit, Hass, Hässlichkeit, Heimtücke, Heiterkeit, Herablassung, Heuchelei, Hilfsbereitschaft, Hingabe, Hinterlist, Hochmut, Hochstapelei, Hoffnung, Höflichkeit, Hohlheit, Humor, Hybris, Idiosynkrasie, Ignoranz, Illoyalität, Improvisationstalent, Indezenz, Indifferenz, Indolenz, Initiative, Inkonsequenz, Integrität, Intelligenz, Intoleranz, Introvertiertheit, Ironie, Irrationalität, Irritierbarkeit, Jähzorn, Kälte, Kaltschnäuzigkeit, Kapriziosität, Keuschheit, Kinderliebe, Klatschsucht, Kleinkariertheit, Kleinlichkeit, Kleinmut, Klugheit, Knauserigkeit, Koketterie, Komik, Konsequenz, Konzentration, Korruption, Kreativität, Kritikfähigkeit, Kühnheit, Lächerlichkeit, Langeweile, Langmut, Larmoyanz, Lässigkeit, Launenhaftigkeit, Lauterkeit, Laxheit, Lebenslust, Lebhaftigkeit, Leichtgläubigkeit, Leichthändigkeit, Leichtsinn, Leidenschaft, Leidenschaftslosigkeit, Lethargie, Leutseligkeit, Liebe, Liebenswürdigkeit, Lieblosigkeit, List, Loyalität, Lust, Lüsternheit, Manieriertheit, Maßhaltung, Maßlosigkeit, Melancholie, Miesepetrigkeit, Milde, Mildtätigkeit, Misanthropie, Missachtung, Missgunst, Missmut, Misstrauen, Mitgefühl, Mitleid, Mühelosigkeit, Mündigkeit, Munterkeit, Muße, Mut, Mutlosigkeit, Nachdenklichkeit, Nachgiebigkeit, Nachlässigkeit, Nachsicht, Nächstenliebe, Naivität, Narzissmus, Natürlichkeit, Neid, Nervosität, Nettigkeit, Neugier, Noblesse, Nonchalance, Nüchternheit, Oberflächlichkeit, Offenheit, Offenherzigkeit, Ohnmacht, Opportunismus, Optimismus, Ordnungsliebe, Ordnungswahn, Originalität, Pedanterie, Peinlichkeit, Perfektionismus, Pessimismus, Pfiffigkeit, Pflichtvergessenheit, Phantasie, Phlegma, Plattheit, Plumpheit, Polemik, Präsenz, Prätention, Prüderie, Prunksucht, Pünktlichkeit, Rachsucht, Raffinesse, Rationalität, Realismus, Rebellion, Rechtgläubigkeit, Rechtschaffenheit, Redlichkeit, Reizbarkeit, Resignation, Respekt, Respektlosigkeit, Ressentiment, Reue, Risikofreude, Rücksichtslosigkeit, Ruhe, Ruhmsucht, Sanftmut, Schäbigkeit, Schadenfreude, Schalkhaftigkeit, Schamgefühl, Schamlosigkeit, Schande, Scharfsinn, Schaumschlägerei, Scheinheiligkeit, Scheu, Schlamperei, Schläue, Schlichtheit, Schmeichelei, Schönheit, Schrägheit, Schroffheit, Schüchternheit, Schusseligkeit, Schweigsamkeit, Schwerfälligkeit, Selbstachtung, Selbständigkeit, Selbstbeherrschung, Selbstbetrug, Selbsterkenntnis, Selbstgefälligkeit,

Selbstgenügsamkeit, Selbstgerechtigkeit, Selbstgewissheit, Selbstliebe, Selbstmitleid, Selbstsicherheit, Selbsttäuschung, Selbstvertrauen, Selbstverwirklichung, Selbstzufriedenheit, Sensibilität, Sentimentalität, Seriosität, Sinnenfreude, Skepsis, Skrupel, Skrupellosigkeit, Solidarität, Sorgfalt, Sorglosigkeit, Souveränität, Sparsamkeit, Spielfreude, Spielsucht, Spontaneität, Spottlust, Sprödheit, Spürsinn, Standhaftigkeit, Stärke, Starrsinn, Steifheit, Stil, Stillosigkeit, Stolz, Strebertum, Strebsamkeit, Streitsucht, Strenge, Stumpfheit, Sturheit, Takt, Taktlosigkeit, Tapferkeit, Tatkraft, Teilnahmslosigkeit, Toleranz, Tollheit, Tollkühnheit, Tölpelhaftigkeit, Torheit, Trägheit, Treue, Treuherzigkeit, Trotz, Trübsinn, Tücke, Überdruss, Überheblichkeit, Übermut, Überschwang, Übersicht, Umgänglichkeit, Umsicht, Umtriebigkeit, Unaufrichtigkeit, Unbefangenheit, Unbeherrschtheit, Unbeirrbarkeit, Unbekümmertheit, Unberechenbarkeit, Unbescheidenheit, Unbeschwertheit, Undankbarkeit, Unduldsamkeit, Unempfindlichkeit, Unerschütterlichkeit, Ungeduld, Ungehaltenheit, Ungehobeltheit, Ungehorsam, Ungeschicklichkeit, Ungestüm, Ungezwungenheit, Unhöflichkeit, Unkeuschheit, Unmündigkeit, Unmut, Unnachgiebigkeit, Unparteilichkeit, Unschuld, Unselbständigkeit, Unsicherheit, Unterhaltsamkeit, Unterwürfigkeit, Unverblümtheit, Unverfrorenheit, Unverschämtheit, Unverstelltheit, Unvoreingenommenheit, Unzuverlässigkeit, Urteilskraft, Verantwortung, Verbindlichkeit, Verbissenheit, Verbitterung, Verblasenheit, Verbohrtheit, Verdienst, Verdrießlichkeit, Vergebung, Vergesslichkeit, Verklemmtheit, Verlässlichkeit, Verlogenheit, Vermessenheit, Verrat, Verschlagenheit, Verschlossenheit, Verschmitztheit, Verschrobenheit, Verschwendungssucht, Verschwiegenheit, Versöhnung, Verständigkeit, Verständnis, Verstellung, Verstiegenheit, Verstocktheit, Versuchung, Vertrauen, Verträumtheit, Verwahrlosung, Verwirrtheit, Verzagtheit, Verzeihung, Völlerei, Voraussicht, Voreingenommenheit, Vornehmheit, Vorsicht, Voyeurismus, Wachheit, Waghalsigkeit, Wahrhaftigkeit, Wahrheitsliebe, Wärme, Weichheit, Weinerlichkeit, Weisheit, Wildheit, Wissensdurst, Witz, Wohlwollen, Wollust, Würde, Wut, Zaghaftigkeit, Zartgefühl, Zärtlichkeit, Zerstreutheit, Zielstrebigkeit, Zivilcourage, Zorn, Zufriedenheit, Zügellosigkeit, Zuneigung, Zurückhaltung, Zuverlässigkeit, Zuversicht, Zynismus.

Martin Seel
Theorien
256 Seiten. Gebunden

Philosophische Theorien gelten als schwer zugängliche, abstrakte Gedankengebäude. Martin Seel zeigt, dass es auch anders geht: In geschliffenen Sätzen, Beobachtungssplittern, Aphorismen, Denkbildern und kurzen Erzählungen lässt er die großen Themen der Philosophie im Kleinen aufscheinen. In der literarischen Tradition von Lichtenberg, Nietzsche, Wittgenstein, Benjamin oder Adorno macht er Ernst mit der These, dass Theorien Anschauungen sind.

»Ein faszinierendes Lektüreerlebnis [...]
Tatsächlich ist ›Theorien‹ ein ausgefuchstes Buch, in dem
einzelne Motivstränge sich beinahe unhörbar zu
Leitthemen entwickeln.«
Frankfurter Allgemeine Zeitung

S. Fischer

fi 1-071010 / 1

Martin Seel
Paradoxien der Erfüllung
Philosophische Essays
Band 17230

An Paradoxien stößt sich das Denken, weil es Widersprüche
aufzulösen gilt. Gelänge das durchwegs, würde sich freilich
schnell die Gewissheit einstellen, dass Wesentliches verfehlt
ist. So wie in einem Leben, das sich im Widerspruchslosen
eingerichtet und erfüllt meint. Martin Seels Essays führen
vor Augen, was philosophische Reflexion tatsächlichen oder
vermeintlichen Paradoxien abzugewinnen vermag.

»Paradoxien erinnern uns daran,
dass eine Bewältigung der Welt, in der wir leben,
immer nur in Grenzen möglich
und somit – unmöglich ist.«
Martin Seel

Fischer Taschenbuch Verlag